Desejos digitais
Uma análise sociológica da busca por parceiros on-line

Richard Miskolci

—

Desejos digitais
Uma análise sociológica da
busca por parceiros on-line

autêntica   *a*R*G*os

Copyright © 2017 Richard Miskolci
Copyright © 2017 Autêntica Editora

Todos os direitos reservados pela Autêntica Editora. Nenhuma parte desta publicação poderá ser reproduzida, seja por meios mecânicos, eletrônicos, seja via cópia xerográfica, sem a autorização prévia da Editora.

COORDENADOR DA COLEÇÃO ARGOS
Rogério Bettoni

EDITORAS
Cecília Martins
Rafaela Lamas

REVISÃO
Lívia Martins

CAPA
Diogo Droschi (sobre imagem de NaMakuki/Shutterstock)

DIAGRAMAÇÃO
Guilherme Fagundes

Dados Internacionais de Catalogação na Publicação (CIP)
(Câmara Brasileira do Livro, SP, Brasil)

Miskolci, Richard

Desejos digitais : uma análise sociológica da busca por parceiros on-line / Richard Miskolci. -- 1. ed. -- Belo Horizonte : Autêntica Editora, 2017. -- (Argos, 4)

ISBN 978-85-513-0259-0

1. Comunicação digital 2. Encontros on-line 3. Homens 4. Homossexualidade masculina - Estudo de casos 5. Internet - Aspectos sociais 6. Relações afetivas 7. Redes sociais on-line - Aspectos sociais I. Título II. Série.

17-05758   CDD-303.4833

Índices para catálogo sistemático:
1. Relacionamentos afetivos e sexuais : Homens :
Redes sociais : Sociologia 303.4833

Belo Horizonte
Rua Carlos Turner, 420
Silveira . 31140-520
Belo Horizonte . MG
Tel.: (55 31) 3465 4500

www.grupoautentica.com.br

Rio de Janeiro
Rua Debret, 23, sala 401
Centro . 20030-080
Rio de Janeiro . RJ
Tel.: (55 21) 3179 1975

São Paulo
Av. Paulista, 2.073,
Conjunto Nacional, Horsa I
23º andar . Conj. 2301 .
Cerqueira César . 01311-940
São Paulo . SP
Tel.: (55 11) 3034 4468

Para Maxi

Em uma cultura aparentemente regida por tecnologias de hipervisibilidade, somos levados a acreditar não apenas que tudo pode ser visto, mas também que tudo está acessível ao nosso consumo e para ele disponível.

Avery F. Gordon

Estamos muito cruelmente presos entre o que gostaríamos de ser e o que realmente somos.

James Baldwin

A ontologia crítica de nós mesmos tem de ser considerada certamente não como uma teoria, uma doutrina, nem mesmo como um corpo permanente de saber que se acumula; precisa ser concebida como uma atitude, um éthos, uma vida filosófica em que a crítica do que somos é simultaneamente a análise histórica dos limites que nos são impostos e um experimento com a possibilidade de ultrapassá-los.

Michel Foucault

SUMÁRIO

11 | **Prefácio:** Um flerte com a normalidade
Larissa Pelúcio

17 | **Introdução à sociologia do desejo**

51 | **1. O segredo**

93 | **2. Rede de desejos**

137 | **3. Negociando visibilidades**

167 | **4. Machos e Brothers**

197 | **5. Estranhos no Paraíso**

227 | **6. Discreto e fora do meio**

259 | **7. Desejos digitais**

289 | **Referências**

Prefácio

Um flerte com a normalidade

Larissa Pelúcio[1]

> *O sujeito que paquera desliza entre a multidão, e capta – sexualizando-os – os incidentes anódinos ou insignificantes da rua.*
>
> Néstor Perlongher, 2008 [1987]

Este livro não fala de amor ou sexo, mas do desejo por reconhecimento. Trata de derivas e devires de homens que traçam itinerários desejantes pelas tramas espraiadas da internet em busca de sexo com outros homens. Nessas incursões, deslizam os dedos pela multidão de perfis que aparecem na tela dos *smartphones*. São seletivos. Muito seletivos. Há naquele gesto, e na possibilidade de infinita escolha, um aparente controle do dispositivo libidinal. Em contraste com a urgência que rege os encontros acordados nas ruas, em flertes dissimulados ou nos encontros fortuitos de transas clandestinas, na procura mediada esse combo emocional tende a se diluir. Em frente

---

[1] Professora da Universidade Estadual Paulista (UNESP), campus de Bauru, e do Programa de Pós-Graduação de Ciências Sociais do campus de Marília, é pesquisadora colaboradora do Núcleo de Estudos de Gênero – PAGU (UNICAMP).

à tela do celular, as consultas podem ser demoradas e, até mesmo, divertidas, além de parecerem mais seguras.

Os passeios furtivos, na companhia do medo, que marcaram a vida dos homens que transitavam pelo circuito da paquera descrito por Néstor Perlongher, em seu *O negócio do michê: a prostituição viril em São Paulo* (2008 [1987]), podem ser substituídos no presente pelo deambular, aparentemente controlado, dos colaboradores de Richard Miskolci, na seleção de parceiros por meios digitais. Porém, ninguém parece estar de fato seguro diante do desejo.

As buscas mediadas por aplicativos móveis (*apps*) para fins sexuais e/ou amorosos mudaram a paisagem sentimental contemporânea. No caso daqueles que procuram homens para relacionamentos, os *apps* prometem suavizar os incidentes anódinos da rua, tão previsíveis quanto indesejados. Ser publicamente heterossexual ainda é uma espécie de imperativo, e enfrentar esse regime regulatório da visibilidade dos desejos e afetos pode ter custos sociais altos.

Na segunda década do século XXI, a rua segue perigosa para aqueles que desejam pessoas do mesmo sexo. Mesmo considerando que, desde 1987, quando Perlongher publica seu livro, até 2017, quando Richard Miskolci nos oferece esta brilhante etnografia, as ruas da grande metrópole tenham assistido desfiles de corpos que desafiaram regimes regulatórios do sexo, ainda hoje se humilha, agride e mata quem ousa viver fora da heteronorma.

Nesse cenário de flagrantes transformações, existem terríveis permanências. De modo que a internet se mostra como um lugar onde se pode estar a salvo. Sobretudo para aqueles/as que, historicamente, tiveram seus desejos proscritos. Regular a exposição física no intuito de evitar violências de diversas ordens é uma possibilidade muito recente e que pauta outros roteiros para a paquera. Diante da histórica marginalização dos locais de encontros gays, o serviço comercial dos aplicativos acena com o que antes era praticamente impossível: buscar um parceiro do mesmo sexo sem se expor no espaço público, ou seja, sem temor, vergonha e, fato a ser sublinhado, sem ter que reconhecer a si mesmo como parte do segmento homossexual. O chamado "meio gay", tido por muitos homens como um espaço físico contaminado e contaminante, parece se encerrar em uma geografia evitável.

Estar no aplicativo é, para muitos interlocutores de Miskolci, estar "fora do meio". Mais que isso, é experimentar uma espécie de agência, de capacidade de escolha, que os coloca intencionalmente distantes da "cena gay". De longe, se aproximam no exercício de seleção dos possíveis parceiros. Sob a perspectiva de um indivíduo-cliente com o poder da escolha, tendem a se sentir moralmente superiores e fisicamente mais interessantes que os demais usuários. Esta mercado-lógica modula não só a busca, mas subjetividades. Os dados que o autor do presente livro obteve em longas trocas com usuários dos aplicativos tendem a corroborar as análises de Sherry Turkle de que a modulação do nível do contato e envolvimento com o outro permitido pelas mídias cria um cenário emocional árido com consequências como o empobrecimento dos laços afetivos e a criação de subjetividades frágeis e incapazes de lidar com demandas relacionais.

Paralelamente e paradoxalmente, esta é também a época de fortalecimento, de intensas lutas políticas em torno de questões identitárias. No plano macrossocial vimos o governo encampando demandas sociais em forma de políticas públicas, na constituição de secretarias especiais voltadas para temáticas como raça, gênero e sexualidade. Das ONGs/Aids ao movimento LGBT, as demandas em torno destas últimas questões ganharam outros contornos e assombros. O fantasma da aids deu lugar à homofobia. Publicamente não se teme mais o "doente" perigoso, mas aqueles que parecem portar ameaças morais a estilos de vida anunciados como corretos. Houve avanços, por certo, mas recusas e violências persistem.

Assim, nas últimas décadas, quando assistimos à politização do sexo, passamos também a viver a privatização do desejo homossexual. O *match*² substituiu o flerte, individualizando e higienizando os contatos. Os "fora do meio", os "machos", aqueles que não "miam" e nem são "afeminados" pedem "bom senso" e distância aos que a eles não se assemelham. É uma época mais solitária e muito menos solidária do que aquela de Perlongher.

O negócio do michê colocava personagens diversas em relações azeitadas por dinheiro, suor, sêmen e surpresas. O negócio dos aplicativos promete ser mais previsível, mas igualmente prazeroso. Insere seus usuários num regime de cálculos capaz de otimizar os encontros. Administra-se tempo/espaço e prazer; regula-se os investimentos orgásticos (POLLAK, 1993), a fim de se obter o máximo de gozo com o mínimo de exposição.

"As mídias digitais permitiam efetivamente aos sujeitos escapar do heterossexismo cotidiano?" (p. 108-109), interroga-se Miskolci, dirigindo a questão retórica a quem o lê. Sua resposta é sofisticada. Não cabe em monossílabas. O sociólogo mostra que a maioria de seus colaboradores não consegue traçar linhas de fuga efetivas, de maneira que o regime sexual que coloca heterossexualidade não só como desejável, mas compulsória, tende a efetivá-los como eternos buscadores. A busca on-line é feita em uma lógica de custo-benefício estrita. Beneficiar-se da heterossexualidade (presumida ou afirmada nas relações cotidianas) é para muitos um bem simbólico que só pode ser arriscado caso o parceiro em potencial apresente ganhos ao outro.

No negócio dos aplicativos, o mercado tem regido relações que não se pretendem ou mesmo se percebem como comerciais. A moeda que se negocia on-line é a heterossexualidade e seus atributos. Os homens da pesquisa de Perlongher eram clientes e michês. Grosseira e esquematicamente, percebiam-se como mercadores em busca de sexo. Muitos

---

² "Combinação", em inglês, é o termo usado por um dos mais populares aplicativos móveis para se referir à combinação de interesse entre usuários/as.

ali, no *trottoir* noturno – mostra o antropólogo –, pagavam por sexo, quando queriam mesmo o amor. Os desejos digitais sugerem que, no presente, a via se inverte. Pelo seu caráter comercial e sua incitação a uma estética midiática, tende a transformar a busca amorosa em sexual, lançando os usuários numa teia de negociações de capitais diversos (corporal, cultural, simbólico), na qual a barganha se dá nos mesmos termos da clássica fase da "entrevista", que antecede o intercurso sexual entre trabalhadores/as do sexo e seus fregueses.

No amor, assim como no mercado, é preciso ter cautela. Arriscar-se pode ser excitante, e as paqueras mediadas pareciam unir o melhor de dois mundos: ter o gozo da aposta sem a frustração da perda. Essa espécie de utopia digital não se concretizou, conclui Miskolci. Ainda que tenham se alargado as possibilidades de encontros para homens que procuram amor e sexo com outros homens, estes têm se dado cercados por recusas, frustrações e regulações que os próprios usuários estabelecem, como uma espécie de filtro moral, excluindo aqueles que não parecem dignos do desejo do outro.

Depois de oito anos de pesquisa, *Desejos digitais* nos apresenta um cenário tecnológico e emocional que vai da maçã envenenada, usada pelo inventor do computador, Alan Turing, para prover sua própria morte, até as derivas urbanas de homens contemporâneos que, como Turing, vivem sob a suspeição de seus desejos. Nesse percurso, Richard Miskolci nos brinda com uma breve mas rica história emocional das mídias, apresentando-nos ainda a conceitos potentes para pensarmos as relações contemporâneas e imprime espessura sociológica às suas especulações sobre amor, sexo, segredo e desejo. Insere-se, assim, em um novo e profícuo campo: a sociologia digital. Flerta também com a sociologia do desejo, em uma rica etnografia multissituada, que vai de São Paulo a São Francisco (EUA); do off-line ao on-line; traçando este *continuum* constituidor das relações atuais.

O pesquisador valeu-se de diferentes métodos qualitativos para a coleta dos dados, de forma que *Desejos digitais* se torna uma fonte inspiradora para outras pesquisas com mídias digitais e nos ajuda a formular possíveis repostas à pergunta que ecoa nas páginas deste livro: o que estamos fazendo da tecnologia e como isso está nos transformando? Mais uma vez, a resposta não é direta, nem sintética. Nem poderia ser. Nunca é simples falar da vida emocional. Perceber que a esfera íntima só pode ser compreendida em sua radicalidade quando assumimos que o pessoal é também político foi uma das grandes viradas epistemológicas do século XX. Miskolci, um leitor apaixonado dos estudos feministas, sabe bem disso.

Este pode ser um livro que não fala de amor, mas certamente trata de paixão. Sendo assim, toca em dores e feridas do corpo social. Na tessitura delicada que o autor trama, amor e mercado, tecnologias e afetos, desejos e abjeção, on-line e off-line se conectam colocando em tela o desejo insidioso dos homens que colaboraram com esse trabalho: aquele por reconhecimento social. Sem o reconhecimento dos seus desejos, parecem não conseguir se libertar da sua mais antiga paixão, aquela pela normalidade.

Introdução à sociologia do desejo

Na noite de 07 de junho de 1954, antes de ir dormir, Alan Turing mordeu uma maçã. O cientista britânico fora investigado por suspeitas de ser espião; pista falsa, mas que levou a polícia a descobrir que frequentava locais de flerte entre homens. No período que se seguiu à Segunda Guerra, o então chamado "homossexualismo" passara a ser crescentemente vigiado e perseguido no Reino Unido. Qualquer sinal de "desvio" era associado ao antipatriotismo, uma ameaça à nação entendida como coletividade heterossexual. Condenado por homossexualismo, Turing teve que escolher entre a prisão e a castração química. Optou pela última. Naqueles dias, seu corpo reagia ao estrogênio, que provocou a formação de seios no cientista. Na manhã seguinte à mordida na maçã, não despertou.

A maçã envenenada com cianeto levou Turing a um suicídio que evoca a metáfora bíblica do pecado: a relação entre conhecimento e sexualidade. Nascido e criado em uma Inglaterra que considerava crime as relações amorosas entre homens desde o "Labouchere Amendment" (1885), Turing aprendeu que seu desejo não podia ser expresso diretamente, mas driblando códigos morais. O interesse por códigos nasceu com sua primeira paixão adolescente. A autopreservação exigia que vivenciasse seu amor em segredo, pois além de crime, a homossexualidade era considerada doença mental.

Interesses intelectuais em um jovem despertavam suspeitas. "Homens de verdade" se dedicavam às festas e ao flerte com mulheres. O intelectual se eximia dessas expectativas trocando a sociabilidade pelos livros e o curso "natural" da vida pelas descobertas científicas. O estereótipo do cientista maluco ainda era melhor do que o do homossexual apto ao internamento e ao eletrochoque. A intelectualidade, por certo, não era uma opção disponível a qualquer um, e as escolhas de vida de Turing não podem ser resumidas à sua sexualidade. No entanto, ignorar o papel do desejo em sua vida seria minorar a experiência cotidiana de um homem que viveu sob uma ordem em que a moral, a legislação e a medicina constrangiam sua afetividade.

Não é mero acaso que sua mente brilhante tenha se voltado para algumas possibilidades e não outras, entre elas imaginar meios tecnológicos para executar o que seria impossível.[3] A invenção do computador por meio de seu artigo de meados da década de 1930 abriu caminho para a maior transformação histórica desde a Primeira Revolução Industrial (CASTELLS, 2011; NICOLACI-DA-COSTA, 2002). Turing seria reconhecido por ter inventado o computador e quebrado os códigos dos nazistas, tendo contribuído para a vitória dos aliados na Segunda Guerra Mundial, mas apenas no final de 2013 recebeu o perdão da rainha.[4]

A Segunda Guerra propulsionou pesquisas tecnológicas graças a vultosos investimentos econômicos justificados pelos interesses políticos então em jogo. Os primeiros computadores eram máquinas de guerra tecnológicas, aparatos enormes e difíceis de utilizar, portanto com acesso restrito e que exigiam especialistas altamente treinados para seu manuseio.

---

[3] Entre as biografias de Alan Turing disponíveis, destaco a de David Leavitt, intitulada *The Man Who Knew Too Much: Alan Turing and the Invention of the Computer* (2006).

[4] No ano seguinte, foi lançado o filme *O jogo da imitação* (2014), drama norte-americano sobre a história da quebra dos códigos nazistas por Turing e sua equipe durante a Segunda Guerra Mundial. Sucesso de público e crítica, a película – dirigida por Morten Tyldum e escrita por Graham Moore – baseou-se na biografia de Andrew Hodges, *Alan Turing: the Enigma*.

No pós-guerra, as possibilidades da computação eram vislumbradas e grandes investimentos governamentais nos Estados Unidos, em especial na Universidade de Stanford, abriram espaço para a continuidade do desenvolvimento de computadores cada vez mais complexos, velozes e – graças aos interesses da corrida espacial – também menores.

A Guerra Fria entre Estados Unidos e União Soviética impulsionou a microeletrônica, a necessidade de criar equipamentos cada vez menores e mais leves para que fosse possível utilizá-los nas naves espaciais, bem como nas aeronaves e navios militares. Na vida civil, a microeletrônica permitiu a popularização de televisores, rádios e telefones, o que moldou uma nova realidade econômica, de trabalho e de consumo. Nas décadas de 1950 e 1960, essas realidades consolidariam o que hoje ainda chamamos de *"American way of life"*. A disseminação do estilo de vida de classe média nos subúrbios, com grandes casas distantes do centro da cidade conectadas por grandes avenidas e rodovias tornou o carro o meio de transporte prioritário. As famílias relativamente isoladas adotaram o hábito de assistir TV e mantinham contato entre si por meio do telefone fixo. O carro levava ao trabalho, mas também às compras, cada vez mais concentradas em *shopping centers*.

A sociedade americana e, em graus variados, boa parte das outras, tornavam-se cada vez mais expostas às mídias e voltadas ao consumo. A vida na segunda metade do século XX seria crescentemente marcada pela mídia de massa, da qual a televisão era a rainha, unindo criativamente em si características herdadas do cinema, do rádio e da mídia impressa. Filmes, séries, mas também programas musicais e telejornais estenderam a comunicação de massa englobando populações heterogêneas e criando um sentimento de coletividade que, ao vivo, pôde – pela primeira vez na história – acompanhar guerras, protestos, festivais musicais, a Copa do Mundo e até a chegada à Lua.

No terço final do século, a televisão tinha trazido informação e entretenimento para dentro das casas, o que mudou a esfera do consumo cultural do público para o privado. Seus programas, documentários e noticiários mostravam que já vivíamos na aldeia global (McLUHAN, 1962; 1968). De todo modo, era ainda o auge do *broadcasting*, da mídia vertical que dividia o mundo entre emissores e receptores com parca interatividade ou poder de ressignificação em relação ao que estava por vir.

Em 1969, ano da chegada à Lua, um outro grande passo foi dado sem o mesmo alarde ou expectativa: foi criado o protótipo da Internet (CASTELLS, 2011). A rede foi o resultado de um projeto da Agência de Projetos de Pesquisas Avançadas (ARPA), divisão do Departamento de Defesa dos Estados Unidos. A então chamada ARPANET tinha como objetivo materializar um sistema de comunicação que não fosse vulnerável a ataques nucleares, por isso formaria uma rede sem centros de controle. Ela teve início conectando algumas universidades da costa oeste do país: Universidade da Califórnia em Los Angeles, Universidade da Califórnia em Santa Bárbara, Universidade de Stanford e uma universidade do estado de Utah.

A rede foi dividida em ARPANET para uso científico e MILNET para uso militar em 1983 até que, no final da década, a ARPANET-Internet passou a se chamar apenas Internet sob sustentação do Departamento de Defesa, mas operada pela National Science Foundation. Em 1995, se deu a transferência da Internet para o setor privado, o que permitiria sua disseminação comercial. Sua expansão foi possível devido a dois fatores: a existência de computadores pessoais com preços relativamente reduzidos – graças à produção de peças em países do Oriente e a melhora das telecomunicações com a modernização dos telefones – e a popularização do seu acesso na maior parte do mundo.

Foi o encontro do PC (*personal computer*) com o telefone que possibilitou a disseminação da internet. A começar pelos EUA, a segunda metade dos anos 1990 assistiu a uma explosão de usuários. A internet trouxe consigo a novidade de um sistema de comunicação descentralizado e interativo. Descentralizado porque cada um se conecta individualmente, mas também porque o faz formando redes a partir de seus interesses pessoais. Inicialmente, além de atingir apenas classes economicamente privilegiadas, era marcada pelo predomínio da escrita e o acesso lento por via discada.

Na academia, pesquisadores de diversas áreas do conhecimento especulavam sobre as possibilidades abertas, criando assim um vocabulário conceitual corrente até hoje. Manuel Castells, em seu clássico *Sociedade em rede* (2011, primeira edição de 1996), mostrou que a sociedade contemporânea se caracteriza pela organização em rede, o resultado de três grandes transformações articuladas: as transformações culturais e políticas deflagradas pelos movimentos sociais da década de 1960, como o feminista e, acrescentaria, também o homossexual; a revolução informacional instalada na década de 1970 e a reestruturação capitalista da década seguinte.

O final dos anos 1990 foi a época das reflexões otimistas de Sherry Turkle, pesquisadora do Massachusetts Institute of Technology (MIT), sobre a possibilidade de desenvolver um novo *self* na internet. Assim como da ideia de Pierre Levy sobre o que denominou – inspirado no romance de ficção científica *Neuromancer* (1984) de William Gibson – de "ciberespaço". Esse conceito, que sobrevive até nossos dias com novas definições, faz parte do conjunto de termos antigos que foram acionados para falar de uma realidade nova. Entre seus usos, destaco o que se baseou na superada distinção virtual/real que seguia a – hoje sabemos – ingênua interpretação de que as interações on-line ocorriam em um outro espaço. Nancy K. Baym assim define o que chama de "mito do ciberespaço": "a comunicação mediada não é um espaço, é uma ferramenta adicional que as pessoas usam para se conectar, uma ferramenta que só pode ser entendida como profundamente embebida e influenciada pelas realidades diárias da vida corporificada" (2010, p. 152).[5]

O advento da internet 2.0,[6] a expansão da banda larga, a chegada das câmeras digitais e a popularização de equipamentos móveis para acessá-la permitiram com que a rede se imiscuísse de tal forma no cotidiano que já não evoca qualquer separação entre o que se faz dentro ou fora dela. A vida conectada em rede começou a contestar a separação entre on-line e off-line, assim como a de que seria possível viver em um espaço alternativo e com regras próprias. Não só as normas do velho cotidiano face a face moldam nossas relações on-line, mas também – desde que o acesso à rede se disseminou[7] – as características das interações por mídias digitais têm passado a modificar as do dia a dia. Talvez até seja mais acurado aventar que vivemos em uma nova esfera relacional, cujos horizontes, regras e também limitações estamos descobrindo ao mesmo tempo em que nela adentramos.

No que se refere à busca de parceiros amorosos por meio de plataformas comunicacionais on-line, o advento das câmeras e da videoconferência frustraram as expectativas de contatos descorporificados ou flertes desprovidos do *sex appeal* dos interlocutores. As paqueras textuais nas salas de bate-papo progressivamente se associaram ao uso de sites de anúncios de busca de parceiros, à troca de imagens entre os interessados por e-mail ou *messengers*, até chegar à videoconferência.

---

[5] Todas as citações de obras estrangeiras neste livro foram traduzidas por mim.

[6] Web 2.0 refere-se à internet que permite a produção de conteúdo pelos próprios usuários, segunda geração que surgiu no início do milênio, na era que alguns chegaram a chamar de "Wiki", ou seja, da criação de conteúdo coletivamente, como no caso da Wikipédia.

[7] Os dados sobre acesso variam de acordo com a metodologia de pesquisa. De acordo com o Instituto Brasileiro de Geografia e Estatística (IBGE), foi em 2014 que mais da metade da população brasileira passou a estar conectada: 54,9%, especialmente via *smartphone*. Há forte variação regional no acesso, assim como entre grupos sociais de acordo com renda, nível educacional e faixa etária. Na capital paulista, foco deste estudo, o acesso é um dos mais altos do país.

Desde o barateamento e a consequente popularização de computadores portáteis no início do milênio, passando pela invenção dos *smartphones* e *tablets* no final da mesma década, usar a internet deixou de ser sinônimo de uma pessoa sentada frente a um equipamento de mesa conectado por um fio à linha telefônica. O acesso deixou de ser um ritual esporádico e passou a ser cada vez mais constante e, para muitos, ininterrupto. Nos termos de Castells, chegamos à era da conectividade perpétua, o que levou um grande número de pesquisadores a afirmar que vivemos em uma era digital (NEGROPONTE, 1995; ATHIQUE, 2013; BAYM, 2010).

As mídias analógicas tinham uma base material, como o disco de vinil, o filme da câmera fotográfica ou do antigo projetor de cinema, o papel dos jornais e revistas; nas digitais, esse suporte físico específico perde espaço, já que o conteúdo midiático é convertido em sequências numéricas ou melhor, em dígitos, de onde deriva o termo "digital" (MARTINO, 2015, p. 10-11). Atualmente, por meio de diferentes equipamentos eletrônicos, conteúdos passam a ser acessados digitalmente, o que permite que sejam também armazenados e compartilhados – uma vez que usuários de mídias digitais não são apenas consumidores-receptores isolados, mas também criadores e emissores que passaram a se conectar entre si.

Digital, nesse sentido, não é uma definição técnica, mas uma caracterização de nosso mundo como marcado pela conexão por meio de tecnologias comunicacionais contemporâneas que se definem cotidianamente como digitais e que envolvem o suporte material de equipamentos como *notebooks*, *tablets* e *smartphones,* bem como diferentes tipos de rede de acesso, conteúdos compartilháveis e, por fim, mas não por menos, plataformas de conectividade. Em termos sociológicos, o que define nossa era é a conexão em rede por meios comunicacionais tecnológicos. Digital, portanto, se opõe ao analógico, enfatizando o aprimoramento tecnológico, enquanto a conexão em rede por meio de plataformas enfatiza a maneira como se constroem relações sociais. Neste livro, ao me referir a mídias digitais estarei sempre sintetizando ambas as transformações – tecnológica e social –, ou melhor, um mesmo processo histórico – ainda em consolidação – de mudança sociotécnica de uma sociedade baseada predominantemente nas relações face a face para uma em que as relações mediadas ganham importância na vida social.[8]

Trata-se de um processo que tem mudado o que compreendemos como sociedade, mas seu impacto não é menor em termos individuais. O acesso via celular criou a experiência de nos tornarmos seres conectados, e expressões cotidianas como "estou sem bateria" ou "estou com pouco sinal" comprovam que equipamentos como os *smartphones* foram incorporados como parte de nosso ser e, para alguns, inclusive de nossa forma de desejar. Foi já nesse contexto de emergência dos celulares inteligentes, no final dos anos 2000, que usuários de aparelhos com *bluetooth*[9] começaram a usar a conexão para paquerar em espaços públicos através da troca de fotos. Também data dessa época a crescente troca de mensagens e fotos com conteúdo sexual, o que – em contextos como o norte-americano – gerou o pânico sexual sobre o que chamaram de *sexting*.

Em 2009, com a criação do segundo iPhone com o sistema operacional iOS, que integrava o Global Positioning System (GPS) e permitia o desenvolvimento de aplicativos, estavam dadas as condições para surgir o primeiro destes voltado para a paquera: o *Grindr*. Joel Simkhai, empresário israelense radicado em Los Angeles, estava com 32 anos na época. Para criar um serviço tecnológico que expandiria a

---

[8] José van Dijck (2016) diferencia conexão de conectividade. Para a pesquisadora holandesa, entre 2006 e 2012 se consolidou um novo ecossistema de plataformas on-line que não apenas permite conexões entre as pessoas, mas também as molda por meio de algoritmos que direcionam o uso da internet, o que gera consequências na socialidade off-line.

[9] *Bluetooth* é um tipo de conexão em rede pessoal, a qual permite conectar um usuário de equipamento eletrônico a outros para a troca de arquivos ou informações.

paquera dos computadores para os dispositivos móveis, ele investiu dois mil dólares e contou com a ajuda de um amigo sueco que conhecera on-line. Simkhai (2012) explica sua ideia para o aplicativo como a resposta tecnológica para a questão: "como encontro outros gays?". Pergunta derivada das restrições sociais à expressão do desejo por pessoas do mesmo sexo em espaço público, o que o mantém na invisibilidade ou discrição.

O aplicativo pioneiro de Simkhai foi a materialização de uma espécie de radar gay ou, em termos populares, um "gaydar" capaz de detectar o desejo homossexual masculino. A invisibilidade dessa forma de desejo não pode ser tomada como natural, antes o resultado de um longo processo histórico que este livro pretende ajudar a reconstituir e analisar. O fato é que mesmo na maior cidade da Califórnia, região relativamente liberal e – por meio de seu aparato midiático – um dos centros difusores da cultura gay *mainstream,* pesquisas indicam que entre as principais razões que levam ao uso de aplicativos de busca de parceiros está a segurança de paquerar sem sofrer retaliações físicas ou morais (RICE *et al.*, 2012).

De Turing até Simkhai muita coisa mudou em termos tecnológicos, mas se manteve a necessidade de codificar o flerte entre homens para evitar retaliações sociais. Enquanto Turing – na Inglaterra da década de 1950 – foi efetivamente investigado e, ao descobrirem suas incursões noturnas em pontos de encontro homossexual, condenado por buscar um outro homem como parceiro, Simkhai – na Los Angeles de inícios do terceiro milênio – inventou um meio tecnológico de encontrar parceiros do mesmo sexo evitando não a polícia ou a lei, mas restrições político-culturais que mantêm essa busca sujeita a formas diversas de retaliação.

O grande contraste parece estar no fato de que o desejo homossexual, na época de Turing, era visto como inaceitável, ao mesmo tempo um crime e uma patologia, enquanto em nossa época – ao menos em parte das sociedades ocidentais – é encarado como tolerável desde que restrito ao privado e ao íntimo.[10] O desejo de Turing evocava o pecado e a queda bíblica, daí a mordida na maçã que preencheu de significado seu último gesto. O desejo que alimenta o uso das mídias digitais por homens que buscam parceiros do mesmo sexo no presente não exige mais sua negação, mas envolve a negociação de sua visibilidade com segurança.

Turing foi investigado, julgado e condenado por se relacionar sexualmente com outros homens, sendo punido com a castração química, ou seja, a eliminação de seu desejo; já a invenção de Simkhai se expandiu entre as classes médias conectadas, o que permitiu a afirmação desejante homossexual por mídias digitais, em relativo segredo ou discrição. Isso leva a constatar que, a despeito da despatologização e descriminalização da homossexualidade em boa parte do mundo, o desejo homossexual continuou a ser perseguido no espaço público nos últimos sessenta anos. Perseguição que não tem mais como agentes principais as forças repressoras da medicina psiquiátrica e da polícia, mas o controle de outras não menos eficientes: as culturais e midiáticas.

Desejos digitais busca reconstituir historicamente esse percurso de mudanças e permanências: da mordida da maçã à busca por parceiros do mesmo sexo nas telas dos dispositivos móveis. O objetivo não é apenas explorar os usos contemporâneos das mídias digitais por homens procurando parceiros, mas alcançar o sentido dessa busca indissociável de nossa era e sua compreensão cultural e política da homossexualidade. Este livro apresenta uma análise sociológica da transformação do desejo criminalizado e patologizado,

---

[10] Em 2016, as relações homossexuais, especialmente entre homens, eram consideradas crime em mais de setenta países, e, em treze deles, tais relações justificavam a pena de morte. Nesses territórios, os aplicativos de busca de parceiro chegaram a ser usados por autoridades policiais com fins investigativos e de perseguição, o que levou os provedores dos serviços tecnológicos sediados nos Estados Unidos a adaptá-los de maneira a não permitir mais a identificação exata do local do usuário, portanto seguindo uma lógica global para redefinir a funcionalidade de plataformas originadas em outro contexto social e político.

que levou Turing a se suicidar, até a afirmação desejante por mídia eletrônica que marca a vida de homens que buscam parceiros do mesmo sexo no presente. Nesse intuito, inicia inserindo a sexualidade na vida social e na história, desnaturalizando o desejo de forma a reconhecê-lo como objeto de investigação sociológica.

Aquele ainda obscuro negócio do desejo

O objetivo desta obra é apresentar e analisar a relação entre a disseminação das mídias digitais e a negociação da visibilidade do desejo homossexual masculino a partir do advento da internet, em 1995. Negociação que, ao longo do texto, mostrarei remontar à ascensão da forma contemporânea de compreensão da homossexualidade desde a perseguição redobrada a homossexuais nas décadas seguintes à Segunda Guerra Mundial, quando empreendedores morais os denunciavam como ameaça à família e à nação.

Ainda que o foco esteja nas mudanças nas relações entre homens a partir da segunda metade do século XX, tocará eventualmente em aspectos que envolvem as relações entre pessoas do sexo oposto, sobretudo na perspectiva das mulheres contemporâneas que também ganharam agência sexual. "Agência" aqui designa a forma como sujeitos negociam seus desejos com as normas e convenções morais em voga, portanto como algo situacional e dinâmico que pode preceder a ação[11] e envolve, inclusive, a construção social do desejo. Nessa perspectiva, o desejo não vem de dentro de um sujeito dado, tampouco é imposto por algum aparato externo a ele. O desejo é um eixo articulador entre o sujeito e a sociedade sendo moldado na interação social.

---

[11] Explorar as expressões desejantes contemporâneas envolve uma compreensão da agência que envolve seu cerne ou, como afirma Eva Illouz: "uma sociologia hermenêutica que queira entender a ação social 'desde dentro' não pode fazê-lo de maneira adequada se não presta atenção à cor emocional da ação e ao que a impulsiona" (2007, p. 16).

O livro insere-se, portanto, na interseção entre as pesquisas que alguns têm chamado de sociologia digital e a área de estudos de sexualidade e gênero. A sociologia digital ainda é um projeto, um conjunto de estudos e reflexões recentes que tende tanto à formação de uma área ou especialidade dentro da disciplina como a desenvolver teorias e conceitos que poderiam impactar transversalmente todas as áreas de investigação sociológica.[12] Por sua vez, os estudos de sexualidade e gênero formam uma área interdisciplinar que apenas recentemente foi acolhida na sociologia.

Historicamente, ainda que a sociologia nascente tenha tido entre seus temas principais o que hoje compreendemos como relações raciais e gênero (CONNELL, 2012, p. 317), pouco explorou questões de sexualidade e, ainda menos, sobre o desejo. Auguste Comte considerou o papel social das mulheres em seu *Système de Politique Positive*, e Herbert Spencer inicia seu *The Principles of Sociology* analisando o conjunto de instituições que denominava "doméstico" e que, hoje, chamamos de questões de gênero. Na vertente crítica, Engels desenvolveu uma seminal análise materialista em seu texto "A origem da família, da propriedade privada e do Estado" (1884). Nessas análises, a sexualidade era compreendida a partir de pressupostos heterossexuais e reprodutivos, daí tenderem a enquadrá-la como voltada ao casamento e à família.

Quando a sociologia se institucionalizou, entre o final do século XIX e o início do século XX, a maioria dos que viriam a ser considerados clássicos não deram a devida atenção aos esforços para organizar corpos, prazeres e desejos de forma a criar identidades sexuais e de gênero como parte do processo de modernização que originou a sociedade contemporânea (FERGUSON, 2004). Curiosamente, isso se deu na mesma época da ascensão da sexologia e da psicanálise, no momento crucial que criou um elo entre conhecimento

---

[12] Sobre o tema consulte meu artigo "Sociologia digital: notas sobre pesquisa na era da conectividade". (2016).

e sexualidade estruturado na recusa cognitiva das relações sexuais entre pessoas do mesmo sexo.

Assim, a sexualidade foi relegada principalmente à esfera dos estudos biológicos ou psi até por volta da década de 1960, quando ainda era compreendida como algo natural e restrito à intimidade. Desde então, progressivamente, a sociologia passou a reconhecer que a sexualidade envolvia rituais públicos, conflitos sociais e relações de classe. Eva Illouz (2014) recentemente assim definiu o que é sexualidade:

> Para o não sociólogo, o sexo é o ato pecaminoso ou prazeroso que fazemos na privacidade de nosso quarto. Para o sociólogo, o sexo e a sexualidade são um eixo em torno do qual a ordem social é organizada, um eixo que associa ou separa pessoas em termos específicos e previsíveis. Com quem alguém é permitido ou proibido de fazer sexo; como a sexualidade se conecta com a moral; qual relação existe entre sexo prazeroso e reprodução; quem pode ser pago por sexo e quem não pode; quais são as diferentes transferências monetárias no sexo; e o que é definido como sexo legal e ilegal. A sexualidade é um assunto central para o sociólogo porque é socialmente regulada e porque sua regulação social é escondida da visão – de fato, tornada invisível.[13]

A questão da visibilidade se revela central para a análise sociológica porque delimita o que pode ser investigado em termos culturais e históricos. A sexualidade só pode ser compreendida como objeto de pesquisa social se for desnaturalizada, ou seja, por meio da problematização do pressuposto que a manteve por muito tempo fora do escopo de objetos sociológicos. O pressuposto que mantém as regulações da sexualidade invisibilizadas reside na manutenção do desejo como algo natural, uma espécie de impulso pré-cultural a definir os interesses sexuais e amorosos. O poder dessa interpretação cultural está na negação do caráter social e histórico

---

[13] E-book, sem paginação.

do desejo, o que serve à manutenção do mito da sexualidade como esfera autônoma em relação ao poder.

Historicamente, sujeitos com desejos próprios ameaçavam a obediência que garantia os privilégios dos detentores do poder, daí terem sido motivo de preocupação das autoridades eclesiásticas ou dos governos que se constituíram a partir da Idade Contemporânea. Assim, a sexualidade foi se configurando como uma regulação coletiva do desejo que – justificada pela religião e baseada nos emergentes saberes científicos – colocou em ação práticas que passaram a perscrutá-lo e definir seus supostos desvios. As formas socialmente aceitáveis logo foram classificadas como naturais, fato que as colocava fora da história e, portanto, impedia seu questionamento já que teriam origem na lei divina ou na formação imemorial da cultura.

Até ao menos o século XIX, o desejo era compreendido religiosamente como "a carne" (em oposição ao sublime espírito) e cientificamente como instinto (em oposição ao civilizado amor). As interpretações religiosas e científicas mais tradicionais justificavam a repressão e o controle do desejo visando a formas socialmente responsáveis, leia-se voltadas à reprodução dentro de relações estáveis reconhecidas pela religião e pelo Estado, portanto dentro do casamento e visando à formação de famílias.

O ponto de viragem da compreensão de que toda vida psíquica gira em torno do desejo talvez possa ser datado com a publicação, pelo psiquiatra alemão Heinrich Kaan, em 1848, do primeiro tratado sobre as "patologias do desejo", um gênero da literatura científica da época que originou compêndios sob o inconfundível título de *Psychopathia Sexualis* (FOUCAULT, 2001). A partir daí, abria-se o caminho para que, no terço final do século XIX, a sexologia iniciasse o processo de classificação dos sujeitos – de acordo com seus desejos – como hétero, homo ou bissexuais. Na maior parte dos casos, como na obra de Richard von Krafft-Ebing, não se tratava de reconhecer diversidade, antes de mapear os desvios da presumida – mesmo porque nunca explicitada – norma heterossexual reprodutiva.

No século XX, uma sexologia alternativa se desenvolveu nas obras de pesquisadores como o inglês Havelock Ellis e o alemão Magnus Hirschfeld. Por meio da tradição de análises de casos, fonte empírica rica até hoje para estudos históricos, ambos recusaram classificar como perversões formas diversas do desejo e práticas sexuais não reprodutivas. No entanto, como médicos, mantiveram o desejo no reino do biopsíquico, sem a devida atenção aos enquadramentos históricos e culturais em que se inseriam seus pacientes.

Paralelamente, o desejo ganhou outra interpretação a partir da psicanálise, segundo a qual ele é pulsão, algo mais cultural do que biológico, sendo sua repressão – por meio de restrições morais coletivas – a responsável por consequências psíquicas dolorosas. Sigmund Freud deixou de justificar a repressão e passou a analisar seu alto custo psíquico para os indivíduos. Também retirou os desejos fora das expectativas sociais do reino das perversões, caso da homossexualidade, e afirmou, corajosamente, a bissexualidade primária dos seres humanos. No entanto, terminou por criar uma teoria do desenvolvimento da psique que levava a um adulto heterossexual, portanto mantendo a psicanálise dentro da interpretação cultural dominante da sexualidade como indissociável do que hoje compreendemos como a norma heterorreprodutiva.

Na vertente da teoria crítica, Wilhelm Reich refletiu sobre a regulação das relações sexuais e amorosas discutindo a necessidade de uma Revolução Sexual. Sua obra estendia para a esfera pessoal e íntima as transformações que a maioria dos teóricos críticos esperavam ocorrer apenas na esfera pública, especialmente na economia, na organização do trabalho e na política institucional. Unindo a sociologia estrutural marxista e a compreensão da dinâmica psíquica pela psicanálise, abriu uma vertente importante de reflexão que contaria também com intelectuais frankfurtianos como Erich Fromm e Herbert Marcuse, este último autor de um clássico sobre o tema publicado, em 1955, sob o título *Eros e Civilização*.

Na área dos estudos sexológicos, depois da Segunda Guerra Mundial, Alfred Charles Kinsey (1894-1956) publicou obras impactantes sobre o comportamento sexual que contribuíram para compreender as mulheres como sujeitos sexuais e apontaram como as relações sexuais entre homens eram muito mais comuns do que se imaginara até então (cf. WEEKS, 2007, p. 52). Em sua pesquisa feita com 18 mil pessoas, constatou que 37% dos homens adultos já haviam tido ao menos uma relação sexual completa – leia-se que levara ao orgasmo – com outro homem. Descobertas como essa levaram-no a propor uma escala para superar a compreensão estanque dos desejos sexuais. A Escala Kinsey variava de 0 a 6, sendo 0 exclusivamente heterossexual e 6 exclusivamente homossexual. Seus extensivos estudos empíricos, feitos em equipe, resultaram nos relatórios que trouxeram à luz a forma efetiva como as pessoas viviam seus desejos e desenvolviam suas práticas sexuais desafiando as conjecturas teóricas anteriores, em sua vasta maioria baseadas em pressupostos normativos.

    A normatividade citada persiste em uma taxonomia disseminada socialmente e em boa parte da teoria social negando dinamismo ao desejo. A ideia de que as pessoas se dividem em tipos desejantes fixos e intransitivos é refutável pelas evidências encontradas nos estudos empíricos que investigam a forma como os sujeitos efetivamente vivem sua sexualidade. Ainda que aceitemos o pressuposto de que humanos são seres desejantes, nada aponta para que seus desejos sejam primariamente reprodutivos, voltados para o sexo oposto, tampouco imutáveis e categorizáveis em um conjunto restrito de identidades sexuais.

    Essas afirmações se tornaram cada vez mais evidentes a partir da segunda metade do século XX, quando a invenção e a disseminação da pílula anticoncepcional contribuíram para tornar mais efetiva a divisão entre sexo e reprodução.[14]

---

[14] Segundo Jeffrey Weeks (2007, p. 58), há uma polêmica sobre a centralidade da pílula nesse processo, por razões como a de que a ênfase na disseminação de uma invenção médica tende a minorar a importância de transformações

O que, somado à chamada liberação sexual feminina e a despatologização da homossexualidade, abriu caminho para o período de profunda transformação dos comportamentos que hoje chamamos Revolução Sexual.

A Revolução Sexual emergiu entre o final da década de 1960 e o início dos anos 1980, período em que boa parte das sociedades ocidentais vivenciou uma inflexão histórica na compreensão da sexualidade, do desejo e das possibilidades relacionais. Nessa época, movimentos feministas se organizaram em torno da demanda dos direitos à contracepção, à interrupção da gravidez e ao prazer sexual. Nos Estados Unidos, a luta pelos direitos civis dos negros conseguiu revogar as leis que impediam casamentos inter-raciais. Homossexuais, por sua vez, lutaram pela despatologização da homossexualidade e sua descriminalização.

Em muitos países, como o Brasil, foi na década de 1970 que se aprovou o direito ao divórcio e se começou a reconhecer as mulheres como sujeitos políticos. Em meio ao período da abertura política, ganharam força os movimentos feminista e negro, e se organizou o primeiro movimento homossexual, o Somos. Ainda que o primeiro trabalho sociológico brasileiro sobre homossexualidade masculina tenha sido feito no final da década de 1950,[15] foi a partir da década de 1970 – em sintonia com a produção internacional – que se originaram mais pesquisas. Segundo Maria Filomena Gregori (2010, p. 22-23), os

---

comportamentais e da educação sexual na vida das mulheres. De qualquer forma, aqui – ao enfatizar a pílula como vetor da separação definitiva entre sexo e reprodução – tenho em mente que seu poder reside, sobretudo, no fato de ser um contraceptivo usado pelas próprias mulheres, o que lhes deu efetivo controle sobre a possibilidade de engravidar ou não sem ter que negociar com o parceiro homem.

[15] Refiro-me a *Aspectos sociológicos do homossexualismo em São Paulo*, tese de especialização de José Fábio Barbosa da Silva, orientada por Florestan Fernandes e avaliada em banca composta por Fernando Henrique Cardoso e Octavio Ianni. O trabalho foi republicado pela Editora Unesp sob o título *Homossexualismo em São Paulo e outros escritos*, em edição organizada por James N. Green e Ronaldo Trindade, em 2005.

estudos brasileiros sobre sexualidade se caracterizam pela documentação e análise de um repertório de práticas socioculturais que contestam categorias essencialistas, portanto inserindo a sexualidade nos âmbitos cultural e histórico.

Sob a ditadura militar (1964-1985), os impactos dessas mudanças foram menores em nosso país e desigualmente distribuídos pela população, de forma que a "geração do desbunde", formada principalmente por uma classe média com nível universitário, foi a que melhor desfrutou da Revolução Sexual. Assim, foi nos países centrais e nas classes privilegiadas brasileiras que se tornaram mais aceitos socialmente o sexo pré-marital, o uso de contraceptivos, a compreensão do sexo como meio para obtenção de prazer desvinculado da reprodução e do objetivo de casar-se ou de formar família. Tornava-se factível viver além dos modelos tradicionais do casamento, família e filhos. Não por acaso, essas novidades coincidiram com uma época de relativa prosperidade econômica em que chegou à vida adulta a geração com maior acesso à educação até então. A transformação comportamental também se associou a uma redução da interferência religiosa na vida íntima e uma crescente politização do pessoal, com demandas de mais direitos, cidadania e reconhecimento para mulheres e homossexuais.

É nesse período que emergem discussões sobre as regulações do desejo e da sexualidade que colocam em xeque visões arraigadas que os associavam a um único direcionamento ou objetivo. Na Inglaterra, em 1968, a socióloga Mary McIntosh publicou seu artigo "The Homosexual Role", texto que desnaturaliza a homossexualidade. No início da década de 1970, na França, Guy Hocquenghem lançou *Le Désir homosexuel*, e Gilles Deleuze e Félix Guattari *O Anti-Édipo*. O livro de Hocquenghem constitui uma análise política de como a ordem social poderia ser compreendida como uma ordem sexual baseada na recusa e no temor da homossexualidade. A obra de Deleuze e Guattari associa marxismo e psicanálise no intento de superar o familismo da teoria crítica.

Nos Estados Unidos, John H. Gagnon e William Simon desenvolveram a teoria sociológica sobre os *scripts* sexuais, e a antropóloga feminista Gayle Rubin criou uma das mais potentes críticas ao heterossexismo da teoria social canônica em seu clássico artigo "O tráfico de mulheres". Na linha de Rubin, mais recentemente, a teórica queer Judith Butler aprofundou o desafio às concepções estáticas do desejo que circulam em interpretações antropológicas e psicanalíticas estruturais, permitindo enfatizar o caráter social e histórico de sua regulação:

> Pode-se certamente admitir que o desejo é radicalmente condicionado sem alegar que ele é radicalmente determinado, e pode-se reconhecer que há estruturas que tornam o desejo possível sem alegar que essas estruturas sejam atemporais e resistentes, impermeáveis às mudanças e deslocamentos (BUTLER, 2014, p. 259-260).

Em termos sociológicos, há elementos estruturais como a ordem política e econômica, que tornam o desejo possível, o inibem ou – cada vez mais raramente – o proíbem. Tais elementos são históricos e culturais, variam no tempo e no espaço de acordo com relações de poder expressas, por exemplo, em definições legais, médicas ou religiosas sobre o que é considerado aceitável, recusado ou meramente tolerado. O desejo, portanto, é condicionado socialmente e está muito distante de ser a expressão de qualquer força natural, não é instinto tampouco pulsão.

Na perspectiva de Michel Foucault, em *História da sexualidade* (1976), a compreensão da sexualidade como envolvendo necessariamente formas de expressão do desejo estaria indelevelmente associada à tradição cristã da recusa da "carne" ou do regime de verdade científico sobre a sexualidade. Quer na interpretação religiosa do desejo como pecado, quer na agnóstica da psicanálise como pulsão estaríamos enredados na problematização do sujeito do desejo, o que nos impediria de encarar a sexualidade como um dispositivo histórico do poder que se desenvolveu associado à formação dos Estados contemporâneos.

Foucault afirma que aprendemos a ver no desejo a verdade do sujeito, instituindo historicamente uma hermenêutica individualizante e culpabilizadora vinculada a diferentes microdispositivos, os quais, por meio do controle da infância, da definição das perversões e da histerização do corpo feminino moldaram o ideal reprodutivo do casal heterossexual. Dessa forma, auxiliou-nos a ver a sexualidade como parte fundamental da formação dos Estados nacionais modernos dentro da biopolítica, o governo dos corpos que forjou a sociedade contemporânea.

A abordagem foucaultiana desnaturalizou a sexualidade por meio da priorização do macro-histórico e do estrutural, definindo o desejo como uma das vias do controle e da normalização dos corpos e das subjetividades. Perspectiva importante ao sublinhar os interesses políticos e coletivos envolvidos na delimitação das sexualidades normais, o que não seria possível sem o estabelecimento das periféricas. Foucault, ao associar a sexualidade à biopolítica e, por meio dessa, aos interesses dos Estados nacionais acompanhou historicamente a criação da homossexualidade como periférica, mas não problematizou suficientemente o caráter heterorreprodutivo das políticas e práticas que mapeou tão criticamente.

O foco macroestrutural foucaultiano foi moldado principalmente a partir do estudo histórico das relações entre saberes e poderes que emergem desde fins do século XVIII, cristalizam-se a partir de fins do século XIX e estendem seu domínio até a primeira metade do século XX. Dentro do referido recorte temporal, sua perspectiva sobre a sexualidade como dispositivo histórico do poder vinculado à biopolítica tem alto poder explicativo. Por outro lado, tal leitura opera uma espécie de esvaziamento dos sujeitos sexuais, os quais parecem produto de relações de poder que os atravessam por meio do desejo regulados por instâncias coletivas sobre as quais têm pouca ou nenhuma interferência.

A recusa do desejo como indelevelmente assujeitador restringe a ação dos sujeitos em um movimento em que a luta política envolveria a recusa da própria sexualidade e a proposta de outra compreensão dela, o que na obra foucaultiana levou à substituição do desejo pela problemática dos corpos e prazeres. Em uma perspectiva sociológica baseada na forma como os sujeitos contemporâneos efetivamente lidam com a sexualidade, estudos empíricos – especialmente etnográficos – mostram a preponderância do desejo, o qual pode ser abordado como eixo de negociação entre indivíduo e coletividade sobre as formas que suas relações amorosas e sexuais podem tomar.

A interpretação foucaultiana abarca um período em que o domínio dos saberes naturalizantes e normalizadores sobre o sexo era maior e menos contestado do que passou a ser desde a década de 1970. De forma sintética, argumento que – mesmo compreendendo e incorporando a contribuição de Foucault em sua obra devotada à análise histórico-social da sexualidade – é necessário ponderar seu poder analítico para compreender o terço final do século XX, marcado por transformações políticas, culturais e tecnológicas que, em conjunto, constituíram uma inflexão histórica ainda pouco explorada em termos sociológicos.

Na linha de estudos de inspiração foucaultiana, os sujeitos de desejo frequentemente são esvaziados de agência, assim como as forças coletivas de controle são vistas como mais poderosas e coerentes do que as evidências empíricas atuais indicam.[16] É possível desnaturalizar o desejo reconhecendo seu caráter socialmente condicionado sem deixar de explorar seu potencial e efetiva contribuição para resistências e transformações. Se é fato que a sexualidade é um dos eixos de diferenciação social frequentemente traduzidos como acesso desigual a direitos, a segurança e a reconhecimento, também não podemos ignorar que, ao

---

[16] David L. Eng afirma que "a tendência pós-estruturalista de encarar a psique como espaço de alienação ao invés de potencialidade apenas exacerba os problemas políticos e históricos dos marginalizados e subalternizados" (2010, [s.p.]).

menos desde a Revolução Sexual, a sexualidade tornou-se um dos elementos centrais para ser reconhecido como um membro completo da sociedade.

O fato de que a sexualidade se tornou um espaço para conjecturar sobre a verdade de si e um dos meios para alcançar autonomia deve ser motivo de investigação, o que envolve não ignorar o papel social do desejo na crescente conscientização dos sujeitos sobre seus direitos. O desejo, assim, pode gerar leituras sobre controle ou transformação social, ser lido como o definidor estático de uma verdade sobre si mesmo ou um dos catalizadores contemporâneos de lutas por reconhecimento. Reconhecimento que coloca em xeque normas legais, institucionais e mesmo convenções culturais que constituíram a cidadania e as nações como uma comunidade imaginada, fundamentalmente, como heterossexual.

Talvez seja melhor evitar o binômio domínio ou controle pela sexualidade, reconhecendo que ela se insere em disputas políticas e culturais sobre o caráter do desejo. Se o discurso conservador o associou historicamente ao incontrolável e perigoso, uma resposta liberal não precisa ser a de sua negação e apagamento. Reconhecer que somos vistos socialmente como sujeitos do desejo não equivale a atribuir a-historicidade ao desejo, mas a o inserir analiticamente nas disputas político-interpretativas sobre o papel da sexualidade na ordem social. Daí não seguir a linha de estudos foucaultiana em sua crítica dos sujeitos de desejo como necessariamente assujeitados em hermenêuticas de si associadas a regimes de verdade do sexo como a carne cristã ou à sexualidade como é compreendida pelos saberes científicos modernos.

Nessa linha reflexiva que reconhece a agência histórica dos sujeitos, é fundamental sublinhar – entre outras coisas – que, historicamente, apenas homens foram plenamente reconhecidos como sujeitos do desejo; talvez por isso a maior parte da teoria psicanalítica gire em torno da psique masculina. Até hoje o vocabulário psicanalítico conflita com as tentativas de ampliar sua análise para compreender a psique feminina, e ainda mais com as que buscam reconhecer as mulheres como sujeitos desejantes. Além desse caráter generificado – no caso masculino – das teorias sobre o desejo, também é importante notar que, na maior parte da teoria psicanalítica, a dinâmica psíquica gira em torno de uma presumida centralidade original do desejo por pessoas do sexo oposto.

Segundo interpretações queer contemporâneas como a de David M. Halperin, a configuração e a dinâmica supostamente "normais" da sexualidade só foram mapeadas em relação a um desejo negado: o homossexual. Desde o terço final do século XIX, o desejo homossexual masculino foi avaliado em termos morais, legais e psiquiátricos como transgredindo o sagrado, a lei e até mesmo a sanidade mental, o que explica sua construção cultural como pecado, perigo coletivo, fora da lei e da normalidade entre 1870 e 1973, e, acrescentaria, como risco epidemiológico-moral desde o pânico sexual da aids[17] no início da década de 1980 (PELÚCIO; MISKOLCI, 2009).

Ao invés do desejo por pessoas do mesmo sexo ser compreendido como um desejo entre outros, uma possibilidade para todo ser humano, nossa cultura se encarregou de associá-lo a um tipo: o homossexual, uma invenção médico-legal do século XIX que ainda habita nosso imaginário e é frequentemente acionada como um espectro em períodos de disputa política sobre os limites da sexualidade. Em diferentes contextos nacionais, ao menos desde a década de 1950, temores coletivos envolvendo mudanças na família, na paternidade e nas relações entre homens e mulheres sempre evocaram a homossexualidade como fantasma a assombrar uma ordem social que se confunde com uma ordem (heteros)sexual (cf. WEEKS, 2007, p. 66; RUBIN, 1994).

---

[17] Opto pela grafia em minúsculas porque doenças são substantivos comuns, e o uso de "aids" em maiúsculas se deu como amplificador e disseminador do pânico sexual a partir de meados da década de 1980.

A despeito de toda produção teórica e estudos empíricos que apontam para algo diverso, no senso comum e mesmo em boa parte das teorias ainda vigora o pressuposto de que a heterossexualidade é a ordem natural do desejo. O heterossexismo social contamina o teórico em uma violência epistemológica que marca a maior parte da teoria social contemporânea. Isso afeta tanto a vertente que reconhece a existência do desejo homossexual, mas o mantém vinculado a um grupo específico compreendido como minoritário, como os estudos que aceitam tal pressuposto para se desenvolverem como estudos gays, lésbicos, homossexuais. Ambas as vertentes teóricas contribuem para manter intocado o mito social da heterossexualidade como a ordem natural do desejo.

Foi na vertente do feminismo lésbico, mais precisamente no início da década de 1980 em um artigo de Adrienne Rich (1983), que a heterossexualidade foi definida como compulsória. Seu texto mostrava que a heterossexualidade não era uma possibilidade entre outras, mas a forma hegemônica institucionalizada em todos os aspectos de nossa cultura. A partir do final da década de 1980, baseada nessas fontes feministas e buscando fazer frente aos limites dos estudos gays e lésbicos, emerge uma nova vertente de reflexão. Refiro-me à teoria queer, um conjunto de estudos que surgiu – ao mesmo tempo – em diferentes contextos nacionais problematizando o caráter heterossexista de nossa cultura.[18]

Pesquisadores/as de diferentes áreas das humanidades e ciências sociais desenvolveram investigações que não se concentravam mais na homossexualidade como questão minoritária, mas parte de um binário a ser desconstruído, o duo hétero–homossexualidade que – durante mais de um século – definiu os limites do pensável. Assim, criticaram tanto o heterossexismo da maior parte dos estudos feministas quanto o enquadramento minoritarizante dos estudos gays e lésbicos, ambos incapazes de explorar analiticamente toda

---

[18] Para uma genealogia da teoria queer, consulte Miskolci (2009; 2012).

uma esfera das relações sociais que envolvia as porosidades e interdependências entre homo e heterossexualidade.

De forma esquemática, enquanto as feministas apontaram o caráter político do binário homem/mulher, sob o qual se assentam desigualdades de gênero que privilegiam os homens em relação às mulheres, os estudiosos queer sublinharam o caráter político-epistemológico do binário hétero/homo, o qual não apenas privilegia aqueles e aquelas que se relacionam sexualmente com pessoas do sexo oposto, mas toma sua perspectiva como a própria condição de construção do conhecimento. Os dois binários não apresentam termos igualmente valorizados, pois os primeiros (homem/hétero) são reconhecidos, enquanto os segundos (mulher/homo) são marcados e inferiorizados. No caso específico da homossexualidade, a marca histórica é a do estigma e da anormalidade.

Os binários – inter-relacionados – precisam ser lidos como eminentemente hierárquicos e desiguais, pois o poder e a normalidade dos primeiros termos se assentam na inferiorização e no estigma reservado aos segundos. Nos termos de Halperin (1995, p. 44):

> A heterossexualidade define a si mesma sem se problematizar, ela se eleva como um termo privilegiado e sem marca, pelo processo de tornar abjeta e problemática a homossexualidade. Assim, a heterossexualidade precisa da homossexualidade para lhe tomar substância – o que permite que ela adquira seu *status* de dada, como uma falta de diferença ou uma ausência de anormalidade.

As incoerências internas à heterossexualidade são mantidas sem problematização, ao ponto de ela nem mesmo ser vista como possível objeto de conhecimento. Ao construir a homossexualidade como objeto de pesquisa, a heterossexualidade se constitui também como instância privilegiada do conhecimento – como a própria condição para conhecer –, assim deixando de se tornar um alvo de investigação ou crítica. Trocando em miúdos, a heterossexualidade, assim como a masculinidade, entroniza-se como a suposta perspectiva neutra que ainda embasa nossa epistemologia hegemônica.

Desenvolvida a partir de uma linha do pensamento feminista, a perspectiva queer expande o feminismo para a esfera da sexualidade, reiterando a crítica ao saber como sempre inserido em relações de poder. O sujeito do conhecimento supostamente universal se revela não apenas branco e europeu, mas também homem, masculino e heterossexual. O direcionamento do desejo a pessoas do sexo oposto é um pressuposto a ser superado caso sejamos coerentes com uma proposta de superação crítica daquilo que já foi apresentado como saber neutro e que, hoje, podemos qualificar como o resultado de diferentes violências epistemológicas que ainda marcam boa parte da produção acadêmica nas ciências sociais, humanas e até na psicanálise.

A obra de Judith Butler, ao desconstruir o que denomina "matriz heterossexual" (2003) e esboçar uma nova topografia psíquica não heterossexista, auxilia-nos a problematizar a perspectiva dominante que personifica e fixa o desejo por pessoas do mesmo sexo como algo restrito a um grupo minoritário. Em outras palavras, mostra-nos que é possível reconhecer que o desejo não tem objeto fixo, e que, portanto, seu direcionamento é circunstancial e se dá dentro de condições históricas e culturais que o direcionam a partir de interesses coletivos. No limite, é possível afirmar que o desejo por pessoas do mesmo sexo é disponível a todos, mas frequentemente coibido e tornado até ininteligível por meios educacionais, políticos e culturais os mais variados.

Desejos digitais insere-se, desse modo, em um amplo espectro de investigações que, ao menos desde a década de 1980, têm contribuído para desconstruir o apanágio dos que insistem em dividir os sujeitos em identidades sexuais fixas e intransitivas. Pretende contribuir para a desnaturalização da forma como são compreendidas as relações amorosas e sexuais – movimento que teve início nas ciências sociais e humanas há quase meio século e cuja exigência, no presente, é também a de reconhecer as relações entre a busca de parceiros e as transformações políticas, culturais e tecnológicas pelas quais passamos desde o final da Segunda Guerra Mundial.

Desde então, passamos a viver em uma sociedade em que as relações interpessoais foram crescentemente moldadas pelos conteúdos da indústria cultural e mediadas pelas telecomunicações.[19] A exposição às mensagens culturais imagéticas passou da eventual visita ao cinema à experiência cotidiana de assistir televisão, até chegar ao uso constante de *smartphones*. Quanto menor a tela maior a exposição aos conteúdos midiáticos, de forma que as mídias digitais e segmentadas não destruíram as de massa, podendo, em certos contextos, aumentar seu poder. Sublinhe-se o papel que – historicamente – tais mídias tiveram na criação e difusão de representações heterossexuais. A partir do advento da internet comercial há pouco mais de duas décadas, usuários passaram a ter acesso a conteúdos segmentados que inseriram ruído no enquadramento hétero das mídias de massa, assim como – conectados e em rede – puderam trocar experiências e buscar parceiros do mesmo sexo sob relativo anonimato.[20]

---

[19] Tal processo foi analisado em suas origens por David Riesman em *The Lonely Crowd: a Study of the Changing American Character* (1950), estudo sociológico cuja tese da passagem de uma subjetividade construída para si (caráter) para uma voltada à aprovação do outro (personalidade) teve profunda e duradoura influência, inclusive marcando – direta ou indiretamente – leituras contemporâneas dos usos das mídias digitais como as de Eva Illouz (2007), Paula Sibilia (2008) e Sherry Turkle (2011). De maneira geral, Riesman afirma que a urbanização norte-americana criava transformações culturais que iam muito além das econômico-materiais, especialmente a formação de subjetividades carentes de aprovação coletiva.

[20] Alguns, como Ruby-Rich, afirmam que tal "ruído" no heterossexismo midiático começa antes e aponta o advento do videocassete na década de 1980 como meio de aceder a outras formas de representação. Afirmação similar poderia ser feita sobre fontes da mídia impressa. No entanto, considero incomparável o impacto que as tecnologias comunicacionais em rede criaram, já que – por meios digitais – permitiram a um número muito maior de pessoas o acesso, a criação e a difusão de imagens alternativas sobre expressões desejantes não heterossexuais.

Este livro busca compreender como as novas tecnologias modificaram o flerte, as interações e até mesmo o roteiro das relações entre homens. Isso não seria possível sem inserir as mudanças tecnológicas em um cenário social mais amplo e em uma linhagem de estudos que problematizam a compreensão ainda corrente de sociedade como sinônimo de heterossexualidade. Meu campo etnográfico em São Paulo e São Francisco (EUA) aponta um flagrante rompimento das supostas fronteiras entre hétero e homossexualidade por meios tecnológicos. Conheci e entrevistei um bom número de homens que fazem uso da tecnologia para evitar controle ou retaliação moral; homens que – mesmo com companheiras mulheres – mantêm relações esporádicas ou contínuas com outros homens. Em sua maioria, esses interlocutores se compreendiam como heterossexuais, não aspiravam a uma identidade bissexual e, muito menos, homossexual.

Esse fato se associa a um movimento similar de recusa da homossexualidade como autodefinição entre homens que só se relacionam com outros homens. Ou seja, o rompimento é duplo, tanto com relação a uma suposta direção unívoca do desejo para pessoas de um ou outro sexo quanto com relação às classificações, especialmente à que aloca o sujeito em uma identidade social e historicamente estigmatizada, no caso, a homossexual.

Lançando mão de reconstituição histórica e trabalho etnográfico, o empreendimento investigativo é eminentemente sociológico ao interrogar os sentidos que regem as práticas e as representações do presente no que concerne à busca amorosa e sexual de homens por parceiros do mesmo sexo. Um questionamento que parte do pessoal e do íntimo para compreender processos coletivos, sociais e históricos de transformação de nossa cultura. Dos indivíduos para o social, a proposta é partir do desejo para a coletividade por meio da recusa ao histórico pressuposto da oposição entre ele e a sociedade, pressuposição que, até poucas décadas, reduzia e até apagava o desejo da teoria social na priorização de temas como casamento e família.

Inspirado em Foucault, reconheço o caráter social da sexualidade e do desejo, eixos vinculadores entre indivíduo e sociedade em dinâmicas culturais e políticas. Entretanto, ao focar no período histórico que se inicia na segunda metade do século XX – marcado pela reconfiguração social na era das mídias e o acontecimento político da Revolução Sexual –, busco me afastar da chave biopolítica centrada no Estado reconhecendo a necessidade de desenvolver análises mais afeitas à problemática das mídias, nas quais o mercado ganha centralidade. Por meio de fontes sociológicas e queer, reconheço o caráter plástico do desejo, o qual se molda entre forças conformadoras e autonomizantes e que pode servir tanto ao controle social quanto, ao menos eventualmente, impulsionar aspirações de reconhecimento.

Desde o final da década de 1960, com a emergência da Revolução Sexual, ampliou-se o papel histórico do desejo na definição de horizontes de autonomia social e política para os sujeitos. Ainda vivemos suas consequências e aprofundamentos. Assim como compreendemos outras revoluções como longos processos históricos marcados por períodos contraditórios e conquistas inacabadas, o mesmo se passa com relação à sexualidade: trata-se de uma revolução inconclusa e incompleta que impactou mais a vida das mulheres e dos homossexuais. Alguns de seus paradoxos derivam justamente desse impacto seletivo e desigual, especialmente na manutenção dos privilégios culturais e políticos da masculinidade heterossexual.

A investigação que deu origem a este livro encontrou o desejo e a sexualidade contemporâneos envolvidos em disputas e dinâmicas complexas com a hegemonia heterossexual masculina. A despeito das transformações históricas e dos deslocamentos culturais e políticos das últimas décadas, persistem representações tradicionais da masculinidade que se impõem como modelo para a autocompreensão da maioria dos homens. Ao mesmo tempo, tal masculinidade hegemônica passou a ser erotizada em uma dinâmica aparentemente contraditória em que ela tem reforçado seu poder ao mesmo tempo que se torna objeto do desejo de mulheres e outros homens. Os sujeitos do desejo contemporâneos se inserem em dinâmicas novas, aparentemente contraditórias e paradoxais, que constituem um terreno investigativo importante para a análise sociológica do presente.

Objeto e estrutura do livro

Desejos digitais explora a forma como, nas últimas duas décadas, homens usaram meios tecnológicos para a busca de parceiros do mesmo sexo negociando com maior segurança a visibilidade do desejo homossexual. Baseado em pesquisa histórica, extenso trabalho etnográfico e observação nas plataformas on-line, a obra foca especialmente na geração de homens paulistanos que nasceu a partir da década de 1970 – à época da Revolução Sexual –, mas que pouco ou nada colheu de seus frutos. Muitos viveram a infância ainda sob a ditadura militar, e a maioria ficou marcada pelo pânico sexual da aids e suas consequências. Assim tornaram-se adultos entre as promessas de liberação sexual e as renovadas demandas de enquadramento a modelos de masculinidade tradicionais. Em meados da década de 1990, com o advento da internet, entraram on-line buscando um meio para vivenciar seus desejos por outros homens sem romper com as expectativas familiares e sociais de que se tornassem heterossexuais.

De maneira geral, o livro pretende introduzir leitores e leitoras em questões e problemáticas sexuais e de gênero do presente, que envolvem as promessas ainda não alcançadas pela Revolução Sexual iniciada no final da década de 1960. Compreendida como um processo histórico que se iniciou de forma acelerada, mas que foi freado a partir da década de 1980, legou-nos efeitos desiguais e inconclusos.

Na década de 1980, a sociedade, imaginada como heterossexual, apresentou-se como a ordem a ser preservada diante da epidemia de aids, doença construída culturalmente como uma espécie de castigo àqueles que fizeram parte da linha de frente da Revolução Sexual. Não por acaso, na mídia hegemônica, chegou a ser noticiada como "câncer gay" até que a medicina a denominasse "síndrome da imunodeficiência gay adquirida" ou, em inglês, GRID, sigla para *Gay-Related Immune Deficiency* (WEEKS, 2007, p. 98-99).

Desde então, as relações sexuais entre homens passaram a evocar a ideia de risco, não apenas de contaminação individual, mas, por meio do imaginário epidemiológico que se espraiou, como um risco para as famílias e a sociedade como um todo. Reatualizou-se o pânico em relação ao desejo homossexual vivenciado após a Segunda Guerra Mundial, o que marcou profundamente as gerações que ganharam a vida adulta no auge da epidemia, *grosso modo* entre 1981 e 1996, os quinze anos passados sem tratamento efetivo que tornavam a condição de soropositivo uma sentença de morte. A disseminação comercial da internet se dá no final desse período de refluxo conservador, em meados da década de 1990, e assinala – junto com outras transformações históricas e sociais que o livro explorará detalhadamente – uma inflexão que marcou nossas vidas nas últimas duas décadas.

Hoje vivemos em um mundo em que as relações são crescentemente mediadas tecnologicamente, o que torna patente a falácia da oposição real/virtual e cada vez mais clara a existência de um contínuo on-line/off-line. Oposições entre privado e público, subjetividade e vida coletiva parecem estar sendo progressivamente erodidas sem que tenhamos cunhado um novo vocabulário analítico a partir do qual possamos compreender nosso novo contexto e a nós mesmos. A partir das relações íntimas, sexuais e amorosas, *Desejos digitais* busca empreender uma exploração inicial dessas erosões focando na forma como alguns homens têm feito uso das mídias digitais para negociar a visibilidade do desejo homossexual minimizando riscos de violência, repressão moral ou outras formas negativas de reação à homossexualidade.

A obra problematiza as expectativas desses usuários de respostas técnicas para dilemas culturais e políticos, bem como as profecias distópicas sobre o caráter potencialmente destrutivo da tecnologia para as relações sociais. A perspectiva do livro reconhece o caráter social, criativo e aberto dos usos da tecnologia, os quais variam socialmente e só podem ser aferidos por meio das práticas cotidianas. Em outras palavras, as tecnologias midiáticas se inserem em um contexto maior que tanto as origina quanto as transforma, moldando sujeitos que, por sua vez, as modificam. Os desejos atuais, aqui chamados de digitais, não são menos sociais ou eróticos que os anteriores, e sua historicidade é também prova de seu caráter social.

Desejos digitais se inicia com "O segredo", capítulo que parte da experiência de um de meus interlocutores paulistanos em viver suas relações com outros homens em sigilo, a fim de começar a explorar as razões da manutenção da homossexualidade como sinônimo de segredo. Em "Rede de desejos", o segundo capítulo, adentra no campo etnográfico da pesquisa. A investigação remonta a mais de dez anos, mas foi conduzida etnograficamente em São Paulo, entre 2007 e 2012, e em São Francisco (EUA) no ano de 2013. Desenvolvi observação acompanhante nas duas cidades, tendo entrevistado centenas de homens que conheci por meio de plataformas on-line como bate-papos, sites e aplicativos de busca de parceiros sexuais e amorosos. Entre eles, acompanhei por alguns anos a vida de quatro interlocutores paulistanos e, por cerca de seis meses, três de São Francisco.

No terceiro capítulo, "Negociando visibilidades", contrasto os campos etnográficos de São Francisco e de São Paulo, explorando como as formas que os sujeitos encontram para gerir a visibilidade de suas vidas íntimas e sexuais têm relação intrínseca com as demandas morais dos locais em que vivem. No caso brasileiro, trata-se de uma experiência que molda as vidas dos sujeitos que se envolvem com outros do mesmo sexo, buscando gerir o ocultamento ou a visibilidade de suas relações a fim de evitar formas de violência e discriminação e, sobretudo, mantendo seus laços familiares.

Em "Machos e Brothers" retomo a experiência de meu interlocutor brasileiro explorada no capítulo anterior e a associo a outras similares: a de homens que – usando meios digitais – buscam conciliar relações hétero e homossexuais para a manutenção de uma imagem pública aceitável para a família e o trabalho. Seu dilema envolve a evitação do conflito por meio à adesão a um tipo hegemônico de masculinidade que, na sociedade brasileira, seria a antítese do homossexual: o "homem de verdade".

No quinto capítulo, "Estranhos no Paraíso", analiso o uso que homens gays adultos de São Francisco (EUA) fazem de aplicativos para busca de parceiros amorosos e sexuais. De forma geral, os gays lá passaram do *cruising* gay – a busca de parceiros sexuais anônimos nos bares, parques e banheiros públicos – para o *hookup*, termo norte-americano que designa uma forma de sexo sem compromisso que surgiu em contextos heterossexuais universitários e se baseia na escolha de parceiros por critérios de similaridade sociocultural.

Em "Discreto e fora do meio", exploro a centralidade do critério da discrição na busca amorosa e sexual e também como eixo definidor das representações sociais a que são expostos meus entrevistados. O que eles definem como beleza e *sex appeal* e os atrai em perfis on-line são retratos de homens modelares socialmente, reconhecíveis como masculinos e heterossexuais a despeito de se relacionarem sexualmente com outros homens. A busca de parceiro por meio de plataformas digitais reforça imagens midiáticas idealizadas, incentivando não só a busca por tais homens que "passam por hétero", como também a corporificação desse modelo hegemônico. Por fim, no último capítulo, busco sintetizar as transformações e permanências do desejo vivenciado na era da conectividade por meio de plataformas on-line.

Desejos digitais pretende fornecer um balanço parcial das mudanças e permanências vivenciadas pela primeira geração de homens paulistanos que fizeram uso das mídias digitais para vivenciar sua sexualidade. É um livro sobre desejos vividos na era de consolidação das novas tecnologias comunicacionais e a conectividade que elas disseminam. Desejos que têm modificado os sujeitos, suas relações e nossa sociedade.

1. O segredo

Gabriel tinha 28 anos quando o entrevistei em 2012. Nascera e ainda vivia com a família em um bairro de classe média baixa da zona sul de São Paulo. Trabalhava na região da avenida Berrini, era formado em administração e cursava uma espécie de MBA, mestrado profissional na área de negócios. Chegou ao café com aspecto de quem acabara de sair do trabalho. On-line se apresentava como pardo, mas pessoalmente muitos o classificariam como negro. Era alto, usava o cabelo raspado e se vestia formalmente. Logo comentou que naquele dia não iria à academia, atividade que ocupava seu fim de tarde permitindo que ele escapasse ao horário de maior tráfego no retorno para casa. Lamentava que a musculação era o que tinha disponível, apesar de preferir praticar esportes, o que não fazia desde o fim da faculdade.

Conhecera-o on-line, por meio de um bate-papo popular entre homens paulistanos que buscavam parceiros do mesmo sexo. Algum tempo depois de me conceder uma entrevista pelo Messenger, aceitou conceder outra pessoalmente sob a condição de que não fosse gravada. Assim, só pude fazer anotações e, portanto, reconstituo a entrevista a partir do caderno de campo e da memória, não como transcrição. Depois de alguns minutos iniciais de conversa sobre outros assuntos, comecei perguntando o mais óbvio: por que você procura alguém on-line? Ele silencia, parece querer pensar bem antes de responder, e começa: "porque não posso paquerar outro cara na rua, num bar, na faculdade e muito menos no trabalho". Acrescentei: você é tímido? Ele respondeu imediatamente: "Não sou tímido não, mas com homem é sempre um risco... gente fora do meio gay como eu não tem onde paquerar. Não sou doido de me expor e me meter em confusão. Minha família não sabe – e quero que continue assim –, no trabalho fico na minha, e na faculdade tem muito conhecido. Na internet é que posso arranjar alguém, de boa".

Gabriel havia me contado que eventualmente se envolvia com mulheres, mas na época que nos conhecemos estava solteiro. Perguntei se para ele era indiferente com quem se relacionava, ao que ele replicou: "É difícil homem ficar sozinho, sempre tem mulher disponível. Sempre alguém te apresenta alguma. É mais fácil, dá pra sair juntos, até apresentar pros pais. Eu não procuro mulher, elas aparecem. Eu procuro homem porque é mais difícil". Desculpando-me pela possível obviedade da questão, perguntei se então valia a pena procurar homens. Ele sorriu: "O proibido parece mais interessante, não? Quando entrei pela primeira vez on-line e vi as salas de bate-papo, eu logo fui para a de gays para ver como era. Fiquei muito tempo só teclando, uma 'punhetação', sem fim até que tomei coragem e saí com um carinha. Como te disse antes, daí eu não parei mais".

Compreendendo a homossexualidade como algo proibido e vivendo em um contexto no qual flertar com outro homem o exporia a possíveis preconceitos e discriminações, Gabriel poderia estar satisfeito com os encontros ocasionais que arranjava on-line? "É o possível, não é o ideal, mas é o possível", sentenciou. O que seria o ideal? "Só sei que para mim, do jeito que eu vivo, é o que posso fazer". Perguntei se o fato de morar com a família era o que mais pesava, ao que ele retrucou: "Não só, mesmo que morasse sozinho seria complicado. Veja, eu trabalho numa área conservadora, não tem gay no meu emprego". Então perguntei: será mesmo? "Se tem, é escondido." Por que você não vai a lugares gays onde é possível paquerar cara a cara? "Não é a minha e quem vai nesses lugares não me atrai."

Temendo tocar em um ponto sensível, arrisquei questionar: isso é porque você não gostaria de ir a um lugar gay ou porque acha que poderia encontrar alguém conhecido e correr algum risco? Gabriel, com rosto entre sério e pensativo, afirmou: "Eu até já fui numa boate da Barra Funda, mas de zoeira com amigos. Eu não posso me expor e isso nem passa pela minha cabeça". O que você acha que aconteceria se descobrissem que você fica com caras? Ele afastou o corpo um pouco para trás enquanto dizia: "Cara, minha família morreria. No trabalho seria desmoralizante...". Por fim, perguntei se realmente achava que sua família o rejeitaria ou se poderia perder o emprego: "É o tipo de coisa que ninguém arrisca quando se tem tudo a perder".

A curta entrevista, de cerca de meia hora, foi também a última que Gabriel me concedeu. Mantivemos contato on-line, mas sem a mesma proximidade de antes. Aventei muitas razões para isso, entre as quais a de que fui incisivo nas questões que o levaram a refletir sobre seu temor de que descobrissem suas relações com outros homens. O risco de ser descoberto pode fazer parte da excitação dos encontros forjados on-line, mas passa a ter outra concretude em uma entrevista concedida a um sociólogo. Incitado a refletir sobre o que restringia sua expressão desejante, o resultado da conversa talvez tenha sido – para ele – apenas a desagradável constatação da falta de alternativa. Em vez de questionar o pressuposto do segredo que regia sua busca por parceiros on-line, ele o corroborava como "o possível" para seguir sua vida sendo aceito pela família e mantendo seu emprego.

A entrevista com Gabriel ajuda a compreender como que para muitos homens paulistanos a heterossexualidade é acessível, não apenas pressuposta, mas também incentivada, enquanto a homossexualidade é mantida como inaceitável. O cenário atual em que homens buscam parceiros do mesmo sexo por mídias digitais facilitou o acesso a relações homossexuais sem modificar o local que elas ocupam em nossa sociedade. O uso das mídias se dá – sobretudo – pelo fato de que elas permitem relativo anonimato e, assim, a manutenção de relações homossexuais sob sigilo. Afinal, por que o desejo homossexual continua a ser sinônimo de segredo?

O desejo sob a hegemonia heterossexual

No livro que muitos consideram o fundador da teoria queer, *Epistemology of the Closet*[21] (1990), Eve Kosofsky Sedgwick alertava que qualquer reflexão sobre o último século permanecerá incompleta se não nos atentarmos para a forma como uma epistemologia do segredo sexual, sobretudo – mas não somente – homossexual, moldou nossa cultura como um todo. Em um dos trechos mais cintilantes de sua obra afirma:

> Ao final do século XIX, quando virou voz corrente – tão óbvio para a Rainha Vitória quanto para Freud – que conhecimento significava conhecimento sexual, e segredo, segredos sexuais, o segredo gradualmente reificante dessa recusa [das relações entre mulheres e entre homens] significou que se havia desenvolvido, de fato, uma sexualidade particular, distintamente constituída como segredo: o objeto perfeito para a ansiedade epistemológica/sexual do sujeito da virada do século, hoje exacerbada (2007, p. 30).

Assim como destacado na introdução, este livro busca explorar o que se passou com o desejo homossexual desde o advento da internet comercial, em meados da década de 1990. Uma vez que o livro está centrado na experiência da primeira geração de homens que entrou na internet em busca de parceiros, só é possível compreendê-la se retomarmos: (a) as relações de continuidade e transformação que moldaram as homossexualidades contemporâneas desde a perseguição renovada à homossexualidade após a Segunda Grande Guerra; (b) a afirmação desejante durante a Revolução Sexual a partir do final dos anos 1960; e (c) as consequências do pânico sexual da aids entre os anos 1980 e 1990.

---

[21] A Autêntica prepara a edição em português de *A epistemologia do armário*, a ser publicada nesta coleção.

Desejos digitais busca um caminho alternativo às abordagens que reconheceram a sexualidade como social sem fazer o mesmo com relação ao desejo. Cientistas sociais há décadas apontam o caráter social e histórico da forma como as pessoas vivenciam a própria vida sexual. Desde fins da década de 1960, investigações históricas e sociológicas apontaram como políticas estatais e grupos de empreendedores morais delimitaram historicamente as formas lícitas ou ilícitas da sexualidade. No entanto, essa vertente de pesquisas não incorporou um pensamento sobre a sexualidade que a desnaturalizou a partir do desejo, mantendo-o, portanto, no domínio do natural ou, ao menos, a-histórico. Sem ter sua historicidade reconhecida, o desejo permaneceu quase sob o monopólio de saberes médicos e psi, os quais tenderam a explorá-lo em uma perspectiva individual e pouco afeita ao reconhecimento de seu enquadramento cultural.

Em *Le Désir homosexuel* (O desejo homossexual), Guy Hocquenghem afirmou que, em vez de problematizar o desejo por pessoas do mesmo sexo, seria mais acurado explorar como e por que a sociedade ocidental foi marcada pelo medo da homossexualidade (2010, p. 21) levando-a a desenvolver mecanismos familiares, educativos e estatais para coibi-la, em especial entre homens. Hocquenghem inicia problematizando a própria denominação "desejo homossexual":

> Desejo homossexual: esses termos não são evidentes por si mesmos. Não há subdivisão do desejo entre homossexualidade e heterossexualidade. Não há tampouco nem desejo homossexual nem desejo heterossexual em sentido próprio. O desejo emerge sob uma forma múltipla, cujos componentes são apenas separáveis *a posteriori*, em função das manipulações a que o submetemos. O desejo homossexual, assim como o heterossexual, é um recorte arbitrário em um fluxo ininterrupto e polívoco (p. 22).

Assim, no início da década de 1970, em meio ao que se convencionaria chamar de Revolução Sexual, emerge um pensamento radical sobre a sexualidade que não apenas reconhece seu caráter histórico como também passa a problematizar as teorias e conceitos desenvolvidos pelos saberes psicológicos, psicanalíticos e sexológicos. Esses saberes foram pioneiros na valorização e estudo da sexualidade, mas raramente reconheceram seu caráter histórico ou social, tendendo a reproduzir os valores e, parcialmente, os julgamentos morais de sua época.

Sigmund Freud foi o intelectual que primeiro desafiou a moral de seu tempo ao reconhecer e demonstrar a importância da sexualidade na vida social. Sua invenção, a psicanálise, rompeu com a maior parte dos pressupostos da sexologia determinista e conservadora de seu tempo ao reconhecer o caráter polimorfo do desejo, a sexualidade na infância, a normalidade do desejo por pessoas do mesmo sexo e, sobretudo, o alto custo psíquico e social que a normalidade cobrava dos indivíduos e, naquela época e sob a perspectiva do pensador vienense, especialmente das mulheres. É possível compreender seu enfoque na neurose como uma perspectiva crítica às diferentes formas de controle e repressão ao desejo.

A despeito desses avanços críticos, a psicanálise freudiana teve desenvolvimentos limitados pelo enquadramento cultural e político masculino e familista de seu tempo e sociedade. O foco analítico a partir do desejo masculino e do modelo que se convencionaria chamar de "romance familiar" limitou a possibilidade de questionar o próprio enquadramento masculino, heterossexual e reprodutivo em que se consolidou a psicanálise freudiana. Sander L. Gilman (1994) trouxe elementos históricos e culturais importantes para situá-la, desde a circulação de representações sobre a sexualidade feminina em sua época, passando pelos referentes imperialistas e raciais sublinhados na famosa frase do vienense: "A mulher é o continente negro da psicanálise". Também explorou as marcas do catolicismo (a confissão) e do judaísmo (a relação entre medo da castração e a circuncisão) na psicanálise.

A assertiva do caráter bissexual primário de todo ser humano terminou por ser atenuada na teoria do desenvolvimento da psique que culminava na formação de um adulto heterossexual. Assim, o desejo normalizado passava a ser o heterossexual, apagando a bissexualidade primária como potencial imemorial e realocando a homossexualidade não mais na anormalidade ou patologia, mas à margem da vida sexual plena restituída – com seus paradoxos e dores – ao casal monogâmico reprodutivo. A psicanálise freudiana, portanto, parte de sua base empírica de análise e nela termina: a família vienense da virada do século XIX para o XX. Algo problematizado com astúcia por Mariza Corrêa (2007) em sua análise da importância afetiva (e quiçá erótica) das babás nas famílias de elite de lá e, ainda mais, nas daqui dos trópicos, as quais – historicamente – vêm das classes populares e não brancas. Fatos e reflexões que nos fazem situar melhor a psicanálise, reconhecer seus limites e aventar reinvenções de seu legado.

Em uma perspectiva próxima, como explorei noutro texto (MISKOLCI, 2011), talvez a própria psicanálise possa ser inserida em uma história cultural da subjetividade que venha a sublinhar componentes de gênero e dualismos que ajudaram a construir o da hétero–homossexualidade. Ao menos desde o século XVIII, obras artísticas, especialmente algumas vertentes do romance, forneceram bases culturais para que, no final do século seguinte, a psicanálise começasse a descrever e analisar dinâmicas psíquicas que pareciam fadadas ao obscuro e até ao ilógico. Assim, a psicanálise pode ser compreendida como um dos capítulos mais recentes – mas não o final – no desenvolvimento de uma perspectiva cultural da subjetividade que poderá alcançar o propriamente sociológico apenas desnaturalizando o desejo e o reconhecendo não como pulsão, mas como um eixo de negociação entre aspirações individuais e valores coletivos.

Fato é que a linha de estudos que historiciza a psicanálise reconhecendo tanto seus limites quanto seus potenciais é recente. Até poucas décadas atrás, aqueles que atribuíam os limites da teoria freudiana ao seu caráter a-histórico e à falta de fontes sobre a vida coletiva consideravam que a vertente psicanalítica desenvolvida por Jacques Lacan em meados do século XX teria corrigido tais lacunas. Lacan manteve o familismo freudiano e o enfoque no complexo de Édipo, compreendido a partir de uma culturalização do simbólico que reproduziu o a-historicismo da antropologia estrutural de Claude Lévi-Strauss. Judith Butler (2014) desenvolveu críticas a essas teorias que recusam dar historicidade às relações de poder mantendo uma topografia psíquica cuja dinâmica seria refratária à transformação social.

A manutenção da psicanálise em uma perspectiva hegemônica com relação à moralidade delimitadora das formas reconhecíveis do desejo contribuiu para a continuidade de sua compreensão a partir de sua divisão binária em homo e heterossexualidade. Essas categorias emergiram a partir do terço final do século XIX, o que corrobora o caráter histórico da compreensão do desejo como se dirigindo a um ou outro sexo. Estudos históricos como os de Chris Brickell (2006) demonstram que, em sociedades ocidentais, até por volta do início do século XX o desejo sexual por pessoas do mesmo sexo era visto como uma possibilidade para qualquer pessoa. Em outros termos, a transitividade sexual era reconhecida, mesmo que não fosse aceita e muito menos incentivada no auge da moralidade vitoriana.

O imaginário cultural de que o desejo teria um alvo único, predominantemente do sexo oposto e visando a reprodução é o resultado de um processo histórico complexo e contraditório que culminou na emergência da categoria homossexual no início da década de 1870. O termo homossexual foi criado – ao mesmo tempo – por um dos primeiros defensores dos direitos das pessoas que se relacionam com outras do mesmo sexo, o húngaro Karl Maria Kertbeny, e pelo sexólogo alemão Carl Westphal, autor do clássico texto psiquiátrico "As sensações sexuais contrárias", que patologizava esse desejo como resultado de uma inversão psíquica entre o masculino e o feminino.

Cristalizava-se a longeva interpretação de que um homem que desejasse outro homem estaria acometido por uma espécie de patologia psiquiátrica, como se tal desejo o deslocasse da masculinidade para a esfera do feminino, categoria que, na época, era desqualificada como inferior e fraca. Pior, o "invertido" seria um homem degenerado, incapaz de desejar "corretamente" já que – no imaginário sexual que girava em torno da reprodução – querer alguém do mesmo sexo era interpretado como algo contra a natureza. A sociedade ocidental se esmerava em reconhecer, diagnosticar e – em alguns países – até criminalizar os desejos que ameaçassem o senso comum de que as pessoas apenas faziam sexo para se reproduzir.

O contexto era o da criação de uma lei alemã que criminalizaria as relações sexuais entre homens em 1871, precedente jurídico que se disseminaria em muitos países, entre os quais se destacaria a Inglaterra com o "Labouchere Amendment", de 1885, base sobre a qual se assentaria, dez anos depois, a condenação de Oscar Wilde. Pouco a pouco, o termo "homossexual" passou a circular entre os ativistas políticos favoráveis a essas relações e aos contrários, que a classificavam como desvio e doença mental. Tal circulação semântica, indicam estudos históricos, foi restrita aos círculos letrados e especializados e, apenas no século XX, ganhou notoriedade social.

A percepção de que o desejo homossexual era algo comum a todos passa a ser contestada por alguns sexólogos preocupados em relegá-lo a um desvio do querer que se expressa em uma minoria de indivíduos excêntricos como uma anomalia que os tratados sexológicos passariam a chamar de "homossexualismo". É essa criação histórica personificada no sujeito homossexual que, aos poucos, vai estabelecendo um binarismo que ainda marca não apenas os desejos e as práticas sexuais, mas também boa parte da produção acadêmica e das lutas políticas do presente.[22]

---

[22] David M. Halperin faz uma importante – e lamentavelmente pouco lembrada – crítica à interpretação mais popular do trecho de *História da sexualidade I: A vontade de saber* (1976), no qual Foucault teria afirmado que o homossexual substituiu o sodomita, portanto uma prática sexual teria se transformado em uma identidade sexual. Em sua leitura, o pensador francês teria feito a

O binário hétero-homo não apenas privilegia o desejo direcionado a pessoas do sexo oposto como estabelece seu principal "desvio" e objeto de perseguição: o desejo por pessoas do mesmo sexo. O que levou à ascensão desse enquadramento intransitivo e binário do desejo que os registros históricos mostram ter emergido apenas a partir da década de 1870 e em graus variados de acordo com cada realidade nacional? Antes de buscar reconstituir essa história pouco conhecida, é fundamental sublinhar que o estabelecimento do binário hétero–homo foi, de fato, o estabelecimento da norma heterossexual como suposta ordem natural do desejo. Afinal, trata-se de um binário elusivo uma vez que o componente homossexual marca não uma das direções possíveis para o desejo, mas um desvio da normalidade, uma espécie de patologia, crime ou forma ilícita de amar.

A emergência do que denomino aqui como regime político-cultural da heterossexualidade no terço final do século XIX é reconhecível pelo registro histórico do recrudescimento da recusa coletiva às relações amorosas e sexuais entre pessoas do mesmo sexo, em especial entre homens, por meio de uma crescente patologização dessas relações e eventuais criminalizações. Foi nesse período em que a sexologia e, posteriormente, também a psicanálise, esmeraram-se em escrutinar o reino supostamente obscuro e inexplorado do desejo. De forma geral, medidas legais, diagnósticos médicos, discursos de defesa política e saberes especializados sobre o

---

comparação entre duas formas de desqualificação, uma baseada em formas legais pré-modernas e outra baseada na sexologia do XIX, jamais afirmado que antes do *fin de siècle* a perseguição era em relação a atos e não a identidades. Seu ponto é que sempre perseguiram indivíduos qualificados como sodomitas, pederastas, entre outros; o que mudou – ou passou a competir com visões anteriormente arraigadas – foi a forma como especialidades como a sexologia e o direito passaram a definir, classificar e julgar tais pessoas e seus atos, ou seja, as práticas sempre constituíram identidades. Vide, em especial, o primeiro capítulo de *How to do the History of Homosexuality* (2002), de Halperin, intitulado "Forgetting Foucault".

desejo formavam uma trama em torno de algo que parecia assombrar a sociedade ocidental da época.

O temor coletivo em relação ao desejo homossexual se instalara. Foi uma inflexão final em um processo histórico mais longo que Michel Foucault reconstituiu e analisou como a consolidação de um dispositivo histórico do poder que conhecemos como sexualidade. Segundo o filósofo francês, a sexualidade é um aparato indissociável do desenvolvimento dos Estados nacionais europeus, os quais encontraram no controle do sexo a forma mais efetiva de vincular indivíduo e sociedade. Nação se tornou sinônimo de reprodução, o que criou as relações de poder que incidem sobre os corpos e afetos, bem como a visão do senso comum sobre a sexualidade como algo desvinculado da política e fora da história.

Foucault, preocupado em desnaturalizar o sexo por meio do reconhecimento da invenção dos mecanismos coletivos – frequentemente estatais – de seu controle, data as origens históricas do dispositivo da sexualidade no século XVII. Aqui, em uma perspectiva que tem como objetivo compreender a consolidação do regime político da heterossexualidade, desloca-se o foco para outro acontecimento mais diretamente vinculado ao desejo no início do século XVIII: a emergente preocupação social com a masturbação.

Inicialmente, predominava sua condenação religiosa, como atesta o título de um livro anônimo publicado em Londres em 1715 como *Onania, ou o pecado horroroso da autopolução e todas as suas consequências assustadoras em ambos os sexos, consideradas com conselho espiritual e físico para aqueles que já se danificaram por esta prática abominável*. Já em 1758, surge o primeiro tratado a abordar o tema de forma "científica", intitulado *O onanismo: dissertação médica sobre as doenças causadas pela masturbação*, obra do médico suíço Samuel Auguste André David Tissot que teve influência duradoura e seria uma das fontes mais citadas em meio à cruzada antimasturbatória que se iniciou na década de 1770.

O combate à masturbação infantil se espraiou pelo continente europeu como uma febre paternal sobre os supostos perigos do erotismo solitário de seus filhos. Foi uma verdadeira batalha contra o desejo. Batalha agnóstica, guiada mais pelos médicos do que pelos padres, ainda que frequentemente os últimos se aliassem aos primeiros contra o inimigo comum. Por mais de meio século, houve o incentivo pedagógico e médico para que os pais se deitassem com seus filhos, vigiassem seu sono, segurassem suas mãos impedindo que tocassem seus genitais. O objetivo aparente era evitar que sucumbissem ao desejo, crescentemente temido como poderoso e ameaçador. Emergia e se disseminava o temor do desejo como potencialmente antissocial, uma ameaça à sobrevivência coletiva a ser sanada pela vigilância e controle desde a mais tenra idade.

Foucault narra, em seu curso *Os anormais,* quando – depois de efetivamente colocar os pais na cama com seus filhos – no século XIX os saberes sexológicos passaram a revelar-lhes algo assustador: sabe o desejo que vocês lutam por controlar em seus filhos? Esse desejo se dirige a vocês. Emergem as primeiras teorias sobre o incesto como suposto desejo primário a ameaçar as famílias e, dado seu caráter de *celula mater,* a própria sociedade. Consolida-se a noção do caráter amoral do desejo de forma a reforçar e expandir medidas para seu controle. Nas famílias burguesas, tal leitura levou à separação das camas chegando à lógica de cada corpo em um leito, com a exceção do casal reprodutivo santificado pela Igreja, reconhecido pelo Estado e sancionado pela medicina.[23]

Nas décadas seguintes, o desejo tendeu a ser compreendido como instinto sexual, a versão agnóstica e científica da

---

[23] Baseio-me aqui, principalmente, na aula de 12 de março de 1975 do curso *Os anormais* (2001), em que Foucault indiretamente questiona as teorias sobre a origem da cultura no suposto tabu do incesto, ou seja, traz elementos para historicizar Freud e Lévi-Strauss como pensadores marcados pela moralidade familista (europeia) de suas épocas.

carne cristã. Como instinto, apenas sob o controle moral, pedagógico, familiar ou médico, podia ser socializado já que era dirigido a relações dentro do casamento, voltadas à reprodução e formação de famílias. Compreendia-se o "instinto" como elemento "natural" e que, portanto, guarda em si algo de supostamente "selvagem", um potencial inimigo da civilização. Em meados do século, o psiquiatra alemão Heinrich Kaan chega a afirmar que toda vida psíquica giraria em torno do sexo, assim como pensadores começam a desenvolver teorias evolucionistas que alçariam a forma europeia ocidental de normatização da sexualidade como prova e condição para sua posição de controle político e econômico da maior parte do mundo.

As emergentes ciências sociais e humanas abordaram colateralmente a sexualidade e o desejo a partir de suas configurações históricas europeias do casamento e da família.[24] Na década de 1930, a antropologia estrutural de Lévi-Strauss desenvolveu uma teoria social em que os sujeitos sociais são reconhecidos como sujeitos sexuais, mas dentro de uma lógica familista e de parentesco cujos traços moralizantes se cristalizam no pressuposto do tabu do incesto como base das relações sociais, tabu que forclui uma proibição anterior às relações entre pessoas do mesmo sexo.

Gayle Rubin foi uma das primeiras feministas a apontar o heterossexismo sob o qual se assenta a antropologia estrutural lévi-straussiana. Evidências empíricas em diversas sociedades refutam o pressuposto do tabu do incesto, ou seja, ele não é efetivamente válido em todas as culturas. Sobretudo, é questionável a compreensão de que o desejo se manifestaria na relação com os pais e seria necessariamente dirigido ao sexo oposto, pressupostos culturais herdados pelo teórico francês e reproduzidos em sua teoria sem a devida reflexão crítica sobre seu caráter histórico e culturalmente determinado.

---

[24] Na Escola de Chicago, a prostituição e outros temas também foram objeto de investigação. Sobre essa questão, ver Heap (2003).

Tais teorias são, no limite, a versão coletiva das que emergiram focadas nos indivíduos em fins do XIX, completando o movimento histórico que alçou o desejo sexual a ameaça coletiva, até delimitar como sua expressão mais perigosa aquela voltada para pessoas do mesmo sexo. Recentemente, como já mencionado, Judith Butler (2014) retomou a crítica de Rubin à teoria de Lévi-Strauss e a estendeu à de Lacan, explorando os limites heterossexistas do estruturalismo, quer antropológico ou psicanalítico. A teórica queer destaca como o simbólico estruturalista alça ao a-histórico e politicamente inquestionável o que uma outra noção de cultura – a da corrente sociológica dos estudos culturais – torna objeto de análise crítica.

Butler adere à noção de cultura dos estudos culturais britânicos,[25] segundo a qual ela se constrói nas relações de poder. Segundo a filósofa norte-americana a *Lei* que rege o simbólico estruturalista torna universais normas sociais e as coloca fora de disputa, o que impede qualquer deslocamento ou mudança social. A partir de sua análise, é possível afirmar que as concepções hegemônicas sobre sexualidade e desejo vigentes na sociedade europeia, mais especificamente a francesa, na primeira metade do século XX, moldam as teorias estruturalistas e delimitam sua abrangência a uma concepção social refratária ao reconhecimento seja do caráter político e histórico da sexualidade, seja da plasticidade cultural do desejo. Teorias influentes como as estruturais deixaram de reconhecer e explorar a proibição ao desejo homossexual. O ocultamento

---

[25] O grupo de pesquisadores que formou o Centro de Estudos da Cultura Contemporânea – formado na Universidade de Birmingham na década de 1960 – tinha um projeto intelectual e político que os colocava em luta tanto contra a sociologia hegemônica na Inglaterra quanto contra os estudos ingleses, a vertente das humanidades que trabalhava com as características da "inglesidade". Na época, no marxismo predominava a visão de que a cultura estava destinada à superestrutura como um espelho distorcido da economia, um reducionismo que levava, também, a um totalitarismo teórico. Em contraste com a Escola de Frankfurt – que via a cultura como sinônimo de sua expressão de elite –, os britânicos criaram uma concepção sociológica da cultura mais abrangente, um espaço de disputa que envolvia as classes populares.

dessa proibição, o deslocamento do foco para tabus e sua reiteração contribuíram para a naturalização da heterossexualidade, seu estabelecimento como único horizonte aceitável para as expressões do desejo, da sexualidade e, inclusive, do parentesco.

Uma história da sexualidade que reconhece o caráter social do desejo só pode ser escrita por meio da desconstrução da hegemonia político-cultural da heterossexualidade, a qual resultou das práticas e discursos que materializaram interesses sociais de estabelecer as relações entre pessoas do sexo oposto visando à reprodução como um consenso cultural de normalidade e o desejo homossexual como ameaça. Não por acaso, é dentro do enquadramento heterossexual e reprodutivo que se estabeleceram as instituições políticas contemporâneas, com a nação compreendida como formada por cidadãos heterossexuais, reprodutivos e dentro de famílias.

O desejo homossexual, portanto, jamais foi caracterizado como uma opção viável ao heterossexual, antes como um desvio ou alternativa a ser sanada, punida ou evitada. Daí sua negação aparentemente paradoxal em teorias sobre a origem da cultura no sentido antropológico. O paradoxo se dissipa quando sua recusa se revela tão profunda – e possivelmente fundamental – a ponto de ser relegada ao inominável e ao incompreensível. Teorias científicas o restituíram à condição que o cristianismo relegara a antiga sodomia: o pecado inominável. Não apenas indizível, mas irreconhecível como possibilidade e recusado como inaceitável, o que justificaria as reações mais violentas e destrutivas. Pensado a partir da hegemonia política e cultural da heterossexualidade, o desejo homossexual só pode ser compreendido como ameaça à ordem social e simbólica, ao mesmo tempo obsceno e abjeto, portanto, uma vergonha e um segredo.

Sob o signo da discrição

Na segunda metade do século XX, a maioria das pessoas entrou em contato com o desejo homossexual ouvindo injúrias dirigidas àqueles e àquelas que o expressassem (ERIBON, 1999;

MISKOLCI, 2012), portanto (re)conhecendo o abjeto a que é relegada a homossexualidade em nossa cultura. Inseridos em uma espécie de pedagogia social do terror, os que o sentiram foram "ensinados" que expressões do desejo por pessoas do mesmo sexo não poderiam ocorrer em público, apenas de forma privada e, por segurança, em segredo.

A pedagogização do sexo – que não se restringe à experiência escolar mesmo que tenha nela sua expressão mais acabada – contribuiu para heterossexualizar a maior parte dos sujeitos, processo cultural que dependeu da ameaça constante de retaliações morais, materiais e até físicas. Esse "aprendizado" inculcou – em cada menino e menina – uma forma individual e psicologizada de experienciar a vulnerabilidade social, um processo altamente eficiente de incorporação subjetiva da recusa social ao desejo homoerótico, o que em alguns pode ter levado a torná-lo incompreensível, enquanto em outros apenas restringiu sua expressão sem o eliminar. Entre esses últimos, gerou subjetividades vigiadas, mas também aptas a adotar formas de resistência que envolveram a criação de táticas e estratégias para driblar as proibições ao desejo por pessoas do mesmo sexo.

A exigência social de que as pessoas se casassem e tivessem filhos, constituíssem famílias, não eliminou mas tendeu a restringir as relações entre pessoas do mesmo sexo ao eventual. Ainda que a repressão tenha continuado a existir, a principal técnica de poder passou a ser a mais sofisticada e eficiente disciplina. Sob o poder disciplinar, a sociedade ocidental caminhou a passos largos em direção à normalização nos mais diversos aspectos, entre os quais o controle da sexualidade foi fundamental. A consolidação do modelo familiar foi lenta e custosa já que, em meio às dificuldades impostas pela crescente urbanização e industrialização, podia ser mais atraente para as pessoas manterem-se relativamente independentes.

À história da construção do regime político da heterossexualidade deve-se associar as resistências, táticas cotidianas as mais diversas, em sua grande maioria marcadas pelo uso estratégico do segredo, uma maneira de não confrontar diretamente a ordem cultural para vivenciar relações que passaram a ser consideradas ilícitas e inaceitáveis moralmente. No que se refere às relações entre pessoas do mesmo sexo – jamais eliminadas –, durante décadas a vigilância coletiva, baseada na repreensão moral e em diversas formas de retaliação, serviu como verdadeira pedagogia a delimitar as margens e sombras em que podiam ocorrer.

Os estudos históricos sobre relações entre pessoas do mesmo sexo reconstituíram espaços marginais ou alternativos de interação nas grandes cidades ocidentais. Em contextos metropolitanos europeus, norte-americanos e sul-americanos desvelaram circuitos urbanos de flerte entre homens desde ao menos o final do século XIX (ERIBON, 1999; CHAUNCEY, 1994; GREEN, 2000). Em sua maioria eram praças, parques e outros espaços públicos centrais que – especialmente à noite – tornavam-se mais permeáveis ao rompimento das normas. É improvável que essas relações só se dessem aí, mas foram essas que deixaram mais registros históricos. O relativo anonimato dos aglomerados urbanos permitia comportamentos e relações que, em contextos menores e sob maior vigilância da comunidade, eram mais raros ou deixaram menos rastros.

O disciplinamento sexual não conseguiu eliminar todas as manifestações do desejo em desacordo com o modelo familista e reprodutivo, conseguiu apenas as restringir fora da "boa sociedade".[26] No início do século XX, transformações tecnológicas colaborariam para flexibilizar a vida amorosa, especialmente a corte heterossexual nas classes médias e altas. Eva Illouz (1997) analisou como a invenção do carro e

---

[26] Entre a rica bibliografia sobre a sexualidade, o desejo e gênero fora das fronteiras socialmente reconhecidas, destacam-se obras como *Sexual Anarchy: Gender and Culture at the Fin de Siécle* (1990), de Elaine Showalter; *Couro imperial: raça, gênero e sexualidade no embate colonial* (2010), de Anne McClintock; *Race and the Education of Desire: Foucault's History of Sexuality and the Colonial Order of Things* (1995), de Ann Laura Stoler, e *O desejo da nação: masculinidade e branquitude no Brasil de fins do XIX*, de Richard Miskolci (2012).

a disseminação do hábito de ir ao cinema concedeu maior agência ao casal, o que criou o encontro amoroso moderno em que o homem convidava a mulher para sair de casa, possivelmente para assistir a um filme romântico no cinema. Vale recordar que antes o namoro costumava se dar na casa dos pais da jovem sob sua estrita vigilância.

O encontro romântico retirou, literalmente, o casal do controle dos pais criando um novo roteiro, mais individualizado, para o namoro. O cinema aproximou fisicamente o casal que, no espaço reservado do carro, não demoraria a ganhar intimidade sexual. É justamente essas transformações íntimas que foram exploradas na propaganda automobilística por décadas: carros eram o meio para homens terem acesso sexual a mulheres. Não demorou para que também fossem usados para busca de outros homens em estacionamentos, assim como alguns cinemas passaram a prover condições para encontros sexuais anônimos entre eles. O carro permitiu um ganho de agência sexual para os homens, já que eram a esmagadora maioria dos que tinham condições financeiras para usufruir dele.

Essas tecnologias não foram apenas facilitadoras para desejos pré-existentes, uma vez que passaram a modificá-los profundamente. O cinema criou toda uma gramática do romance e da sexualidade, o que levou Teresa de Lauretis a considerá-lo uma tecnologia de gênero, ou seja, capaz de ensinar e definir formas de comportamento masculinas e femininas. Os filmes moldaram romances e relacionamentos tanto normalizando aqueles entre pessoas do sexo oposto como gerando interpretações subversivas para aqueles e aquelas que buscavam outras do mesmo sexo. Associou-se, também, à disseminação da propaganda e um circuito de entretenimento, ambos contribuindo para criação de um estilo de vida claramente generificado.

O telefone fixo entrou em cena mais lentamente, e seu uso se espraiou de forma desigual nos países centrais e mais ainda nos periféricos. De qualquer forma, houve um forte impacto social nos lugares onde ele se tornou acessível, porque dessacralizou a vida doméstica e familiar tornando-a mais permeável aos contatos externos. No que se refere aos seus usos românticos, aproximou casais de forma mais individualizada, tendo se tornado também um veículo para fofocas, denúncias anônimas e chantagens. Ainda se revelou como meio de controle dos homens com relação às parceiras mulheres nos conhecidos telefonemas noturnos, que reforçavam o contato e a intimidade com elas vigiando sua fidelidade.

Historicamente, as tecnologias midiáticas do século XX auxiliaram a criar a magia do flerte e da conquista, caso do cinema e de outras formas da indústria do entretenimento, assim como outras tecnologias – como o carro e o telefone – aproximaram, intensificaram e ampliaram a velocidade das relações. Em conjunto, essas tecnologias operaram não apenas facilitando relações, mas também as moldando culturalmente. Progressivamente permitiram que o flerte, o cortejo romântico e o namoro se desenvolvessem com maior autonomia em relação aos pais e a outras pessoas, o que individualizou os relacionamentos.

A invenção do encontro amoroso incentivou a autonomia do casal em relação aos pais em um impulso, ao mesmo tempo, romântico e consumista que atribuía reconhecimento aos sentimentos dos dois como definidor de possíveis casamentos. A despeito disso, o acesso a essas tecnologias e seu uso tendeu a ser um privilégio masculino ou, ao menos, sob seu controle. Por questões como renda e maior reconhecimento social, homens foram os primeiros a adquirir carros e fazer uso dos circuitos de socialização segmentados para o flerte, quer com mulheres ou homens.

A criação das formas contemporâneas do flerte e do namoro na primeira metade do século XX se relaciona com a progressiva integração dos sexos no ambiente escolar, no trabalho e no crescente circuito comercial do entretenimento que envolvia não apenas o cinema, mas também restaurantes e clubes noturnos. Tais transformações tiveram impacto social democratizante ao socializar homens e mulheres em conjunto, o que contribuiu para uma percepção cotidiana de relativa igualdade no espaço público. Entretanto, tal democratização das relações manteve-se heterossexista, uma vez que as relações entre pessoas do mesmo sexo eram mantidas em suas bordas, em especial nos encontros escusos, especialmente à noite, em estacionamentos, praças, parques e em certos cinemas.

Até a primeira metade do século XX, a maioria dos homens era educada e socializada para se casar e se tornar o que então se chamava de "pai de família" (EHRENREICH, 1984). A expectativa social era de que os homens fossem provedores e, por isso mesmo, cabeça do casal. O que não impedia que encontrassem maneiras diversas de resistência que envolviam sair com prostitutas, ter casos extraconjugais, amantes relativamente fixas e – fato menos explorado pela literatura – também relações com outros homens. Devido ao contexto descrito é compreensível que estas tendessem a se reduzir a encontros esporádicos, muitas vezes anônimos, em que o fim último era apenas o sexo rápido e sem compromisso.

O cinema, a publicidade e a música popular da primeira metade do século XX atestam a hegemonia das representações envolvendo o flerte e o romance heterossexual como meios para alcançar a utopia do casamento e da formação de famílias, compreendidos como espécie de refúgio em relação à fria competitividade do mercado de trabalho e das iniquidades da maior parte da vida social. Apenas em obras artísticas dirigidas a um público seleto e intelectualizado tal magia era contestada em romances e peças teatrais sobre os aspectos sombrios dos sonhos da classe média.

Em meados do século XX, expressões do desejo homossexual ainda eram consideradas uma espécie de loucura e, quando descobertas, justificaram internamentos forçados e "terapias" como o eletrochoque e a lobotomia.[27] Em muitos

---

[27] A própria existência da homossexualidade era contestada, como se vê na adaptação da peça de Tennessee Williams *De repente, no último verão* (1959) para o cinema, na qual a personagem de Elizabeth Taylor é "transformada" em desequilibrada mental por recordar a homossexualidade do protagonista.

países, como o Reino Unido, as relações sexuais entre homens eram criminalizadas, mas mesmo naqueles em que não eram consideradas crime eram perseguidas pela polícia em batidas em bares e outros locais de encontro. De forma geral, caíam na classificação – ou vala comum – da obscenidade pública, na qual enquadravam um vasto espectro de comportamentos que supostamente ameaçariam a hegemonia familiar heterossexual, melhor conhecida como a moral e os bons costumes.

A partir da década de 1950, uma nova geração nascida depois da Segunda Guerra Mundial aproxima-se da vida adulta em um contexto social em forte mutação. Foi um período de relativa riqueza econômica, maior acesso à educação e culturalmente efervescente. Foi a época da emergência da percepção social da existência da juventude, um estágio intermediário entre a infância a vida adulta caracterizado pela rebeldia em relação aos valores dos pais assim como em relação aos padrões comportamentais prevalecentes socialmente.[28]

Assim como mencionado anteriormente, o pós-Segunda Guerra Mundial foi marcado – em países como o Reino Unido e os Estados Unidos da América – por um pânico moral envolvendo a homossexualidade masculina. A própria rebeldia juvenil era temida em seu caráter sexual em um contexto que buscou recrudescer a vigilância e o controle sobre as formas de comportamento que os empreendedores morais da época imaginavam ameaçar o futuro da família e, no limite, da própria nação. A onda anticomunista, materializada no macarthismo, se mesclava a outras cruzadas, como a perseguição às expressões públicas do desejo homossexual.

A década de 1960 viveu o auge da música *pop* e da televisão, de novas formas de socialização ao ritmo do *rock and roll*,

---

[28] Na década de 1950, dois grandes marcos culturais ajudam a disseminar a noção de juventude, o romance *O apanhador no campo de centeio (The Cather in the Rye,* 1951) e o filme *Juventude transviada (Rebel without a Cause,* 1955), ambos com referências importantes às transformações de gênero e sexualidade, em particular a marginalidade a que era relegada a homossexualidade masculina.

época que coincidiu com a disseminação do uso da pílula anticoncepcional e a progressiva normalização do sexo pré-marital. Politicamente, a década foi marcada pela ascensão dos então chamados novos movimentos sociais[29] – como a luta pelos direitos civis nos Estados Unidos da América –, assim como a emergência de movimentos pacifistas e ecológicos. Também ganhava corpo a contracultura, o desenvolvimento de estilos de vida alternativos em relação ao modelo familiar e consumista que caracterizava a vida das classes médias dos países ricos do Ocidente.

Criavam-se condições propícias para a emergência de uma nova onda feminista assim como para a organização política de grupos em defesa dos homossexuais. A sexualidade passava a ser compreendida não mais na chave da reprodução e do casamento, mas como um meio para o prazer e o afeto, no limite, uma forma de expressão emocional não necessariamente voltada para o casamento e a formação de famílias.

Em 28 de junho de 1969, o emergente movimento homossexual ganha seu mito fundador na vitória da Batalha de Stonewall, quando frequentadores de um bar nova-iorquino reagiram a uma batida policial, feito que passou a ser comemorado com uma parada a partir do ano seguinte. Muitas conquistas políticas como a aprovação do direito ao aborto, em países como os EUA e a França, e a retirada da homossexualidade da lista de doenças da Sociedade Psiquiátrica

---

[29] Como observei noutro lugar: "Na verdade, essa classificação foi feita *a posteriori*, tentando superar, com sucesso apenas parcial, uma perspectiva 'economicista' que deixou de reconhecer a importância do feminismo desde sua primeira onda, na qual se constitui como movimento social muito antes, já em sua luta pelo direito ao voto e à educação para as mulheres ainda no século XIX. A visão de que esses movimentos eram 'novos' também trai um olhar 'eurocêntrico', pois atribui caráter de vanguarda apenas ao movimento operário das sociedades industriais do Ocidente, ignorando o movimento abolicionista que lutou pela libertação dos escravos um século antes, sobretudo em países como o Brasil e os Estados Unidos" (MISKOLCI, 2012, p. 21).

Norte-Americana ocorreram na década de 1970. No Brasil, na mesma década foi aprovado o divórcio, o que modificou definitivamente a compreensão dos casamentos. Em países como Estados Unidos, Argentina, França e Brasil surgiram grupos políticos homossexuais que contestavam de formas diversas a hegemonia heterossexual. Um dos traços comuns era uma política de visibilidade chamada de *coming out* ou "sair do armário", expressão criada por esses estratos politizados de classe média para descrever sua própria experiência de assumir publicamente a homossexualidade.

Em diversos contextos nacionais, emergem bairros inteiros e grandes circuitos de interação homossexual, especialmente para homens. Nos Estados Unidos da América, houve uma tendência à concentração geográfica, chegando à formação dos chamados bairros gays no terço final do século XX; já em países como o Brasil preponderaram, no mesmo período, a formação de circuitos de socialização móveis, especialmente noturnos. Historicamente, portanto, sociedades ocidentais dividiram no espaço urbano das grandes cidades os locais em que relações entre pessoas do mesmo sexo podiam – mesmo sob relativa vigilância e controle – ser vivenciadas. Fato que relegava a grande maioria a contextos fortemente heterossexistas, já que viviam longe ou não tinham condições para ir aos locais mencionados nas grandes cidades quer por restrições financeiras, de ordem moral ou simplesmente pelo medo.

Nos bairros gays norte-americanos – restritos a grandes centros urbanos como Nova York, Chicago, São Francisco e Los Angeles –, desde os anos 1970 tornou-se possível viver em um contexto em que a homossexualidade era a regra, não a exceção. Os habitantes ou frequentadores dessas regiões usufruíam de um circuito de moradia, comércio e serviços crescentemente especializado que fazia desses enclaves urbanos um espaço relativamente autônomo. Muitos estudos refletiram sobre suas similaridades e diferenças em relação aos guetos, bairros de grupos socialmente perseguidos por características étnicas, religiosas ou raciais.[30] O fato é que constituíam bairros abertos e em relação com o resto da cidade, produto de um momento histórico que permitira a aglomeração urbana de homossexuais, especialmente homens, gerando o que alguns compreendiam como comunidades gays.[31]

No Brasil, não se criaram bairros gays, mas circuitos de sociabilidade homossexual nas áreas centrais de metrópoles como Rio de Janeiro e São Paulo. No auge da *disco music*, os clubes noturnos faziam dos espaços dançantes e festivos os locais privilegiados para a paquera e a experimentação sexual, o que se aprofundou na década de 1980. Além disso, o impacto da Revolução Sexual se deu em meio à última ditadura militar (1964-1985), portanto em condições políticas negativas e em uma sociedade mais desigual do que a americana. Assim, as transformações comportamentais em geral, e em particular as concernentes à homossexualidade, se deram de forma menos espraiada socialmente.

Na década de 1980, em seu campo paulistano sobre a prostituição viril, Néstor Perlongher observou que a ausência de um território fixo para as interações sexuais entre homens havia criado o que denominou de código-território. Homens em busca de parceiros do mesmo sexo se reconheciam e negociavam seus desejos por meio de um código que era seu verdadeiro território, de forma que a mobilidade no espaço urbano constituía, ao mesmo tempo, o resultado histórico do não-lugar dessas relações em sociedades que hoje chamamos de heterossexistas assim como uma forma de resistência para escapar à vigilância e ao controle que a fixação territorial instalava.

O código-território das homossexualidades paulistanas envolvia uma capacidade de interlocução – muitas vezes

---

[30] Da rica literatura sociológica sobre os espaços urbanos de interação homossexual destaca-se o estudo de Martin Levine (1979), o qual trabalha com a noção de "gueto gay", elaborada a partir das formulações clássicas de Robert Park e Louis Wirth, da Escola de Chicago.

[31] Ver o estudo de Castells (1983).

silenciosa, feita por sinais e pela troca de olhares – entre homens que circulavam pelo centro da cidade. Era dessa forma, por códigos reconhecidos pelos "entendidos", que o desejo por outros homens era compartilhado de maneira a reconhecer onde e quando era possível flertar. Dessa forma, a relação entre o desejo, o código e o território definia uma "região moral" móvel, a qual era seguida em um flanar pelo espaço urbano. "De um circular entre os polos do desejo e o cálculo, do interesse e o risco, em suma, da transgressão da ordem sexual vigente e o temor de ser punido" (PELÚCIO; MISKOLCI, 2008, p. 11).

Em conjunto, as transformações sociais acima esboçadas constituíram o início do que chamamos de Revolução Sexual, sendo possível datar sua emergência entre o período das rebeliões estudantis de 1968 até a emergência do pânico sexual do aids no início da década de 1980. Durante seu auge ocorreu uma politização da vida íntima, em especial da sexualidade, que teve como linha de frente a luta feminista pelo direito à contracepção, ao aborto e ao divórcio, assim como a batalha dos grupos homossexuais pela despsiquiatrização e descriminalização da homossexualidade.

A Revolução Sexual, impulsionada pela separação entre sexo e reprodução, assim como por demandas feministas e homossexuais pelo direito ao prazer, é uma inflexão histórica – ainda em andamento – baseada na transformação comportamental e na luta pela igualdade de gênero. Sua principal marca foi a politização do privado, ou seja, o reconhecimento do caráter social e histórico da intimidade – a vida pessoal, afetiva e sexual –, esfera que passa a ser vista como campo de batalha por igualdade, reconhecimento e segurança. A disseminação de tecnologias de comunicação contribuiu para essas mudanças, a começar pela dessacralização do lar permitida pelo uso do telefone e da televisão. Programas de TV trouxeram o mundo para dentro de casa, assim como o telefone tornou o contato interpessoal mais frequente e individualizado. A individualização caminhou junto com o sentimento de agência e das transformações culturais que afirmaram o caráter político do pessoal e íntimo.

A contracultura contribuiu com questionamentos e experimentos comportamentais que colocaram em xeque o roteiro tradicional das relações amorosas e sexuais. O sexo antes do casamento, a então chamada "amizade colorida" que substituía o namoro, as relações em que o comprometimento não levava necessariamente ao casamento e/ou à monogamia, tudo ampliava o vocabulário relacional existente modificando as fronteiras entre o privado e o público. A vida social passava a ser um contexto de disputa de valores em que demandas de autonomia feminina e homossexual ganhavam visibilidade em manifestações sobre o que então se chamava "liberação sexual".

O discurso da liberação sexual se baseava no pressuposto de que a sexualidade havia sido reprimida, portanto era moldado por uma compreensão das relações de poder que hoje se pode considerar simplista. A luta pela liberação feminina e a política do *sair do armário* seguiam a mesma gramática de poder contra a qual queriam voltar-se, críticas que – em formas as mais variadas – expressaram paradoxos como o fato de que a busca de liberação sexual ampliou o acesso masculino a mais mulheres sem abalar seu poder sobre elas assim como o *assumir-se homossexual* construiu uma identidade política minoritária que pouco abalou a hegemonia heterossexual.

A recente agência sexual entre homens se deu em um contexto que predominava o prazer desvinculado de compromisso, entre os mais intelectualizados e politizados pelo clima iconoclasta com relação às formas tradicionais de se relacionar, mas para a maioria principalmente porque – em termos históricos – outras gramáticas relacionais haviam sido mantidas como monopólio heterossexual. Namoro e casamento eram gramáticas relacionais estritamente heterossexuais, o que fazia com que o amor fosse associado apenas a elas. Historicamente, a amizade apaixonada serviu como um intermediário entre o puramente sexual e o amoroso, o que permitiu certo envolvimento prolongado entre homens. Em contextos homossociais masculinos, especialmente na esfera educacional voltada para os filhos da elite, a formação desses vínculos entre jovens e adolescentes foi bem documentada em obras literárias.[32] Eram laços frequentemente rompidos na entrada na vida adulta, quando se impunham as demandas de se casar e constituir família.

Dado o fato de que o espaço público pressupõe a heterossexualidade, impedindo expressões de interesse amoroso ou sexual por pessoas do mesmo sexo, não é de se estranhar que o flerte e as relações entre homens tenham se dado sob relativa discrição ou segredo. A manutenção de formas diversas de proibição ou retaliação social ao desejo por pessoas do mesmo sexo restringia sua expressão ao ponto que elas continuaram a serem relegadas a contextos restritos, o que incentivou sua vivência principalmente em contatos rápidos e sem compromisso. Até hoje – para boa parte de nossa sociedade e inclusive para aqueles que buscam se relacionar com pessoas do mesmo sexo –, essas relações ainda são compreendidas como sinônimo de relações puramente sexuais.

Na década de 1980, o circuito urbano de interações homossexuais paulistano já era chamado por seus frequentadores de "meio gay". O termo "meio" é similar ao argentino "*ambiente*"[33] e aparentado ao norte-americano "*gay scene*". No caso brasileiro, era usado para se referir a um "não-lugar" por seu caráter de circuito, mas principalmente por denotar com certa ironia ou desprezo o caráter reduzido, relativamente "fechado" e restritivo do que nele se passava. Boa parte

---

[32] Desta vasta fortuna ficcional destacam-se obras como o romance brasileiro *O ateneu: crônica de saudades* (1888), de Raul Pompeia; *O jovem Törless* (1908), do austríaco Robert Musil; *Demian*, do alemão Hermann Hesse (1919), e *Brideshead Revisited: The Sacred and Profane Memories of Captain Charles Ryder* (1945), do escritor inglês Evelyn Waugh.

[33] Na definição de Horacio Sívori, ambiente é "el espacio social creado por la red difusa de relaciones entre los hombres que comparten en grados variados experiencias homosexuales" (2005, 19).

dos homens que circulavam por ele, em maior ou menor grau, o desprezavam porque não era um espaço escolhido livremente tampouco necessariamente acolhedor, apenas um circuito onde era possível paquerar outros homens tendo que conviver com pessoas, valores e estilos de vida com os quais não se identificavam.

Fernando Peplo (2016), em sua pesquisa sobre sociabilidade homossexual em Villa Maria, uma pequena cidade argentina da província de Córdoba, analisou algumas razões que levam os próprios frequentadores a desprezarem o "meio gay". Sua observação da inauguração, sucesso e fechamento de uma boate para este segmento permitiu que analisasse como a manutenção da homossexualidade como uma forma marginal de existência faz com que os empreendimentos comerciais tendam a atrair um público eclético em termos de classe e estilo de vida como pessoas de classes populares, dissidentes de gênero, garotos de programa e traficantes de drogas.

Os locais de encontro ou circuitos homossexuais tendem, portanto, a se tornar uma região moral, uma espécie de ponto de encontro de marginalizados que passa a ser desprezado por aqueles que o frequentam apenas em busca do flerte. Nos termos sociológicos da Escola de Chicago, região moral é um espaço em que formas diversas de marginalidade e até ilegalidades se encontram. Robert E. Park chegou a propor o exame das forças que erigem as regiões em que os "impulsos, as paixões, e os ideais vagos e reprimidos se emancipam da ordem dominante" (*apud* PERLONGHER, 2008, p. 185). Propunha reconhecer e analisar os impulsos coletivos envolvidos na criação de tais espaços alternativos em termos morais e, sobretudo, comportamentais, identificando possíveis tendências de transformação social.

Perlongher, em meados da década de 1980, já expunha o caráter ambíguo entre a marginalidade e o desejo de assimilação social que caracterizou o movimento do *desbunde gay* paulistano e sua fantasia sobre o "homossexual assumido" a distinguir os gays de outras formas de homossexualidade e dissidência de gênero, em particular das travestis (PERLONGHER, 2008, p. 115). Em sua perspectiva, o "respeitável homossexual" – provavelmente "discreto" – apontava para a cristalização de uma identidade assimilada e/ou conformada socialmente.

A ambiguidade entre a construção de solidariedade com outras formas de sexualidade mais perseguidas ou a dedicação à criação de uma versão aceitável da homossexualidade começaria a se dissolver quando um acontecimento histórico trágico veio abalar a Revolução Sexual em curso, mesmo que não a tenha impedido de prosseguir. Refiro-me à emergência da epidemia de HIV/aids a começar pelo primeiro registro oficial de um caso em São Paulo, em 1982, mas cujo impacto social se deu a partir da escalada no número de vítimas na segunda metade da década.

Uma síndrome causada pelo sangue contaminado com um vírus que ataca o sistema imunológico foi construída medicamente como sexualmente transmitida e associada a grupos sociais historicamente estigmatizados, especialmente aos homossexuais. A onda de mortes causadas pela epidemia quando ainda não existia diagnóstico ou tratamento adequados levou a um pânico sexual, uma das formas mais poderosas de reação coletiva contra grupos sociais que consideram ameaças por representarem mudanças bruscas ou profundas na ordem moral e dos costumes. Pânicos morais são fenômenos antigos, mas se tornaram mais comuns na era das mídias, as quais tendem a amplificar medos coletivos sobre supostas ameaças a instituições sociais tradicionais como a família.[34]

---

[34] A mídia tende a dar voz a empreendedores morais e suas interpretações apocalípticas sobre riscos e ameaças ao que idealizam como sendo a boa sociedade. A amplificação imaginária de supostos riscos e ameaças cria uma espiral significativa traduzida em manchetes sensacionalistas e reportagens alarmantes, expedientes que – historicamente – têm se tornado um eficiente meio para atrair e cativar audiências. Para um panorama mais consistente das teorias sociológicas sobre os pânicos morais, consulte Miskolci (2007).

A sociedade passou a culpabilizar os homossexuais pela epidemia – principalmente homens –, tornando seus desejos e suas práticas sexuais motivo de repressão moral e controle epidemiológico. Alguns afirmam que as homossexualidades viram estigmas anteriores serem retomados e reforçados (PARKER; AGGLETON, 2001), outros compreenderam o pânico sexual como um fenômeno novo: a repatologização das sexualidades dissidentes em uma nova chave (PERLONGHER, 2008; PELÚCIO; MISKOLCI, 2009). De estigma da loucura até 1973, o desejo homossexual passou ao de perigo coletivo na preocupação epidemiológica com o controle da contaminação pelo vírus HIV.

O pânico sexual suscitado pela aids teve efeitos irreversíveis para as formas de compreensão coletiva e individual do desejo por pessoas do mesmo sexo. A associação entre homossexualidade e doença sexualmente transmissível criou uma geração que, no Brasil, chegou a ser chamada – na década de 1980 – de "geração saúde", marcada pela prática de exercícios físicos e o ideal do corpo definido. O homem musculoso passou a ser chamado popularmente de "sarado" (leia-se sem aids), e alcançou um *status* modelar que se estende até nossos dias entre homossexuais.

No auge das mortes causadas pela epidemia de aids, consolidou-se um novo imaginário epidemiológico sobre a homossexualidade, o qual aprofundaria a recusa ao meio gay, já que a necessidade de seleção de parceiros levaria à crescente busca por homens "fora do meio", portanto – acreditava-se – com menor probabilidade de estarem contaminados com o HIV. Afirmar-se e buscar alguém fora do circuito de socialização homossexual era uma forma de se apresentar como supostamente melhor em termos morais e mais "puro" em meio ao pânico sexual.

O período mais mortal da epidemia pode – *grosso modo* – ser datado entre a disseminação de mortes a partir de meados da década de 1980 até a invenção do coquetel antirretroviral na segunda metade da década de 1990. Foi exatamente neste período que se deu a passagem de um incipiente circuito urbano mapeável nos grandes centros urbanos para uma notável expansão do segmento homossexual por todo o país pelas mídias, especialmente via internet. Por meio comunicacional, deu-se uma disseminação dos ideais, fantasmas e aspirações gestados nos bairros gays norte-americanos e nos circuitos gays das grandes cidades brasileiras para o interior do país.

O acesso massivo à sociabilidade homossexual, desde meados da década de 1990, já se deu em um novo circuito segmentado para um público com aspirações integracionistas, portanto movido por um desejo de inserção normalizada e convencional que torna a heterogeneidade social – quer seja de classe, gênero ou formas de marginalidade – algo desprezível, e para o público que busca, em um impulso de distinção social, se distanciar se não fisicamente, por meio de expressões de rechaço, as quais passaram a dominar seus perfis on-line assim como as definições daqueles que consideram seu parceiro ideal.

Assim, ocorreu uma inflexão profunda no que se refere ao papel social da homossexualidade, o resultado articulado de mudanças tecnológicas, políticas, econômicas e de saúde. Politicamente, há uma reconfiguração do movimento homossexual brasileiro e das demandas políticas. Em 1995, a então deputada federal Marta Suplicy propôs o projeto de lei sobre a parceria civil entre pessoas do mesmo sexo, o que trouxe a público demanda de direitos por meio do que, já naquela época, seria comumente compreendido como casamento gay. Por sua vez, o movimento passa progressivamente a reconhecer sua diversidade interna, até adotar sua denominação atual na década seguinte: movimento LGBT (lésbicas, gays, bissexuais, travestis e transexuais). Em termos de atuação, entre outras mudanças, passa a organizar manifestações políticas massivas e socialmente mais visíveis como a Parada do Orgulho, cuja primeira edição em São Paulo foi em 1997.

Em termos econômicos, o circuito comercial voltado a homossexuais seguiu o caminho integracionista com a ascensão do segmento que surgiu chamado como GLS (Gays, Lésbicas e Simpatizantes),[35] originando feiras, festas ocasionais e, mais tarde, criando boates e restaurantes sofisticados que buscavam se distanciar dos estereótipos que associavam homossexuais à marginalidade e acenavam para a integração por meio do consumo. O que se intensificou na primeira década do século XXI, sob a política econômica dos primeiros mandatos do Partido dos Trabalhadores, baseada na expansão do consumo das classes populares.[36]

Na esfera da saúde, em 1996 é inventado o coquetel antirretroviral contra o HIV e, no ano seguinte, o Programa Nacional de AIDS brasileiro passa a oferecê-lo gratuitamente para os portadores do vírus. Aos poucos, o coquetel antirretroviral mudou a percepção social sobre a aids: de uma sentença de morte a uma condição com tratamento adequado e efetivo que, atualmente, chega a ser vista por alguns apenas como uma doença crônica. Também em 1997, o Conselho Federal de Medicina aprovou a primeira diretriz concernente às cirurgias envolvendo redesignação sexual, marco cujas consequências seriam mais sentidas recentemente com a crescente visibilidade que passam a ganhar transexuais e pessoas intersex.

Na mesma época, a internet comercial se dissemina pelas classes médias e altas do Brasil, permitindo uma nova forma de criar relações que prescindiam do contato face a face e, portanto, do deslocamento dos sujeitos para pontos de

---

[35] Segundo a historiadora Karla Bessa: "Nos anos 90 surgiu, no Brasil, a sigla GLS – Gays, lésbicas e simpatizantes –, ironizada por J. S. Trevisan como 'um verdadeiro ovo de Colombo conceitual'. Essa sigla gerou polêmica por ser ambígua e possibilitar, ao mesmo tempo, maior 'integração' e divulgação de atividades culturais claramente ligadas à homossexualidade, porém, apresentava o risco de esvaziar o potencial de luta, ao cativar o S (simpatizantes – o *gay friendly* – traduzido de 'modo simples' e adequado ao nosso jeitinho') e tornar outra vez invisível o GL" (2007, p. 259).

[36] A expansão da renda das classes populares e a ideologia da inserção social pelo consumo reverberaria em uma profusão de estudos acadêmicos sobre os circuitos de sociabilidade homossexual em grandes cidades.

encontro homossexual. A internet expandiu radicalmente as possibilidades relacionais para pessoas que se interessam por outras do mesmo sexo conectando-as. Seu impacto entre homossexuais, dissidentes de gênero e outros grupos historicamente subalternizados foi rápido e profundo, e mesmo os altos preços iniciais dos equipamentos e dos serviços de acesso eram compensados por suas vantagens.

Quase que de um dia para o outro, por meio da conectividade, era possível paquerar on-line, fazer amigos, compartilhar dúvidas, sofrimentos e sonhos. Talvez o maior atrativo da internet tenha sido a possibilidade de criar contatos de forma anônima e autônoma, a partir de interesses individualizados, o que provia uma sensação de segurança para pessoas que temiam os riscos de serem socialmente reconhecidas – e sobretudo perseguidas – por se interessarem por outras do mesmo sexo. O meio tecnológico permitiu a quem adentrou on-line a construção de uma socialidade aparentemente paralela e não conflitiva em relação à cotidiana regida pela demanda da heterossexualidade.

A investigação desenvolvida para este livro demonstra que alguns homens que desejam outros homens efetivamente se envolviam – e ainda se envolvem – com mulheres, quer porque lhes interessam ambos os sexos, quer para se manterem ao abrigo do preconceito e das retaliações sociais.[37] Outros optam por não se envolverem com o sexo oposto, mas evitando o máximo possível serem reconhecidos como homossexuais, ou seja, preferem manter uma heterossexualidade presumida a assumir a homossexualidade. São formas distintas de lidar com o heterossexismo cotidiano e que podem

---

[37] Fato conhecido na sociologia desde a pesquisa de Humphreys (1971) e que, especialmente quando ocorre entre grupos racializados, tem sido chamado nos últimos anos de *down low*. O DL tem sido esparsamente pesquisado, o que – infelizmente – gerou alguns poucos estudos na área de saúde que o patologizam por considerar que os homens que se engajam em sexo em sigilo com outros homens seriam vetores de transmissão de DSTs para mulheres. Já há pesquisas que refutam essa associação, como a de Bond *et al.*, 2009.

atender a diferentes graus de demanda de enquadramento a modelos socialmente impostos de se relacionar.

A pesquisa leva a aventar que boa parte dos homens paulistanos que se interessam sexualmente por outros homens não divergem dos valores e das representações heterossexistas com os quais foram criados, portanto não aspiram a uma identidade gay e até a desprezam. A mídia segmentada para eles contribuiu para criar um desejo de integração social normalizado já que disseminou modelos corporais e de comportamento que buscaram aproximá-los das representações correntes do homem heterosexual masculino, bonito e bem-sucedido.

Percebe-se o caráter tecnobiopolítico envolvido na rápida adesão à internet de homens em busca de parceiros do mesmo sexo. O que não pode nos impedir de reconhecer, também, que tais buscas por meios digitais constituem expressão de autonomia desejante, já que se utiliza da tecnologia como meio de driblar normas sociais que ainda dificultam ou até mesmo punem relações com pessoas do mesmo sexo.

A despeito do acesso restrito devido ao alto preço de então para os equipamentos e serviços, a tecnologia comunicacional democratizou a paquera permitindo que muito mais pessoas buscassem parceiros e efetivamente tivessem acesso à experiência sexual e amorosa.[38] Inserem-se, portanto, na história da sexualidade como meio tecnológico atual usado pelos sujeitos em busca de autonomia e agência desejante. A seguir, busco sintetizar uma reflexão preliminar sobre esse esboço da história da dinâmica entre o dispositivo de controle e disciplinamento do desejo e as táticas e estratégias desenvolvidas pelos sujeitos. Meu intuito é contribuir para a criação de uma interpretação sociológica intermediária entre a perspectiva estrutural que compreende a sexualidade como um dispositivo e aquela que concede excessivo protagonismo à agência dos sujeitos.

---

[38] Sobre como outros grupos, especialmente as mulheres, passaram a fazer uso dessas mídias, consulte as investigações de Beleli (2015) e Schaeffer (2015). Sobre homens heterossexuais, vide a pesquisa de Pelúcio (2015).

A compreensão do desejo como via para o controle social ou a autonomia individual repensa a sexualidade não mais como dispositivo, mas como campo de disputa sobre os sentidos do desejo e seu papel na vida social e política contemporânea.

O desejo em disputa

A perseguição às expressões públicas do desejo homossexual desde o pós-Segunda Guerra levou os homens a se policiarem – e até mesmo se autopoliciarem – de maneira a não serem reconhecidos como homossexuais. Durante a chamada Revolução Sexual, a maioria tendeu a reagir aos olhares perscrutadores do cotidiano buscando performatizar uma masculinidade insuspeita, portanto a politização da homossexualidade não equivaleu a uma superação do conformismo de gênero, e grupos que o desafiaram – ao menos até recentemente – tenderam a ser menos reconhecidos. Fato que corrobora a interpretação do caráter inacabado da Revolução Sexual, o que é perceptível na continuidade da distribuição desigual do amor, do sexo e do prazer assim como – a depender de com quem e como alguém se relaciona sexual e amorosamente – de sua alocação diferencial no acesso a direitos, reconhecimento e cidadania.

Em outras palavras, continuamos a viver sob a hegemonia heterossexual masculina, dentro da qual vigora uma gramática relacional que divide as relações em lícitas e ilícitas, distribuindo reconhecimento e punição para normalizar um amplo espectro de desejos em desacordo com a ordem sexual e de gênero vigente. A hegemonia em pauta opera em múltiplos binários como homem/mulher, masculino/feminino, hétero/homo, visível/invisível, público/privado, socialmente reconhecido/estigmatizado, alocando os sujeitos em posições aparentemente fixas e intransitivas.

Nas seções anteriores, apresentei um esboço da história da hegemonia heterossexual masculina por meio de sua desconstrução genealógica: primeiro de seu caráter estrutural-disciplinador e, depois, por meio de um mapeamento preliminar da agência dos sujeitos em desacordo com a ordem. Agora buscarei articular ambos em uma compreensão dinâmica – muitas vezes ambígua e até contraditória – da história recente da sexualidade a partir das disputas sobre o desejo, a qual reconhece seu potencial agenciador para forças normalizantes assim como resistências com relação aos padrões coletivos.

O foco aqui serão as formas masculinas de expressões de dissidência em relação à hegemonia heterossexual, o que nos leva a analisar as características históricas do flerte homossexual descrito por Néstor Perlongher: "A 'paquera' homossexual constitui, no fundamental, uma estratégia de procura de parceiro sexual, adaptada às condições históricas de marginalização e clandestinidade dos contatos homossexuais" (2008, p. 166). Estratégia que envolveu maneiras diversas, alternativas ou confluentes, de buscar parceiros: desde a inserção em circuitos de *cruising,* a frequência a estabelecimentos comerciais segmentados ou o uso de meios comunicacionais.

Seria possível traçar a emergência desse uso ao menos desde a invenção do *pen pal,* o amigo de troca de cartas, durante a Guerra Civil Americana (1861-1865), até chegar aos classificados da mídia especializada, em especial a partir da década de 1970.[39] O fato é que, dos anúncios de busca de parceiros na mídia especializada aos serviços telefônicos da década de 1990, até chegar à internet e o uso de aplicativos para *smartphones* mais recentemente, mantém-se o heterossexismo de nossa vida cotidiana, apenas contornado tecnologicamente.[40] On-line mais pessoas sentiram maior segurança para expressar desejos em desacordo com normas e convenções sociais, ou seja, por meio da tecnologia puderam efetivamente driblar regulações

---

[39] Finkel *et al.* (2012) afirmam que o primeiro anúncio de busca de parceiros que se tem notícia foi publicado no início do século XVIII, mas a Guerra Civil Americana e a exploração do ouro no Oeste fizeram aumentar expressivamente tais anúncios.

[40] Fernando Seffner (2003) desenvolveu – na mesma época em que os serviços telefônicos e a internet ganhavam a cena – um estudo que criou e analisou uma espécie de serviço postal comunitário e sem fins lucrativos que colocava em contato homens bissexuais.

que ainda impedem o pleno alcance das transformações relacionais iniciadas a partir da década de 1960.

Nossa cultura permanece heterocentrada, mantendo sob vigilância e controle as expressões do desejo por pessoas do mesmo sexo. As poucas vitórias políticas com relação à homossexualidade a mantiveram em um registro minoritário, portanto compreendida como uma característica de grupos delimitados e essencialmente distintos da maior parte da sociedade, ainda compreendida como sinônimo de heterossexualidade. Nesse enquadramento minoritário não seria de se estranhar a manutenção da vigilância coletiva com relação a qualquer traço de comportamento que foi historicamente associado à homossexualidade: no caso de homens, especialmente a conformidade ao gênero masculino como é hegemonicamente compreendido.

Desde fins do século XIX, discursos psiquiátricos, jurídicos e artísticos – construídos todos sob uma perspectiva heterossexista – disseminaram o estereótipo de que homens que se interessam por outros homens seriam alocados inevitavelmente na posição de uma "mulher", daí a ideia de que seriam menos masculinos que um homem que se relaciona sexualmente com o sexo oposto. Como observou a socióloga australiana Raewyn Connell: "A cultura patriarcal interpreta os homens gays de forma muito simples: lhes falta masculinidade" (2005, p. 143). Tal interpretação traduz-se em uma demanda redobrada a homens que sentem desejo por outros homens de que provem sua masculinidade.

A masculinidade hegemônica, por mais que varie culturalmente, tem um traço comum de demanda da heterossexualidade de forma que um "homem de verdade" é compreendido como aquele que se relaciona sexualmente (apenas) com mulheres.[41] O grau dessa prescrição social da

---

[41] Coloco entre parênteses o "apenas", pois há estudos em diferentes realidades nacionais, como o de Fry (1982) no Brasil, que identificou como homens que tinham relações sexuais com outros homens sempre como "penetradores"

heterossexualidade como condição *sine qua non* para ser reconhecido como masculino e, no limite, como homem, varia de acordo com o poder socialmente atribuído aos homens em cada sociedade. Naquelas em que os homens detêm o monopólio ou o acesso diferencial a direitos, a recursos econômicos e ao poder é maior o heterossexismo assim como o controle das mulheres e a consequente desvalorização do feminino. Em suma, o heterossexismo costuma caminhar de mãos dadas com a dominação das mulheres e a recusa da homossexualidade, em especial a masculina.[42]

Em algumas sociedades ocidentais, houve conquistas de direitos e reconhecimento que garantem condições mínimas de cidadania a homossexuais. Tais conquistas recentes e não completamente disseminadas parecem apontar para uma possível suspensão do heterossexismo. A própria possibilidade teórica e política de o denominar, descrever e analisar indica que ele se tornou reconhecível e passível de crítica. De qualquer forma, a demanda de heterossexualidade permanece na vida cotidiana – mesmo que atenuada – e, nos contextos em que seu caráter compulsório arrefeceu, ela se transformou em heteronormatividade, ou seja, a prescrição de que pessoas que se relacionam com outras do mesmo sexo não pareçam homossexuais aderindo aos modelos comportamentais, estéticos e até mesmo político-morais que vigem nas relações heterossexuais.

Da perseguição aos atos sexuais entre pessoas do mesmo sexo passamos a uma perseguição cultural a qualquer

---

não tinham sua condição masculina questionada. Em uma perspectiva histórica, Halperin (2002) mostra como o que se convencionou chamar de pederastia ou sodomia ativa nunca foi algo relacional, pois designa uma antiga prática sexual em que a penetração equivalia a uma expressão de poder hierárquico do homem penetrador sobre outro homem considerado – já nos discursos "científicos" de fins do século XIX – como "perverso" ou "verdadeiro homossexual".

[42] Para uma análise introdutória dessa relação entre heterossexismo e dominação das mulheres, consulte o artigo do sociólogo francês Daniel Welzer-Lang (2001).

dissidência de gênero, quer com relação à transitividade de gênero entre transexuais ou na demanda de que homens que se relacionam sexualmente com outros homens mantenham-se em acordo com relação à masculinidade como construída e propagada no regime político da heterossexualidade. A aparente incorporação social relativa da homossexualidade se configurou em um processo de cobrança de que o desejo homossexual não se expressasse livremente, bem como de que aqueles que o vivenciam comprovem partilhar do padrão estético-político da masculinidade heterossexual. Um padrão até hoje assentado na reiteração da desigualdade entre homens e mulheres e na desqualificação do gênero feminino.

Em outras palavras, as condições sociais para viver relações com pessoas do mesmo sexo mudaram, mas estão longe de serem plenamente reconhecidas na vida cotidiana. A atualização histórica dos meios para buscar parceiros que apresentei em linhas gerais neste capítulo mapeia um cenário marcado por obstáculos à vida amorosa e sexual envolvendo pessoas do mesmo sexo. As cartas, anúncios, linhas telefônicas, salas de bate-papo on-line e aplicativos são todos meios alternativos, formas inventivas – ainda que imperfeitas e provisórias – para lidar com proibições morais, violências simbólicas e ameaças que mantêm as relações entre pessoas do mesmo sexo sob vigilância e controle.

Da patologização e, em alguns contextos nacionais, também criminalização efetiva que restringia as relações entre pessoas do mesmo sexo até meados do século XX, chegando até o contexto que vivenciamos desde a virada do milênio, o segredo continua a moldar a maior parte das vidas daqueles e daquelas que se envolvem com pessoas do mesmo sexo em termos amorosos ou sexuais. Viver suas vidas afetivas em segredo não é escolha pessoal, antes imposição coletiva. Sem condições de segurança, reconhecimento social e político, é compreensível o temor sobre as consequências de ser publicamente reconhecido e classificado como homossexual.

A maioria dos homens com quem convivi durante a pesquisa descreveu um conjunto amplo de retaliações que temiam caso descobrissem suas relações com outros homens. A possibilidade de sofrer assédio moral no trabalho, perder chances de ascensão na profissão ou, no limite, ser despedido, assim como o temor de ser hostilizado por colegas, vivenciar afastamento de amigos ou rompimento familiar os leva a buscar manter suas relações em segredo ou relativa discrição. É com esse intuito, e por necessidade, que usam mídias digitais para conhecer outros homens e, sobretudo, gerir o segredo sobre seu desejo de maneira a vivê-lo sem sofrer retaliações. Nos termos de Felipe Padilha, "o segredo é a alma do negócio" dos aplicativos de busca de parceiros e não pode ser compreendido de maneira simplista, como algo que se esconde completamente, mas – inspirado pelo sociólogo alemão Georg Simmel – como um elemento estratégico nas relações sociais "que pressupõe o arranjo de uma economia da informação que marca sujeitos incluídxs e excluídxs do conhecimento sobre aquilo que se pretende ocultar" (PADILHA, 2015, p. 22).

O segredo ou a discrição – termo mais evocado desde a década de 1970 – define uma maneira estratégica de driblar as demandas de heterossexualidade sem as confrontar diretamente. Até hoje prepondera uma visão social – e mesmo acadêmica – do desejo por pessoas do mesmo sexo como algo minoritário, o que faz com que ele seja sentido como estranho e ameaçador ao próprio sujeito. Além disso, mesmo os parcos avanços de reconhecimento e direitos foram alcançados alocando o desejo por pessoas do mesmo sexo no âmbito privado, individualizando-o de forma que cada um passa a vivê-lo tendo que gerir sozinho os riscos de que ele se torne visível.

Na grande maioria dos contextos sociais, a visibilidade do desejo homoerótico torna o indivíduo vulnerável e à beira da precariedade, o que o incentiva a adotar táticas cotidianas, como omitir ou "mentir" sobre seu desejo por pessoas do mesmo sexo, que se associam e viabilizam estratégias de médio e longo prazo, como o segredo e o sigilo sobre suas relações. O sujeito é levado a viver uma vida dupla, socialmente (efetiva ou presumivelmente) heterossexual com sua vivência homossexual relegada (completa ou parcialmente) ao privado e íntimo. Assim, a agência do sujeito desejante homossexual na ordem restritiva e hostil da hegemonia heterossexual só é ganha o inserindo em uma economia moral em que – inevitavelmente – será alocado em uma posição relacional negativa e/ou inferior em relação aos heterossexuais.

As regras desiguais e injustas que regem a vida sexual no binário intransitivo da hétero/homossexualidade são visíveis até em termos frequentemente usados para descrever seu funcionamento. Ele se dá em um regime moral heterossexista em que resistências tendem a ser desqualificadas. Viver amores ou relações homossexuais em segredo evoca termos como "enganar", "esconder-se" e "mentir".[43] Até na perspectiva politicamente engajada do "sair do armário" ou se é "enrustido" ou "assumido", uma oposição simplista que ignora o fato de que mesmo os sujeitos mais abertamente homossexuais são obrigados a reviver a saída do armário em novos encontros cotidianos. Também são continuamente questionados sobre sua revelação prematura ou tardia demais, pois dentro ou fora do "armário" permanece uma mesma epistemologia do segredo sexual regida pela verdade e honestidade como monopólios dos que não se relacionam com pessoas do mesmo sexo.

A recusa social ao desejo homossexual ameaça a todos desde a mais tenra infância com formas as mais variadas de violência: preconceito, discriminação e até expurgo coletivo. A experiência social da injúria – quer seja a de ser xingado de homossexual ou presenciar a desqualificação pública de um conhecido pela suspeita ou constatação de sua

---

[43] Georg Simmel afirma que a mentira é uma das maneiras de se limitar o conhecimento que outro(s) podem ter sobre nós mesmos, afirmação que proponho compreender aqui – na perspectiva dos sujeitos que se relacionam com outros do mesmo sexo – como uma tática para obtenção de agência sexual em um contexto proibitivo ou limitador.

homossexualidade – é apontada por diversos pesquisadores como a descoberta do estigma ou, na perspectiva queer, como uma das primeiras formas de violência simbólica que levam os sujeitos a reconhecerem o caráter abjeto, leia-se inaceitável no nível mais extremo, que nossa sociedade atribui ao desejo por pessoas do mesmo sexo.[44]

Historicamente, o Estado e, mais recentemente, o mercado – via mídias – constituíram um aparato heterossexualizador que tornou o desejo por pessoas do mesmo sexo estranho e abjeto para muitos, mas que não o eliminou por completo, tampouco forjou todos os sujeitos. Como mostrado neste capítulo, os dissidentes do dispositivo (heteros)sexual encontraram formas astuciosas e engenhosas para viver esse desejo mesmo sob as condições mais adversas e restritivas.

Gabriel, a despeito de sua aceitação das restrições familiares e sociais ao seu desejo por outros homens, encontrou – por meios digitais – uma forma de vivenciá-los sem confrontar diretamente as instituições que lhe demandam manter o desejo homossexual sob segredo. Negro, filho de pais pertencentes a uma classe média baixa e que, portanto, contam com seu apoio financeiro, depende da manutenção do emprego para si e – em alguma medida – também para eles. Temendo, em seus próprios termos, ser "desmoralizado", mas sem abrir mão de vivenciar seus desejos, faz uso das mídias buscando conciliar as expectativas familiares e sociais com sua afetividade. A despeito das dificuldades e dos limites, consegue "o possível", o que já lhe exige astúcia e esforço para não apagar o desejo por outros homens aderindo à heterossexualidade que lhe é oferecida tão facilmente.

É nessa dinâmica social e histórica de disputa sobre o desejo, seu agenciamento e direcionamento, que se inserem as mídias digitais, as quais, nas últimas duas décadas, pavimentaram condições renovadas e ampliadas de resistência permitindo a construção de inéditas redes de desejo.

---

[44] Sobre essa problemática, consulte Eribon (1999) e Miskolci (2012).

2. Rede de desejos

Diogo, paulistano que tinha 37 anos em 2012, quando o entrevistei seguidamente, afirmava não lembrar com exatidão em que ano ficou on-line pela primeira vez, mas logo começou a usar a internet para arranjar encontros com outros homens: "Era algo totalmente novo para mim, final dos anos noventa, eu estava terminando a faculdade e só saía com mulheres, mas tinha muita curiosidade de sair com um cara... em segredo. Eu entrei no chat e depois também num desses sites de anúncios. Até hoje eu ainda tenho perfil lá. Nos últimos anos eu passei a usar o Grindr".

Diogo vive em um bairro de classe média alta e trabalha no mercado financeiro. Diz levar uma vida "predominantemente hétero", mas incorporou o uso das mídias digitais de forma que reconhece "viver on-line", o que lhe permite usar plataformas de busca de parceiros do mesmo sexo e manter uma rede de contatos, a qual considera que seria inacessível se não fosse por meios tecnológicos. Assim como na quase totalidade dos homens com os quais interagi durante a investigação que deu origem a este livro, Diogo afirma ter um grande prazer nessa forma de socialização.

Ele começou a buscar parceiros já pela internet, mas alguns de meus entrevistados – cinco a dez anos mais velhos – relatam ter conhecido ou feito uso anterior de seções de classificados voltadas para a busca de parceiros amorosos e sexuais em jornais e revistas, tanto nos voltados para homossexuais quanto em alguns veículos de grande circulação.

Na década de 1990, tal segmento se estenderia a serviços telefônicos, muitos dos quais atendiam por elusivos nomes como "Disque Amizade". Quase ao mesmo tempo, com o início da disseminação da internet comercial em meados da mesma década, surgiram os programas de troca de mensagens on-line mIRC e IRC.

A criação de contatos pela internet tornou-se mais acessível quando surgiram novos tipos de plataformas: as salas de bate-papo (*chatrooms*), os sites de anúncios de busca por parceiros e os programas de troca de mensagens instantâneas como os há muito extintos ICQ e MSN Messenger. A primeira geração dessas plataformas era muito limitada para os padrões atuais, em especial pela ausência de imagens, o que restringia as interações quase exclusivamente à escrita.

A partir de meu campo investigativo em São Paulo, considero provável a hipótese de que a rápida adesão às mídias digitais por parte de homens em busca de parceiros do mesmo sexo foi incentivada pelo contexto mais letal da epidemia de aids, que levava à busca de parceiros com menor chance de estarem contaminados. Homens de classe média e alta entraram on-line buscando por homens fora do meio – não apenas sadios, mas desvinculados da aura de marginalidade que se associava ao circuito de socialização homossexual e à própria homossexualidade.

O desejo de escapar da contaminação e, sobretudo, do preconceito criado pela pandemia passou a encorajar a busca por identidades corporais vistas socialmente como saudáveis, masculinas e viris. Assim, o advento da internet pode ser associado ao contexto de desenvolvimento de drogas e tecnologias corporais que levariam à consolidação da imagem do gay viril dedicado a atividades esportivas, em especial a musculação em academias. Em conjunto, essas tecnologias médicas, corporais e midiáticas materializam o desejo de se distanciar das imagens disseminadas na década de 1980 e 1990 de homens doentes e fragilizados pela síndrome da imunodeficiência adquirida.

O fato acima demonstra as consequências duradouras do pânico sexual da aids. Nos termos de Herbert Daniel e Richard Parker (1991), a aids pode ser compreendida como tendo passado de uma doença ou dado biológico a um fenômeno cultural. Como Paula A. Treichler afirmou: "A construção ampla da AIDS como uma 'doença gay' [...] investiu tanto a AIDS como a homossexualidade de significados que nenhuma das duas possuía sozinha, e produziu consequências materiais específicas por um amplo espectro social e científico" (2004, p. 6)". Minha investigação mostra como um julgamento moral que já foi visto como "científico" – a associação médica da aids como suposta "doença gay" – continuou vivo nas representações que meus interlocutores usavam para entender seus desejos por outros homens como moralmente condenáveis e "arriscados", o que demandava o segredo e uma seleção cuidadosa dos possíveis parceiros.

On-line, esses homens, na época na faixa dos vinte e poucos anos, passaram a viver uma nova forma de compreender o desejo por pessoas do mesmo sexo e as interações homossexuais. O acesso individualizado e anônimo às plataformas como bate-papos e sites de busca de parceiros tornou a experiência do flerte homossexual em variações de um processo de seleção. O internauta se alocava na posição de escolha de parceiros elegendo os que associava a valores e comportamentos socialmente valorizados em detrimento dos que poderiam evocar estigmas.

O final da década de 1990 e os primeiros anos do novo milênio definiram uma era das relações relativamente "descorporificadas" na rede, imortalizadas no cinema em comédias românticas (heterossexuais) como *Mensagem para você* (*You've Got Mail*, 1998), assim como objeto de reflexões teóricas como a de Eva Illouz (2007) a respeito do que descreveu como a "textualização de si", a transformação de si próprio em palavras, descrições que – naquela época – moldavam as relações forjadas on-line.

Na esfera das relações homossexuais, Sharif Mowlabocus (2010; 2015) contesta que on-line tenha existido tal "descorporificação", já que as buscas sempre envolveram a descrição física e a centralidade no corpo na seleção de parceiros. Além disso, acrescentaria que ocorreu uma transformação do universo das interações marcadas pela economia verbal nos espaços de "pegação" voltados ao sexo imediato, e frequentemente anônimo, e nas boates em que o flerte se dava em espaços pouco iluminados e ruidosos. On-line vigorava a conversa, a troca de informações, a textualização de si e de seu desejo, ao mesmo tempo uma nova forma de socialização e um verdadeiro exercício subjetivo de colocar o desejo em discurso e se reconhecer como sujeito dele.

Nas conversas por bate-papos, e-mails e *messengers*, havia espaço para encantamento, já que a maioria dos homens costumava se apresentar como mais altos, fortes, másculos ou jovens do que seriam se avaliados no contato face a face. A primeira geração de "internautas" provavelmente sofreu mais surpresas, choques e decepções ao entrar on-line, pois foi obrigada a aprender a se relacionar de uma nova maneira, descobrindo códigos que se instituíam ao mesmo tempo que os usuários formavam o novo espaço relacional no qual, no presente, a maioria de nós – em especial os mais jovens – já vive quase como se ele sempre tivesse existido.

Muitos são os relatos de pessoas que se conheceram on-line apenas imaginando como seria o outro pessoalmente. O desapontamento era o sentimento mais comum entre os usuários já que, ao vivo, ninguém nunca é exatamente como alguém imaginou a partir de descrições. Diogo lembra comicamente de suas primeiras experiências em que os encontros off-line resultaram em decepções ou constrangimentos. O encontro face a face costumava ser um exercício de avaliação recíproca sobre a conformação a imagens dominantes de masculinidade, mas apenas a aparência física não definia o sucesso do encontro: o gestual e a voz eram altamente valorizados. Diogo – um homem branco, alto, de barba e com voz grave – relata que evitava contato prévio por telefone para evitar fornecer o número a um desconhecido que poderia vir a incomodá-lo ou ameaçá-lo; assim, apenas pessoalmente podia conferir se o outro "miava" ou "falava mole", termos que desqualificam o tom de voz ou a maneira de falar que permitiriam reconhecer um homem como gay.[45]

Uma importante transformação se deu com a popularização dos *scanners* no final da década de 1990, máquinas que permitiam digitalizar fotos. Como as pessoas ainda fotografavam com câmeras analógicas, as quais funcionavam com filmes que precisavam ser revelados, tinham um número menor de fotos para escolher. A revelação era feita em locais comerciais, onde funcionários as manipulavam, o que inibia poses sensuais ou nus. Assim, de um conjunto limitado e comportado de instantâneos, os internautas da época selecionavam umas poucas para digitalizar e trocar on-line com parceiros em potencial. Mas foi apenas no começo do milênio que câmeras digitais se tornariam mais baratas e, por isso mesmo, se popularizariam povoando a internet com os primeiros álbuns on-line e modificando profundamente as interações nos já citados bate-papos, nos sites de busca de parceiros e nos *messengers*. Desde então, as pessoas passaram a trocar fotos e a se conhecerem fisicamente antes do encontro face a face, o que reduziu as surpresas e decepções que marcavam as experiências anteriores.

O passo final dessa corporificação on-line foi a integração das câmeras nos celulares, no final da década de 2000, assim como das webcams em quase todos os computadores. A partir daí, o número de fotos explodiu e se popularizou a videoconferência. Era o fim da era da "textualização de si" e

---

[45] Baym (2010) observa como a mediação sem voz e imagem diminui as "pistas sociais" sobre o interlocutor, o que gera maior desconfiança. No que se refere à troca de telefone, constatei em meu campo que foi progressiva, mas que só se generalizou quando deixou de ser sinônimo de conversa com voz, ou seja, a partir da popularização – a partir de 2013 – do aplicativo de troca de mensagens WhatsApp.

a ascensão do império das imagens (BELELI, 2015), em que o corpo e a corporalidade definem as interações com intuitos amorosos ou sexuais. Tornou-se mais usual a experiência de conhecer alguém a partir da intimidade, ver seu corpo nu e até interagir sexualmente a distância antes de saber seu nome ou o conhecer pessoalmente.

Nos Estados Unidos, no final dos anos 2000, a troca de mensagens e fotos eróticas por celulares gerou o termo *sexting* e um curto pânico sexual sobre a circulação de imagens pornográficas ilegais, especialmente por menores. Segundo Nancy K. Baym (2010, p. 43), vigorou o medo de os pais perderem o controle sobre os filhos por causa dos *smartphones*, enquanto Ellis Hanson (2011, p. 675) vai mais longe ao afirmar que a sociedade americana temeu o próprio fim da infância na descoberta de que crianças acessavam sites pornográficos, tiravam fotos sensuais e as distribuíam on-line. Assim, a partir de 2009, na época do surgimento dos aplicativos de busca de parceiros, acordos entre as empresas de eletrônicos, de telefonia e a justiça daquele país definiram restrições às imagens nos perfis, as quais vigem até o presente momento. Foi a proibição de fotos de corpos nus, e inclusive as que mostram abaixo do umbigo, que geraram a profusão de fotos de peitos e abdomens em aplicativos voltados para a paquera entre homens.

Entre as transformações que o advento da internet causou na vida sexual e amorosa de seus usuários destaco cinco. A principal mudança foi a criação de um sentimento de agência desejante para pessoas que, historicamente, foram impedidas ou mais controladas no exercício de sua sexualidade, refiro-me aqui a – entre outros – homossexuais e mulheres. Para homens em busca de parceiras mulheres, a internet foi apenas mais um meio para o flerte a que sempre tiveram acesso, o que ajuda a explicar sua adesão menor e muito mais lenta aos meios digitais de paquera.

A segunda transformação, intrinsecamente relacionada à anterior, foi a consequente individualização da busca por parceiros permitida pelas plataformas on-line, algo sem precedentes em contextos como o brasileiro, em que a interferência comunitária, familiar e até de amigos sempre influenciou (e muitas vezes limitou) as escolhas amorosas. Por meio eletrônico passou a ser possível paquerar segundo seus interesses pessoais, inclusive gostos eróticos os mais específicos.

Além disso, on-line houve uma mudança na forma e no roteiro do flerte, o qual passou a se dar de forma mais direta e a partir da intimidade. On-line passou a ser possível paquerar várias pessoas ao mesmo tempo sem que isso resultasse nos embaraços e retaliações que são comuns face a face. O fracasso em uma paquera passou a ser vivido individualmente – ou seja, só o usuário sabendo que foi recusado –, o que o converteu de algo que se temia a apenas uma tentativa. Nos bate-papos, sites e aplicativos de busca de parceiros não há dúvidas de que todos ali buscam alguém, o que já leva os usuários a abordagens mais objetivas do que em contextos off-line, nos quais predomina a incerteza. Entre homens, além da abordagem direta se destaca a rapidez com que se fazem perguntas íntimas envolvendo preferências eróticas, as quais definem a continuidade ou não da interação.

A quarta transformação – mais perceptível para as primeiras gerações que entraram on-line – foi a aceleração das relações. Do flerte ao encontro, passando pela intimidade até o rompimento, tudo passou cada vez mais a ser vivido pelas plataformas e em seu ritmo acelerado: a busca on-line, as mensagens e trocas de imagens por e-mail ou *messenger*, as conversas por videoconferência e a sociabilidade por aplicativos de mensagens nos *smartphones*. Nos termos sintéticos de Sherry Turkle (2011, p. 157), passou-se do encontro amoroso (*date*) ao sexo sem compromisso (*hookup*).

A quinta e última transformação que destaco foi como as plataformas on-line ampliaram sensivelmente o número de parceiros em potencial. Se, em comunidades, as pessoas tinham como perspectiva encontrar um ou outro parceiro sexual ou amoroso, on-line e em rede cresceu exponencialmente seu horizonte amoroso.[46] Entraram todos, sem perceber inicialmente, em um verdadeiro mercado sexual e amoroso on-line, o primeiro realmente visualizável e no qual as regras da atração são explicitamente vinculadas ao *sex appeal*. Trata-se não apenas de algo positivo, mas de um contexto altamente competitivo e regido por fortes padrões normativos. Assim, a ampliação do número de potenciais parceiros se deu associada à descoberta da competição por aqueles e aquelas socialmente mais valorizados como desejáveis.

As novas formas comunicacionais não apenas criaram um novo contexto para desejos preexistentes, mas passaram a modificar esses próprios desejos. Chamo preliminarmente de desejos digitais essas novas formas de expressão do desejo na era das relações criadas por plataformas comunicacionais em rede e que existem não apenas on-line, mas se estendem também ao off-line. As tecnologias comunicacionais do presente nos transformaram como seres desejantes, estenderam a nós novos horizontes aspiracionais marcados por expectativas e ideais muito diferentes dos que moldavam as vidas sexuais e amorosas construídas predominantemente face a face. Assim, esses novos desejos passam a moldar as vidas das pessoas, tornando-as mais atentas à sua própria aparência, incentivando-as a aderir a tecnologias corporais como dietas, exercícios, além do uso de cosméticos e o maior apuro ao se vestir.

Talvez o retrato de nossa época possa ser apontado na prática do *selfie*, o autorretrato feito pela câmera digital integrada ao *smartphone* para a exibição em redes sociais ou enviada por programas de mensagens instantâneas. O *selfie* é o resultado de transformações sociais profundas em que as

---

[46] Kurashige (2014) observa que tal aumento do espectro de parceiros e a consequente lógica da abundância que o rege é um fenômeno das grandes cidades. A partir de sua investigação em São Carlos – uma cidade média do interior de São Paulo com cerca de 250 mil habitantes –, reconheceu ali uma economia da escassez de parceiros definindo a busca on-line local. A partir de Padilha (2015), é possível afirmar que a pouca opção incentiva, por meio dos aplicativos, a mobilidade para cidades vizinhas criando circuitos desejantes.

pessoas se tornaram mais conscientes de sua própria aparência e dos padrões culturais aos que têm que fazer frente para serem consideradas desejáveis. Portanto, o *selfie* pode ser compreendido como a expressão mais recente e imagética da autoimersão no universo da exposição midiática.

As vantagens trazidas pela tecnologia cobraram seu preço, o que significou a inserção em novas formas de consumo na busca de tornar-se desejável. É difícil avaliar, entre perdas e ganhos, o saldo dessa nova realidade, mesmo porque tudo indica que ela não é reversível, apenas aprimorável a partir da forma como os próprios usuários passam a aprender com ela e a questioná-la, o que o lucrativo negócio dos sites e aplicativos tem dado mostras de incorporar visando a manter e ampliar seus clientes. Em outras palavras, há evidências que comprovam que a paquera por mídias digitais tem se transformado não apenas a partir da tecnologia e dos interesses econômicos, mas também devido às avaliações e usos criativos feitos pelos usuários.

Uma interpretação unidimensional na perspectiva econômica não reconheceria aspectos positivos envolvendo o uso dessas mídias, os quais auxiliam a lidar com formas de desigualdade como as de gênero e sexualidade. Para sujeitos como mulheres e homossexuais, criar contatos on-line foi um contraste com as possibilidades limitadas existentes na vida pré-internet, quando as pessoas eram obrigadas a priorizar relações comunitárias, frequentemente controladoras e heterossexistas. Nesse sentido, o que alguns poderiam criticar como o caráter individualizador do uso dessas tecnologias logrou criar certo grau de autonomia para aqueles e aquelas cujo controle comunitário criado pelos laços fortes com família, colegas de trabalho ou estudo impunham limites morais estritos aos seus desejos sexuais e aspirações amorosas.

Laços fortes não são apenas positivos, pois podem aprisionar e limitar as relações sociais disponíveis a alguém de forma injusta e desigual. Para muitos, os chamados "laços fracos" (WELLMAN, 2001) das conexões on-line são duplamente desejáveis: porque garantem segurança de poderem ser rompidos sem consequências negativas para sua vida cotidiana, assim como podem ser os mais adequados para desejos segmentados como os que envolvem a formação de redes relacionais a partir de interesses eróticos comuns.

Dependendo de como se define tecnologia, é possível retraçar suas relações com o desejo de forma a reconhecer que são muito mais antigas do que se poderia suspeitar à primeira vista. Isso já foi delineado no capítulo anterior, no qual se explorou a forma como os adventos do carro, do cinema e do telefone modificaram a vida amorosa e sexual. Dentro do escopo deste livro, cuja base é a pesquisa empírica envolvendo homens em busca de parceiros amorosos ou sexuais do mesmo sexo, a tecnologia é compreendida como os artefatos e técnicas que facilitaram a busca de parceiros em termos comunicacionais: tanto os equipamentos quanto as conexões que permitem o uso de plataformas de contato e socialização on-line.

De forma geral, a tecnologia impressa dos classificados e a analógica das linhas telefônicas foram superadas, na década de 1990, pelo acesso à internet em computadores de mesa conectados à rede telefônica, até o advento da conexão wi-fi por meio de computadores móveis, *tablets* e *smartphones*. As transformações tecnológicas e seus aprimoramentos nos trouxeram, desde 2009, para a era em que a mobilidade e a conectividade perpétua se associam ao uso do GPS (*Global Positioning System*), o que permite o uso de aplicativos que indicam a distância a que estamos de potenciais parceiros.

Desejos digitais explora principalmente as experiências de uma geração de usuários de mídias que passou por essas etapas tecnológicas, aprendeu a lidar com elas na prática e chega ao presente, na faixa entre os trinta e quarenta anos, tendo vivido metade ou mais de suas vidas no contínuo on-line/off-line que caracteriza a era da conectividade (VAN DIJCK, 2016). Experiências que mudaram esses sujeitos moldando seus desejos e, consequentemente, suas expectativas afetivas, vivências amorosas e sexuais e que, como seria de se esperar, criaram também novas frustrações e sofrimentos. Nicolacida-Costa chega a afirmar que "a organização psicológica contemporânea está sendo profundamente transformada por desenvolvimentos tecnológicos" (2002, p. 194).

A despeito de ser multissituada, a pesquisa não foi pensada como comparativa, ela apenas contrasta dois campos etnográficos desenvolvidos de forma separada. Nos Estados Unidos, a investigação foi concentrada nos oito primeiros meses de 2013, enquanto em São Paulo se desenvolveu etnograficamente durante cinco anos, de 2007 a 2012 e, por meio de observação interativa para analisar as transformações advindas da popularização dos aplicativos, entre o final de 2013 e o início de 2016.

O campo de pesquisa na cidade da costa da Califórnia serviu para consolidar e aprofundar uma investigação que já vinha sendo realizada na realidade paulistana, na qual foquei na primeira geração de brasileiros a viver sua vida sexual e amorosa com o uso das mídias digitais – homens pertencentes à classe média e alta, que chegaram à adolescência no auge da epidemia de aids, com formação universitária, atuantes como profissionais liberais, majoritariamente brancos e de origem em famílias católicas de São Paulo, do interior ou estados vizinhos, como Minas Gerais e Rio de Janeiro.

Diogo é um deles. Neto de europeus católicos, nasceu em um bairro de classe média nas proximidades do centro de São Paulo, estudou em escola particular e fez curso na área de negócios em uma reconhecida universidade pública estadual. Sua infância e adolescência foram, em seus próprios termos, "comuns". Sua entrada na vida adulta se deu como heterossexual assim como, até hoje, sua família só tem conhecimento de seus relacionamentos com mulheres. Diogo se compreende como heterossexual, ainda que reconheça que talvez pudessem dizer que é bissexual devido ao seu histórico com mulheres e homens, mas diz não se reconhecer nesse rótulo e menos ainda como homossexual, já que não sente afinidade com "gays e seu meio".

A seguir apresento em detalhe cada um dos campos etnográficos explorados na execução da pesquisa. Inicio situando o campo mais extenso e aprofundado na cidade de São Paulo, aberto a partir dos bate-papos e sites de busca de parceiros voltados a um público gay e bissexual local. Em seguida, apresento o campo desenvolvido em São Francisco (EUA), o qual – a despeito de ter sido feito em poucos meses – foi profícuo e intenso ao ponto de consolidar a pesquisa iniciada no Brasil, o que preencheu lacunas e arrematou aspectos que permaneciam enigmáticos sem o contato e a vivência com usuários da região em que essas tecnologias foram desenvolvidas e mais espraiadas socialmente.

Por fim, na esteira de uma sociologia do desejo, exploro a experiência comum aos usuários de "viverem on-line", não apenas no sentido de ficarem conectados a maior parte do dia, mas de quase nunca deixarem as plataformas de busca de parceiros. Era comum a afirmação de que, desde que entraram pela primeira vez na internet, apenas migraram ou associaram plataformas em uma busca contínua e sem fim por um parceiro que parecem nunca encontrar. Busca guiada e alimentada por ideais que configuram um verdadeiro regime erótico, cujas características ajudam a compreender não apenas seus desejos, mas sobretudo suas expectativas de alcançar reconhecimento social por meio de um parceiro.

São Paulo

Nos idos de 2004, na já extinta rede social Orkut, comecei a acompanhar uma comunidade on-line que discutia questões cotidianas envolvendo homens que se relacionavam sexual ou amorosamente com outros homens. Os fóruns se sucediam assim como os temas discutidos, quase todos em torno de suas dificuldades para encontrar um parceiro. Em comum, os participantes faziam uso de plataformas como bate-papo e sites de anúncios, assim como era quase exclusivamente por meios digitais que desenvolviam relações em que era possível expressar e falar sobre seus desejos por outros homens.

A socialização on-line parecia ter adquirido contornos de uma espécie de vida paralela para esses homens. A principal razão apontada por eles era o fato de que na família, no ambiente educacional e no trabalho sentiam pressão constante de que mantivessem seus desejos por pessoas do mesmo sexo em segredo para evitar possíveis retaliações morais, perseguições e riscos. Ao mesmo tempo, expressavam graus variados de crítica ao universo gay, compreendido como o circuito de socialização dos bares e clubes noturnos, aonde se recusavam ir ou – quando os frequentavam – nos quais afirmavam se sentir deslocados.

On-line, os participantes da comunidade do Orkut discutiam possibilidades alternativas ao heterossexismo familiar e público assim como em relação ao que chamavam de "meio gay", termo negativo ao qual associavam estigmas de marginalidade. De certa forma, encontravam uma espécie de zona de conforto nas plataformas, para se socializarem em termos que esperavam ser alternativos aos disponíveis off-line.

A comunidade do Orkut foi apagada,[47] e minha observação gerou notas dispersas que organizei, a partir de 2007, pensando em uma pesquisa que explorasse de forma sistemática essa experiência de gerir um cotidiano heterossexual por meio do uso da internet. Meu objetivo inicial, portanto, era o de compreender a manutenção das relações homossexuais em segredo ou relativa discrição em um momento histórico em que demandas por reconhecimento e direitos para homossexuais ganhavam visibilidade, assim como se expandia a olhos vistos o circuito comercial para homossexuais.

Naquela época, conforme analisado por Júlio Assis Simões e Isadora Lins França (2004), a sociabilidade homossexual paulistana se estendia não apenas geograficamente do centro, passando pela Frei Caneca e chegando

---

[47] Posteriormente, Carolina Parreiras desenvolveu dissertação de mestrado sobre esta comunidade, intitulada *Sexualidades no Ponto.com: espaços e homossexualidades a partir de uma comunidade online* (2008).

aos Jardins e ao Itaim Bibi – além de já contar com algumas grandes boates na Barra Funda[48] – mas também a partir do que no passado fora chamado de "gueto gay" para um amplo mercado de promoção e difusão de um "estilo de vida". "Do gueto ao mercado", as homossexualidades ganharam visibilidade em um processo que descrevi, em outro texto, como marcado pela adesão a padrões normativos (MISKOLCI, 2007).

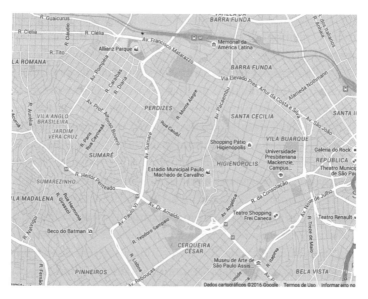

Figura 1 - Mapa do circuito de sociabilidade homossexual em São Paulo. À direita, o centro da cidade. Abaixo, a região da Frei Caneca, avenida Paulista e Jardins. À esquerda, mais acima, a citada região da Barra Funda.
Fonte: https://maps.google.com /.

---

[48] A concentração de negócios voltados ao então chamado público GLS nos Jardins tendeu a ser desmantelada por um processo de "gentrificação" da região, que demoliu boa parte de seus imóveis para a construção de condomínios de alto padrão. Alguns deles, inclusive, contam com antigos frequentadores desses bares, restaurantes e boates, os quais se dividiram posteriormente em diferentes circuitos: do consolidado na região próxima à Frei Caneca, passando pelos estabelecimentos que optaram por se localizar isoladamente em bairros como Itaim ou Barra Funda, onde ainda se concentra a maior e mais bem-sucedida boate de São Paulo.

A criação de um circuito de sociabilidade on-line se vinculava – ao menos indiretamente – a um off-line, que buscava apagar marcas do antigo gueto, consolidando assim uma nova forma de se compreender e se apresentar publicamente. Os estabelecimentos comerciais territorializados se definiam, na época, por meio da então popular sigla GLS, que se referia a locais voltados a um público gay, lésbico assim como a "simpatizantes", versão brasileira do *gay friendly* do *pink market* norte-americano.

Nos termos do sociólogo Kevin Walby (2012): "a 'economia rosa' se refere a um já bem-estabelecido mercado nas cidades globais voltado para consumidores gays e lésbicas e que baseia seus produtos em imagens estereotípicas da vida gay e lésbica".[49] Katherine Sender (2004, p. 8) sublinha que tal mercado é focado em gays ricos e lésbicas afluentes em segundo plano, já que estudos econômicos como os de Amy Gluckman e Betsy Reed mostram que a população homossexual é tão estratificada quanto a hétero, além de – em sua grande maioria – não viver "fora do armário".

No Brasil, um local GLS aspirava ser aberto e integrado, o que vinha a atender tanto a um desejo de clientes que não queriam ir – e tampouco ser associados – a espaços estigmatizados como "gueto", quanto os de uma classe média heterossexual curiosa e interessada em trocas culturais. Segundo a já citada Sender, o mercado LGBT criou o metrossexual, um novo homem consumidor hétero apto a expandir seus hábitos de consumo, ampliando o mercado de roupas, cosméticos e assessórios. Esse novo mercado e seu circuito de socialização paulistano reatualizaram uma experiência já vivida por outros grupos sociais no passado, como imigrantes e mulheres (cf. CRANE, 2006): sujeitos que começam a ganhar espaço social, mas que ainda sofrem

---

[49] E-book, sem paginação.

preconceito, buscam ganhar respeito por meio da aparência pessoal e do estilo, o que os torna consumidores.[50]

A integração pelo consumo – quer efetiva ou almejada – é indissociável da chegada ao poder do Partido dos Trabalhadores. Os mandatos de Luiz Inácio Lula da Silva (2003-2010) foram marcados pelo crescimento econômico e pela implementação de políticas sociais que aumentaram a renda dos mais pobres.[51] No que se refere às diferenças sociais, também entabulou maior diálogo com os movimentos sociais, criou secretarias voltadas para gênero, relações étnico-raciais e algumas políticas envolvendo sexualidade. Planos como o Brasil Sem Homofobia e os cursos de aperfeiçoamento docente sobre direitos humanos e gênero e diversidade na escola atendiam demandas históricas, ao mesmo tempo que contribuíam para aumentar a visibilidade social das diferenças na mídia, e não apenas na segmentada.

Foi nesse contexto, em que demandas por reconhecimento político conviviam com anseios de inclusão pelo consumo ou pela tecnologia, que decidi investigar por que homens paulistanos de classe média e alta passaram a usar meios digitais em busca de parceiros do mesmo sexo. Começavam a surgir questões como: as mídias digitais permitiam efetivamente

---

[50] Crane (2006) desenvolve uma extensa pesquisa sociológica sobre o papel da moda, o consumo de roupas e a preocupação com a aparência na vida social. Por meio do estudo dos orçamentos familiares, por exemplo, mostra que os homens – especialmente os imigrantes – gastavam altas somas com roupa, buscando se inserir socialmente em um novo contexto. Posteriormente, com a entrada das mulheres de classe média no mercado de trabalho, é a vez de elas gastarem boa parte de sua renda com esses itens. Portanto, não é de se estranhar que o mesmo tenha se passado com gays e lésbicas economicamente privilegiados desde o final do século XX.

[51] A chamada ascensão de uma "nova classe média" foi contestada por muitos estudos, que indicam apenas o aumento do emprego e da renda da classe C. Nesse estrato, cerca de 40 milhões de pessoas passaram a integrar o mercado de consumo, mas se mantendo na base social como uma classe trabalhadora com baixa escolaridade e capital cultural, portanto com parcas condições quer para uma efetiva ascensão à classe média, quer para manter sua renda em um cenário de crise como o vivenciado a partir de 2015. Sobre esse tema, ver Scalon e Salata (2012).

aos sujeitos escapar do heterossexismo cotidiano? Quais seriam as consequências sociais advindas da possibilidade de buscar parceiros do mesmo sexo sem ser reconhecido como homossexual no espaço público? Os desejos que serviam de combustível à busca por mídias digitais eram os mesmos que haviam regido até então a off-line?

Entre as diversas plataformas disponíveis para iniciar a investigação, aventei centrar-me nos sites de anúncios de busca de parceiros, uma versão digital dos antigos classificados impressos mencionados na seção anterior deste capítulo. Michael Lynn e Rosemary Bolig (1985), em outra época e contexto, enumeraram as vantagens de pesquisar tais anúncios, sobretudo o fato de que os pesquisados não saberem que são objeto de observação e análise, o que tornaria as fontes espontâneas. O fato é que o advento da internet não apenas sofisticou os anúncios, mas criou plataformas mais interativas e rápidas voltadas para o mesmo intuito. No Brasil, a mais popular foi o bate-papo, plataforma cujo uso logo se articulou com o e-mail, os *messengers* e, inclusive, os classificados de internet.

Entrei nas plataformas de bate-papo em dezembro de 2007 e segui procedimentos que articularam desde o reconhecimento estrutural do campo até a interação com os usuários em uma longa etnografia. Chamo aqui de reconhecimento estrutural o trabalho de observação e análise dos bate-papos como plataformas, o que me levou a levantar os dias e horários mais acessados, os apelidos (*nicknames*) mais usados, dados socioculturais dos usuários como cor/raça, idade, nível educacional, local de moradia e profissão. A despeito da aparente diversidade de usuários com relação a todas as características, na época – antes da expansão do acesso à internet, que seria intensificada por volta de 2009 – foi possível identificar uma predominância de jovens brancos, boa parte com nível superior e moradores do centro expandido paulistano, ou seja, nos bairros de classe alta, média e, mais raramente, nos de classe média baixa.

Após esse longo e cuidadoso trabalho, voltei-me para o âmbito etnográfico, entrando nas salas de bate-papo voltadas para gays e bissexuais da cidade de São Paulo a fim de interagir com os usuários. Naquela época, essas salas ficavam restritas à seção "Sexo" do portal de internet mais popular entre os paulistanos e eram divididas numericamente de 1 a 35, comportando até cinquenta usuários em cada, sendo que apenas as com menos de trinta eram acessíveis aos não assinantes do portal. As primeiras eram sempre as mais cheias e tendiam a ser preenchidas por homens que viviam na região mais rica da cidade. Quanto maior o número da sala maior era o número de pessoas que viviam longe do centro, até chegar àquelas com moradores da região metropolitana. Portanto, a aparente desterritorialização on-line se revelava transmutação em "territorialização social", já que a estrutura da plataforma localizava os usuários a partir de sua posição na escala social e em sua geografia física própria.

O caráter anônimo da interação era um pressuposto nas plataformas, nas quais as pessoas usam nomes ou apelidos que não são realmente os seus.[52] Os nomes eram relativamente pouco usados. Predominava o uso de apelidos formados por um conjunto relativamente pequeno de termos, em geral alguns que evocavam masculinidade como Macho, Homem, Boy, Mano, associados a posições sexuais como Ativo, Passivo, Flex, ou também a definições corporais como Sarado, Malhado, Forte. Outros sublinhavam sua

---

[52] A história do anonimato na internet remonta ao início de sua comercialização, em meados da década de 1990, quando os usuários temiam – mais do que hoje – usar seus nomes próprios on-line, o que os levou a criar apelidos para suas contas em provedores, e-mails e demais sites que exigiam *login*. O acesso a sites pornográficos, bate-papos ou plataformas de busca de parceiros tornavam tal procedimento aparentemente mais seguro, o que, na emergência das redes sociais na década de 2000, gerou uma profusão de perfis *masks* ou *fakes*. Na década seguinte, o anonimato passou a ser questionado por causa dos escândalos de vazamento de dados on-line, a disseminação do conhecimento de que usuários podem ser reconhecidos por seu IP (Internet Protocol) e a demanda de muitos sites e aplicativos de reconhecimento de identidade para serem acessados.

suposta beleza, utilizando termos como Gato, Bonito ou Charmoso; quando tinham trabalhos socialmente reconhecidos, expunham sua profissão, como Médico ou Advogado; assim como aqueles mais preocupados em enfatizar sua masculinidade ou busca em segredo usavam apelidos compostos por termos como Casado, Bi, Sigilo. Naquela plataforma, criada antes da geolocalização, destacavam-se os termos que definiam a localização dos usuários como Centro ou Jds (Jardins).[53]

Desde o princípio, decidi evitar apelidos com características físicas que denotariam algum interesse erótico ou que me inserissem como possível parceiro. Resolvi adotar um nome fictício e fiz algumas incursões-teste como Rafael ou Antônio, as quais me revelaram que mesmo um nome pode trazer muita informação e limitar os contatos. Rafael me alocava na juventude e Antônio evocava maturidade, o que tornava minhas interações restritas a grupos etários e atraía interlocutores que buscavam um certo tipo de parceiro jovem ou maduro. Aos poucos, descobri que havia nomes mais neutros em termos etários (e quiçá eróticos) e terminei por frequentar as salas sempre como Paulo ou Marcelo.

As interações nas salas eram iniciadas por mim, pois sem características físicas ou localização não despertava interesse da maioria dos outros usuários. Minhas aproximações eram no sentido de entabular uma conversa, o que me alocava – naquele contexto – como uma espécie de colega. Sem foto ou som, foi relativamente mais fácil entreter diálogos com homens que, no cotidiano off-line, possivelmente não se sentiriam à vontade comigo, um intelectual que não se enquadra no padrão de masculinidade hegemônica. Considero que essa "descorporificação" permitida pela plataforma foi

---

[53] Diferentemente dos aplicativos e sites, os apelidos de bate-papo não vinham de uma taxonomia de tipos criados pelas próprias plataformas, antes eram *nicknames* derivados da experiência cultural dos próprios usuários e mais reveladores sobre a sexualidade dos paulistanos.

um dos elementos decisivos para que conseguisse abrir meu campo on-line.

Aos poucos eu me apresentava, sempre com cautela e a partir das trocas de informações que exigem o ganho de confiança do interlocutor. Muitas interações ficavam apenas na troca de cumprimentos, outras resultavam em boas conversas que me permitiam conhecer dados socioculturais dos usuários, mas apenas algumas resultavam na manutenção do contato por meio da troca de *messengers*. Nesses, passava do reino puramente textual ao imagético pela presença de minha foto no perfil.

Os usuários que interagiram comigo e me adicionaram em seus *messengers* tinham características de homens de classe média e alta, nível universitário, brancos, na época entre 25 e 35 anos, e que exerciam profissões liberais como advogados, médicos, economistas, administradores, publicitários e profissionais de marketing. Eram, também, em sua maioria católicos não praticantes e, como já observado, boa parte deles com origem em cidades do interior ou estados vizinhos, radicados em São Paulo por motivos como estudo ou trabalho. Quase todos buscavam relações com outros homens em segredo, muitos por terem parceiras mulheres, alguns por serem presumidamente heterossexuais e outros por razões diversas envolvendo segurança pessoal.

A partir do contato no Messenger, busquei me apresentar como sociólogo, informei meu local de trabalho e detalhei a pesquisa que desenvolvia. Dos mais de vinte com os quais tive contato on-line contínuo, alguns por vários anos, apenas treze aceitaram me conceder seguidas entrevistas por e-mail, Messenger ou videoconferência. Conheci quatro deles off-line, entrevistei-os pessoalmente e foram meus interlocutores mais frequentes durante mais de três anos, especialmente entre 2009 e 2012.

Passei a maior parte de 2013 desenvolvendo pesquisa em São Francisco (EUA) e, ao retornar a São Paulo, afastei-me de meu campo etnográfico prévio, buscando adotar outros procedimentos investigativos, em especial a prática da observação dos perfis de meus antigos interlocutores na rede social Facebook, sem interação, o que permitiu manter o "acompanhamento" do campo preservando sua privacidade. Segui procedimento similar ao adotado por Miriam Adelman *et al.* (2015), autores que ressaltam que "o Facebook permite navegação anônima e imperceptível", auxiliando a compreender "as manipulações imagéticas que ocorrem no on-line e como exposições pessoais são negociadas no sentido de manter um determinado eu diante dos outros" (p. 152). Foi este meu foco nessa vertente de observação, a busca de fontes imagéticas e textuais que auxiliassem a compreender os valores, interesses e interações sociais de meus antigos interlocutores face a face, o que pude desenvolver sem interferir em seu cotidiano, preservando sua privacidade e meu compromisso ético de não os expor em sua rede pessoal.

Somada à observação, acima descrita, da rede social de meus interlocutores que participaram da fase etnográfica da pesquisa no contexto paulistano, passei a observar sistematicamente outros perfis nos aplicativos de busca de parceiros sexuais pelo celular, como Grindr, Hornet e Scruff, assim como – interativamente – nos recém-populares voltados para busca de relacionamento como Tinder e Happn. Os aplicativos buscam se diferenciar por público alvo. O Grindr é o mais antigo e bem-sucedido, tem como usuários principalmente jovens adeptos de um estilo de vida que inclui práticas corporais como a musculação, o mesmo público do Hornet. Scruff surgiu como uma alternativa para homens mais velhos e/ou com outras corporalidades, sobretudo os com barba e pelos corporais que – quando também acima do peso – são chamados de *bears* (ursos). A mencionada segmentação erótica – ao menos no contexto brasileiro – tende a ser menos bem-sucedida do que nos Estados Unidos. Entre nós, a maioria dos usuários prioriza os aplicativos com mais vantagens para aqueles que os utiliza sem pagar mensalidade.

Figura 2 - Imagem promocional do aplicativo Grindr divulgada em seu site no primeiro semestre de 2016.
Fonte: http://grindr.com/.

Aplicativos mais recentes como Tinder e Happn vendem-se como voltados mais à busca amorosa ou – ao menos – uma que encontre compatibilidades entre os usuários, por isso associam-se à rede social Facebook para comprovar a identidade e recolher informações sobre gostos comuns. Suas interfaces também buscam ser menos sexualizadas, daí não oferecerem dados corporais como altura e peso, priorizando informações como idade, profissão e nível educacional. Essa nova linha de aplicativos popularizou a busca de parceiros por mídias digitais entre heterossexuais, além de aceitar todo tipo de busca – de homens, mulheres ou ambos –, apagando fronteiras sexuais.

Desenvolvi um caderno de campo específico para essa nova fase da pesquisa, no qual passei a fazer anotações sobre as plataformas, os perfis, as interações em tal plataforma e suas similaridades e diferenças em relação às anteriormente estudadas, os bate-papos e sites de anúncios de parceiros. Por meio dos aplicativos, conheci alguns novos interlocutores e os entrevistei, a maioria das vezes apenas por WhatsApp, conhecido aplicativo de troca de mensagens escritas e de voz.

A longa pesquisa no contexto paulistano, passou por diferentes fases e abordagens metodológicas: de forma esquemática, uma primeira mais etnográfica (do final de 2007 ao final de 2012), e outra mais marcada pela observação, pura ou interativa, com poucas entrevistas por meios digitais (do final de 2013 ao início de 2016). Também abrangeu diferentes segmentos de interlocutores que divido, a partir do foco investigativo nas negociações da visibilidade do desejo homossexual: nos homens que buscavam relações com outros homens em sigilo por terem companheira mulher; nos que negociavam sua visibilidade por manterem uma imagem pública (presumidamente) heterossexual e nos que se consideravam "assumidos", ou seja, que eram publicamente gays.

Busco não classificar meus interlocutores segundo a já criticada tríade hétero–bi–homossexual, a qual – inclusive – não dá conta nem mesmo de suas autocompreensões. Os homens que tinham companheira mulher e buscavam parceiros sexuais do mesmo sexo raramente se autodefiniam como bissexuais e, muito menos, como homossexuais. Os homens que negociavam a visibilidade de seu desejo por outros homens sem manter ou buscar contato com mulheres sentiam-se, em sua maioria, desconfortáveis com a identificação homossexual. Entre os que se diziam "assumidos", muito menos numerosos em minha amostra, a maioria se dizia "gay", e os mais intelectualizados problematizavam os termos e, algumas vezes, se diziam "sem rótulos", "pansexuais", "queers", "g0y", "bicha", entre muitos termos.

Considero que a predisposição de meus interlocutores mais próximos no segmento etnográfico do campo em compartilhar suas experiências do uso das mídias digitais em busca de parceiros se deveu, ao menos em parte, à sua familiaridade com um vocabulário psicanalítico e a necessidade de um confidente. Eles me alocaram em uma posição entre o confidente e o psicanalista, um interlocutor qualificado e relativamente igual, ou alguém com quem podiam "desabafar" relatando seus dilemas morais com segurança, já que eu era alguém apartado de seus círculos relacionais familiares, amorosos e de trabalho. Tal distanciamento somado ao meu *status* de "doutor" fazia com que alguns lidassem com nossas interações como uma forma ou alternativa à terapia, o que eu buscava cautelosamente refutar, sublinhando que, a despeito de meu conhecimento psicanalítico, meu treino principal era como sociólogo e que o diálogo comigo não poderia substituir ou mesmo ser comparado a uma experiência clínica.

Minha condição de intelectual desenvolvendo um trabalho investigativo valeu-me por não me tornar atraente em termos eróticos para a maioria dos que interagiram comigo, homens que buscavam parceiros que gostavam de futebol, praticavam esportes e tinham atividades e interesses nada acadêmicos. Sem ser visto como parceiro em potencial, mas como "inteligente", adquiri – na visão deles – um *status* respeitável que, com o passar do tempo e o aprofundamento dos diálogos, também ganhou confiança. Assim, graças ao consentimento deles, passei a acompanhar suas histórias pessoais, com ênfase para a forma como vivenciavam suas relações com outros homens, sempre criadas por meio do uso de mídias digitais.

Meus interlocutores que tinham parceira ou se compreendiam como heterossexuais afirmaram que, se não fosse pela internet, não teriam se envolvido com outros homens. A recusa em frequentar espaços de interação homossexual era comum. O conhecimento eventual de uma boate gay tinha sido na companhia da namorada mulher e colegas de trabalho, portanto de forma que sua heterossexualidade se manteve resguardada, ou alguma experiência da qual se recordavam com desapontamento e desprezo. Neste último caso, associaram o local visitado – boate ou bar – a um espaço em que formas diversas de marginalidade como tráfico de drogas e prostituição confluíam, tornando-o reprovável e indesejável em relação aos que costumavam frequentar em seu círculo de socialização heterossexual, idealizado em suas falas como supostamente mais "familiar" e puro.

O uso dos bate-papos, dos sites de anúncios de parceiros e, após 2010, também dos aplicativos, era feito principalmente para a busca de sexo sem compromisso, inclusive – como eles mesmos percebiam – entre muitos que afirmavam, em seus perfis, não buscarem ou até desprezarem o que passaram a chamar nos últimos anos de "*fast*-foda", termo que associa o sexo sem compromisso a refeição rápida. As frases negativas sobre busca sexual sem compromisso expressam anseios de distinção moral dentro das plataformas, nas quais as interações tendem a ser sexualizadas e – mesmo sem trocas financeiras – regidas pela lógica do mercado do sexo.

Não tive acesso à vida familiar, tampouco contato com as eventuais parceiras mulheres ou mesmo com os amantes homens, de meus interlocutores, portanto só pude contar com seus relatos e evidências no intuito de reconstituir o quadro completo de suas vidas. O contato contínuo e relativamente longo pelas mídias, por telefone e em encontros face a face permitiu reconstituir partes não explicitadas de suas histórias. Elementos como uma foto em família mostrada no celular ou um encontro inesperado com o interlocutor acompanhado de sua namorada ou companheiro em um restaurante, bem como a observação de suas interações no Facebook, contribuíram para a investigação. É importante observar que todas as fontes – direta ou indiretamente – fornecidas no contato com os interlocutores foram tratadas de forma a preservar o compromisso ético de mantê-los no anonimato.

Os nomes de meus interlocutores foram trocados neste livro. Suas descrições físicas e dados socioeconômicos mais importantes foram preservados, mas sempre de maneira a inviabilizar (ou, ao menos, dificultar ao máximo) seu reconhecimento por conhecidos que venham a ter contato com esta obra. Dado o número de anos que se passou desde a observação on-line e sua redação – tempo suficiente para que os usuários saíssem da plataforma estudada ou modificassem seus perfis –, considerei seguro manter apenas os apelidos usados que se revelaram fundamentais para a análise sociológica, desde que não constituíssem nome pessoal ou característica inextricavelmente associada a apenas uma pessoa em particular. Não reproduzo imagens com o objetivo de preservar o anonimato dos usuários, respeitar os direitos autorais individuais e das plataformas comerciais em que são exibidos, além de enfatizar o poder analítico que a descrição do imagético carrega.

São Francisco (EUA)

Em 2013, de forma associada à pesquisa desenvolvida no contexto paulistano com financiamento do Conselho Nacional de Desenvolvimento Científico e Tecnológico (CNPq), recebi apoio da Fundação de Amparo à Pesquisa do Estado de São Paulo (Fapesp) para investigar o contexto de São Francisco, cidade da Califórnia com uma das comunidades gays mais importantes do mundo, além de centro de uma região em que muitas dessas tecnologias foram criadas e seu uso era ainda mais massivo. De janeiro a agosto do referido ano, pude me devotar integralmente à leitura de vasta bibliografia sobre as relações entre a disseminação das tecnologias digitais e as mudanças econômicas no trabalho e no espaço urbano, o que meu trabalho etnográfico na cidade da Costa do Pacífico corroborou, contribuindo para descobertas que, em São Paulo, não seriam possíveis. Entre nós, as mídias e seus usos foram ressignificados a partir da realidade da maior metrópole brasileira, enquanto em São

Francisco as tecnologias são locais e seu desenvolvimento é mais relacionado à história e às transformações econômicas e sociais norte-americanas do que parece à primeira vista, especialmente se alguém começa a pesquisar a partir de seus usos em outro contexto nacional.

Enquanto no Brasil, no final de 2007, iniciei minha etnografia pelos bate-papos, nos Estados Unidos, já em 2013, tive que direcioná-la para as plataformas que tinham se tornado as mais populares: os aplicativos de busca de parceiros. Aplicativos são programas disponíveis nas lojas on-line em versões gratuitas ou pagas, as mais completas. Para começar a usá-los, a pessoa os instala em seu dispositivo, cria um perfil com foto e passa a visualizar os outros usuários de acordo com a distância em que se encontram. Graças ao GPS, os aplicativos podem mostrar quão próximo alguém está de parceiros em potencial. A interface dos aplicativos costuma ser a da exposição de um conjunto de fotos, cada uma de um usuário. Ao tocar na foto de alguém, é possível ler seu perfil com dados como idade, altura, peso, autodescrição e que tipo de pessoa procura. Também há como mandar mensagens privadas para cada usuário e, caso ambos queiram, marcar um encontro pessoalmente.

O primeiro aplicativo desse tipo foi o Grindr, criado em 2009 por Joel Simkhai, um empresário de 38 anos, nascido em Israel, mas baseado em Los Angeles, cidade conhecida por "não ter centro", ou seja, por ser espalhada e sem pontos de referência para a sociabilidade cotidiana em espaços públicos. Segundo Simkhai, em uma de suas entrevistas, o aplicativo surgiu por causa da questão: "como encontro outros gays?". O Grindr foi sua resposta tecnológica para uma problemática que, para outros homens e em outros contextos, serviu a diferentes propósitos e reapropriações.

Em pesquisa sobre o uso do Grindr no contexto de Los Angeles, Rice *et al.* (2012) quantificaram as principais razões apontadas para seu uso. A principal razão foi porque permite manipular e revelar a identidade sexual de forma personalizada

(22,23%), e a segunda foi a segurança e a conveniência (21%).[54] Algo que reconheci, em termos qualitativos, na maioria de meus interlocutores e não apenas no uso do aplicativo citado. Nos Estados Unidos, a segmentação é maior do que no Brasil, e há aplicativos para os mais variados públicos. Em comum, a grande maioria dos meus entrevistados os definia como mecanismos facilitadores do *hookup,* a já mencionada expressão norte-americana para descrever encontros sexuais eventuais e sem compromisso, frequentemente rápidos e efêmeros.

Decidido a travar contato com homens gays, já que eles foram os primeiros a utilizar as mídias digitais em busca de parceiros amorosos, criei perfis nos aplicativos mais usados (Grindr, Hornet, Scruff e Jack'd), assim como em dois desenvolvidos a partir de antigos sites de anúncio de busca de parceiros (Manhunt e Adam4Adam). De forma muito distinta da entrada no campo paulistano, feita a partir da textualização nos bate-papos, em São Francisco tive que me corporificar em uma plataforma que operava de forma similar à dos antigos sites de anúncios de busca de parceiros. O perfil era a via de entrada obrigatória, basicamente uma foto, alguns poucos dados corporais e uma descrição.

O objetivo de um perfil nos sites e aplicativos é captar o olhar dos outros usuários em um contexto competitivo de paquera. Nos voltados para gays há predomínio de fotos do corpo, as fotos – devido aos já mencionados acordos legais entre as empresas – não podem mostrar nada abaixo do umbigo, nem conter poses ou imagens classificáveis como pornográficas. Por isso é notória a profusão de fotos que mostram homens sem camisa, algumas enquadrando apenas

---

[54] A maior parte da bibliografia internacional – especialmente em língua inglesa – envolvendo pesquisas sobre o uso de plataformas digitais para a busca de parceiros tende a se relacionar com pesquisas na área de saúde, em especial as vinculadas a interesses epidemiológicos que associam o uso dessas tecnologias com o risco de contrair e/ou disseminar DSTs. O enquadramento normativo e moralizante dessas investigações torna-as fontes pouco afeitas a uma compreensão propriamente sociológica e histórica da sexualidade.

peitos, abdomens e bíceps, outras apenas a parte inferior do rosto destacando a barba, cavanhaque ou o sorriso, e menos frequentes as imagens apenas de rosto ou com o usuário em uma roupa do cotidiano. Meu objetivo era parecer simpático sem me erotizar, explicitar meu intuito de pesquisa evitando sisudez. Assim, escolhi uma foto que me mostrava em jeans e camiseta, sentado e sorrindo em uma calçada de Los Angeles. O perfil escrito apenas apresentava minha altura, não mencionava idade ou peso, e apresentava a seguinte descrição: "Richard. Sociólogo brasileiro desenvolvendo pesquisa sobre os usos de mídias digitais. Quer conversar sobre isso? Mande-me mensagem".

Temi não ter boa acolhida, porque era a primeira vez que usava um perfil que me corporificava para iniciar a interação com os pesquisados. Minha condição de pesquisador estrangeiro poderia afugentar contatos ou não despertar confiança, mas – para minha surpresa – o efeito foi o contrário. Minha aparência física, loiro arruivado de olhos claros, foi recebida como familiar no contexto norte-americano e minha origem brasileira me tornava simpático. A branquitude era valorizada no mercado relacional on-line de São Francisco, uma cidade com maioria de não brancos, especialmente chineses e latinos, mas na qual predomina a imagem do homem branco na mídia gay. Vários de meus interlocutores não brancos na cidade me diziam "você é branco, mas é brasileiro", uma forma de expressar que se sentiam à vontade em conversar comigo. A condição de intelectual fazendo pesquisa despertava curiosidade e – muitas vezes – demanda de comprovação, mas, depois que eu apresentava provas como meu currículo on-line ou detalhes sobre minha formação e experiência profissional, seguiam-se muitas conversas profícuas.

Usando aplicativos para celular e *tablet*, conheci mais de uma centena de homens, e entrevistei em profundidade (por cerca de três horas) 23 deles, ao menos uma vez. Além disso, consegui manter contato contínuo com três desses homens, acompanhando suas vidas por períodos que foram de três a cinco meses. De forma geral, a incursão etnográfica passou a articular a observação mediada a face a face em uma dinâmica que considero ser mais bem definida como "observação acompanhante", dado o fato de que não "participei", mas acompanhei a vida de meus interlocutores na pesquisa durante alguns meses.

Busquei encontrar-me pessoalmente com todos os que se disponibilizaram a dar entrevista, encontrando-os sempre em local público. Em grande maioria, os entrevistados foram homens entre 24 e 40 anos, profissionais vinculados à nova economia (não apenas às empresas de tecnologia, mas também aos novos ramos de *nonprofit*, serviços especializados, etc.), com formação universitária, muitos deles pós-graduados vindos de diferentes partes dos Estados Unidos para trabalhar na Bay Area. Em contraste com meu campo paulistano, todos se relacionavam apenas com outros homens e se definiam, segundo os termos locais, como gays assumidos (*out of the closet*). Ainda que, como pude constatar, assim como os paulistanos, negociassem a visibilidade de seu desejo de acordo com o contexto e a pessoa com quem interagiam.

Todos os colaboradores da pesquisa relataram usar sites de busca de parceiros amorosos e sexuais, bem como aplicativos para *smartphones*, nos mesmos equipamentos que usavam para o trabalho, o que leva a aventar a hipótese de que o uso das plataformas de busca de parceiros on-line se deu como uma espécie de válvula de escape do heterossexismo dos ambientes de trabalho. Fato que me levou, nas entrevistas e na observação acompanhante, a não focar apenas em suas vidas amorosas e sexuais, mas também sua relação com as transformações no trabalho, no lazer e nas formas de sociabilidade.

Em São Francisco, a busca de parceiros por mídias digitais sucedeu e substituiu historicamente o antigo *cruising* que caracterizou a prática do flerte entre homens de outras gerações, em especial os nascidos até a década de 1950, os quais tinham como principal alternativa paquerar em bares, boates ou em locais públicos. O uso das mídias digitais pode ter sido priorizado não apenas pela sua característica facilitadora dos contatos, mas principalmente por permitir filtrar as pessoas com quem interagir. É possível reconhecer o caráter higienizador dessa funcionalidade, que aloca o usuário na condição de selecionador, portanto daquele que elege os aptos a se relacionar com ele, recusando ou até mesmo bloqueando os indesejáveis, frequentemente os de origem social, econômica, racial ou com comportamento e estilo de vida incompatíveis com seus próprios padrões.

Ao criar um espaço de paquera centralizado on-line, acessível inclusive a partir de casa, do trabalho ou da universidade, as mídias digitais incentivaram formas de segmentação, seleção de parceiros e até mesmo graus diversos de "envolvimento" em um espectro que, no campo em São Francisco, englobava desde o mais popular sexo anônimo e sem compromisso (*no strings attached*, a sigla NSA) do antigo *cruising*, a busca de *fuck buddies* (amigos para transar, algo similar ao PA no Brasil, "pau amigo", expressão que designa alguém com quem se pode ter sexo, mas com quem raramente desenvolveria um relacionamento), o *friends with benefits* (amigos com benefícios, espécie de amizade que inclui sexo ocasional),[55] até os mais raramente buscados *dates* (encontros românticos) ou LTR (sigla de *long-term relationship*, "relacionamento sério").

Parecia predominar a busca do sexo sem compromisso, o que exige ir além dos julgamentos moralizantes para compreender o papel desse tipo de contato relativamente anônimo na vida de homens que foram marcados pelas históricas barreiras e restrições sociais abordadas no capítulo anterior, as quais, em graus variados, ainda moldam suas experiências amorosas. A demanda de ser discreto ou parecer heterossexual na maior parte dos contextos que envolvem trabalho, família

---

[55] No Brasil, a figura do "amigo ou amiga com benefícios" costuma ser mais associada à do ex-companheiro ou companheira, ou seja, da antiga parceria amorosa.

e espaços de educação torna a condição de solteiro/sem par atraente e até premiada.

A incerteza ou a suspeita de homossexualidade ainda pode ser menos problemática do que a certeza e a comprovação que um parceiro tornaria inevitável. Homens que buscam parceiros do mesmo sexo ainda tendem a ser incentivados a manter presumida heterossexualidade para ter melhor aceitação em certos espaços, o que pode ser viabilizado pela manutenção de casos eventuais e sem compromisso. O controle sobre o grau de envolvimento é algo particularmente precioso para a maioria dos usuários que conheci, os quais valorizam sua independência, frequentemente conquistada a duras penas em processos dolorosos de assumir-se, distanciar-se de suas famílias ou manter suas vidas sexuais em segredo.

Não fiz um estudo geracional contrastivo, mas é possível aventar a hipótese de que a busca do sexo sem compromisso pode se relacionar a uma faixa etária de usuários ainda em processo de consolidação profissional. Dada a centralidade do trabalho e da independência financeira para sujeitos que vivem suas vidas sexuais em desacordo com as expectativas familiares, é compreensível que adiem relações mais longas e estáveis para quando tiverem maior estabilidade. Hipótese que aproxima meus interlocutores do comportamento similar ao observado recentemente em contextos heterossexuais norte-americanos por sociólogos como Michael Kimmel (2008) e Eva Illouz (2012), ou seja, de que as pessoas parecem estar adiando indefinidamente relações mais longas e/ou estáveis.

Segundo Kimmel, a diminuição dos encontros e dos namoros tem a ver com o ritmo e as demandas da vida da maioria dos norte-americanos. Nas palavras de um de seus entrevistados, um jovem heterossexual recém-graduado:

> Namorar é um desperdício de energia e intelecto, e nós estamos cheios de trabalho, com a agenda cheia e com muitos compromissos apenas tentando entrar na pós-graduação. Pense apenas em casar-se, é raro que alguém colocaria... queira colocar relacionamentos à

frente da vida acadêmica e do futuro. Nem sei se relacionamentos são vistos como parte dessa ideia toda de "futuro" (KIMMEL, 2008, p. 201).

Reflexão similar ouvi de muitos de meus interlocutores. Mesmo os com pós-graduação e empregados por companhias poderosas afirmaram viver sob a tensão e incerteza sobre seu trabalho. Suas vidas sexuais marcadas por relações sem compromisso ou – ao menos – em série pode parecer, aos olhos de gerações marcadas pelos imperativos (heterossexuais) do casamento e da constituição de famílias, como definidas pelo que alguns sociólogos como Edward Laumann *et al.* (2000) denominaram de "ética sexual recreativa", interpretação originada pela efetiva ampliação dos parceiros e intensificação da vida sexual das novas gerações, mas que desconsidera as dificuldades enfrentadas para manter relações mais estáveis, em especial com pessoas do mesmo sexo.

Considero mais acurado compreender que a priorização histórica de relações sem compromisso por parte de homossexuais hoje é também indissociável da instabilidade profissional e a consequente maior incerteza sobre o futuro, principalmente depois do início da longa crise econômica que se iniciou em 2007 e, em 2013, ano em que desenvolvi minha etnografia em São Francisco, ainda era sentida em suas consequências nas vidas cotidianas de muitos de meus interlocutores. A crise econômica se associava a uma profunda gentrificação da cidade, o que a tornava cada vez mais cara para aqueles que não se beneficiavam diretamente da economia tecnológica.

O regime erótico on-line

Uma constante, tanto no campo paulistano como no desenvolvido em São Francisco, foi a constatação de meus interlocutores de que eles – desde que entraram on-line – parecem estar em uma busca sem fim pelo melhor parceiro. A socióloga Eva Illouz considera que: "Nenhuma tecnologia que eu conheça radicalizou de forma tão extrema a noção do indivíduo como 'selecionador' e a ideia de que o encontro romântico deveria ser o resultado da melhor escolha possível. Ou seja, o encontro virtual é literalmente organizado dentro da estrutura do mercado" (2006, p. 7).

Essa constatação tendia a se tornar uma crítica na análise que alguns de meus entrevistados faziam de usuários que afirmavam estar, em seus termos, "eternamente on-line". Diziam reconhecer nos aplicativos perfis de homens que já haviam visto anteriormente nos sites e com os quais haviam conversado eventualmente, uma década antes, nos velhos bate-papos. Essa memória de alguns usuários às vezes os levava a pensar sobre as razões que os mantinham – assim como os que mencionavam – sempre na busca por alguém.

O bom número de homens comprometidos (com mulheres ou homens) nos sites e aplicativos corroboram como a busca de parceiros mantém-se até mesmo quando o usuário já encontrou alguém fixo, o que leva à hipótese de que, mais do que encontrar uma pessoa, o que as plataformas de busca proporcionam de mais excitante é justamente a busca. Ela em si mesma é bastante valorizada, quer leve a encontrar um parceiro ou não. O sentimento de agência desejante – de estar em um espaço em que se pode ser desejado assim como tentar conquistar outrem – é prazeroso e gratificante para aqueles que, no cotidiano moldado pela premissa heterossexual, são obrigados a apagar seu desejo e nem mesmo são reconhecidos como desejáveis por quem os atrai. Além disso, a busca por parceiros – que alguns definem como uma "caça" (*hunt*) – é uma experiência virilizante, já que a predação sexual costuma ser um dos atributos da masculinidade. No caso de homens que buscam parceiros do mesmo sexo, buscar parceiros os "viriliza", contrapondo-os ao estigma histórico do "afeminamento" culturalmente associado a eles.

A pergunta sobre o que alguém busca nos bate-papos, sites e aplicativos tendeu a ser respondida pela grande maioria de meus interlocutores de maneira direta e uníssona: "sexo".

Aos poucos, em conversas mais aprofundadas e relatos pessoais, a busca apenas por sexo tendia a ser secundarizada por outros desejos menos óbvios, mas não menos poderosos. Entre eles, destaco a busca por reconhecimento desejante associado a um reconfortante sentimento de normalidade e adequação social. Isso ajuda a compreender a existência de muitos critérios e exigências em uma busca que seria simplesmente por satisfação sexual imediata, a qual – caso fosse sexo puro e simples – poderia ser obtida com qualquer um. "Com qualquer um não!", replicavam enfaticamente à questão, que eu apresentava logo após perguntar sobre o que os homens buscam on-line.

Suas próprias falas favoreciam meu intuito de desenvolver uma sociologia do desejo que reconhece os desejos individuais como moldados por acesso desigual a direitos, cidadania e, no caso de meu campo, até mesmo ao afeto, ao sexo e ao amor. Assim, em 2012, tentando mapear os critérios de busca mais acionados na rede desejante que delimitava meu campo etnográfico, pedi a meus entrevistados paulistanos que descrevessem ou apontassem os perfis de homens que consideravam atraentes. Alguns apenas descreveram o parceiro ideal como "macho" ou discreto, características que consideravam essenciais e às quais associavam outras como juventude e independência financeira. Outros se referiram a perfis on-line em sites populares no contexto paulistano na época, como o Manhunt e o Disponivel.com. Entre os perfis citados por eles, dois se destacaram, o que me levou a analisá-los mais detidamente.

O primeiro era o perfil de um homem de 28 anos que se apresentava como "Dotado Sarado". Ele descrevia a si mesmo como "macho, bem-dotado, 1,93 m, 103 kg, musculoso 12%", sendo que a porcentagem se referia ao grau de gordura corporal em seu corpo. Nas fotos que postava – quase todas sem camisa na praia –, assim como em sua descrição mais detalhada, era perceptível que buscava se apresentar de forma modelar como gay de classe alta inserido em um circuito internacional de consumo. "Dotado Sarado" definia a si mesmo como um ativo dominador, oferecia informação sobre o tamanho do seu pênis, mas observava que não gostava de penetrar outros homens.

O segundo perfil mais referido por meus interlocutores era o de um homem de 39 anos que se apresentava da seguinte forma: "SOU UM GARANHÃO MADURO E TRANQUILO...QUER EXPERIMENTAR?". Ele era um homem branco e alto (1,84 m), aparentemente musculoso, com peito peludo e cuja descrição iniciava com o seguinte alerta: "NÃO SOU mais um puto da internet, apesar de eu estar aqui". Ele se definia como ativo e afirmava buscar um relacionamento no qual ele pudesse ser "um bom marido".

O perfil do jovem de 28 anos era mais sexualizado e não fazia menção ao desejo de um relacionamento, enquanto o do de 39 anos mistura apelo sexual e afetivo na busca por um parceiro. O que ambos tinham em comum era uma ênfase em sua própria masculinidade e no desejo por parceiros que fossem igualmente masculinos. Ambos enfatizavam seu papel ativo na intimidade e, entre suas preferências, listavam discreto/hétero/bi. Também eram razoavelmente bem-sucedidos em uma espécie de "purificação": Dotado Sarado enfatizava que não era usuário de drogas, e o outro que não era "um puto de internet". Os perfis eram bem-sucedidos em se distanciar de estereótipos prevalecentes na sociedade brasileira, a qual associa homossexualidade a "afeminamento" e "promiscuidade".

A promiscuidade tendia a ser associada a uma posição passiva na relação sexual – a qual tendia a ser feminilizada –, enquanto o comportamento sexual predatório, associado a uma posição ativa, era visto como um atributo viril. A valorização do parceiro penetrador ajuda a compreender a profusão de perfis de "ativo procurando ativo" e a inexistência de passivos que buscassem similares. A posição ativa era altamente valorizada e associada a homens que também se relacionam com mulheres, portanto se distanciando – de certa maneira – da desqualificada homossexualidade.

Tudo indica que a autoapresentação como homens que, a despeito de buscarem parceiros homens, estavam mais próximos da conformidade a noções socialmente reconhecidas e desejadas de masculinidade era seu grande atrativo. Apesar disso, sua presença "perene" on-line diminuía sua credibilidade. Seus perfis atraíam interesse, mas também curiosidade e suspeita sobre sua autenticidade. Entre os comentários negativos que ouvi de meus entrevistados, dois foram os mais frequentes: o de que os perfis seriam, respectivamente, de um "gay promíscuo" e de "um homem com problemas". No primeiro caso, o estilo de vida e o tipo corporal "excessivamente" malhado eram associados com um comportamento sexual repreensível; no segundo, em que um perfil mais romântico tornava o usuário moralmente aceitável, a suspeita era de que se tratava de alguém incapaz de se relacionar off-line.

Especular sobre a veracidade dos perfis pode ser um exercício estéril e discutível de comparar o grau em que a autorrepresentação on-line e a "realidade" face a face corresponderiam. Nancy K. Baym bem observou que, na construção de perfis on-line, "algumas vezes, ser enganoso é mais por apresentar seu eu ideal do que um fictício" (2010, p. 118). No âmbito de uma pesquisa sociológica, considero mais relevante e produtivo explorar os ideais e temores que guiaram a criação dos perfis e, especialmente, a forma como eles foram "lidos" por meus entrevistados. Apesar das ironias de meus informantes com relação à profusão de perfis de usuários que afirmavam morar em bairros ricos que faziam parte de um segmento luxuoso de consumo e entretenimento – como os Jardins, Higienópolis e Vila Olímpia –, os perfis destacados eram justamente de moradores dessa região. O "afeminamento" e comportamentos considerados marginais como "uso de drogas" também eram exorcizados por eles.

De forma sintética, em São Paulo, era flagrante a preferência por homens que moravam em bairros afluentes, que "passavam por hétero" e exibiam sinais de uma posição social hegemônica, ou seja, socialmente reconhecida a partir dos valores dominantes. Para meus interlocutores, o hegemônico é atraente, o que faz repensar o que compreendemos como desejo e mesmo regime erótico. Em vez de um sistema dado ou natural que conecta indivíduos a partir de interesses privados ou íntimos, sugiro que podemos refletir sobre regimes eróticos como históricos, culturalmente variáveis e localizados, e também influenciados (ou mesmo definidos) por valores e interesses coletivamente compartilhados.

Regimes eróticos, portanto, se revelam mais importantes do que as teorias sociais reconheceram até hoje. Eles não deveriam ser tomados como *tabula rasa* a partir da qual sujeitos autônomos buscam constituir relações – um ponto de vista no qual se baseou e ainda se criam os estudos sobre minorias sexuais. Nesse sentido, e sob a perspectiva dessa investigação conduzida, em São Paulo, com homens de nível educacional superior, brancos, de origem em famílias católicas, é possível esboçar um diagrama que sintetiza o regime erótico no qual se inserem e que delimita as redes que constroem em sua busca on-line por parceiros.

A Tab. 1, a seguir, dividida esquematicamente em "aparência física", "origem socioeconômica" e "comportamento/valores", só tem validade em relação à realidade paulistana no período em que desenvolvi a etnografia. Esses dados precisam ser associados de forma crítica e dinâmica aos demais dados sobre o campo. As colunas da direita constituem o "ideal" acionado por meus interlocutores em suas buscas por parceiros amorosos por meios de bate-papos e sites de anúncio de parceiros entre 2007 e 2012. A coluna do meio busca indicar como os usuários negociavam entre o ideal já mencionado e o que encontravam. A coluna da esquerda busca condensar as características mais comumente rechaçadas ou evitadas pelos sujeitos que participaram da pesquisa.

Tabela 1 – Regime erótico on-line: homens de classe média e alta de São Paulo com idades entre 30-45 (2012)

−		+
Aparência física		
Feminilidade		Masculinidade
Assumido	Discreto	"Passa por hétero"
Mais velho		Jovem
Passivo	Versátil/flex	Ativo
Gordo/muito magro	Normal/em forma	Sarado/musculoso
Origem socioeconômica		
Pobre	Classe média	Elite
Desempregado	Profissões tradicionais	Empresário
Ensino básico/secundário	Nível universitário	Capital cultural
Bairros afastados	Centro	Bairros de elite
Origem no Norte/Nordeste	Local/interior	Estrangeiro/Sul do Brasil
Comportamento/valores		
Parceiros Múltiplos/promiscuidade		Monogamia/predação sexual
Iconoclastas morais		Valores "familiares"
Drogas/fumo	Bebida	Saudável

Fonte: Elaboração própria.

Tomada de forma articulada e situada, a Tab. 1 auxilia a visualizar o que chamo de regime erótico e que aqui foi construído por meios técnico-comunicacionais na forma de uma verdadeira rede de desejos. Em uma perspectiva sociológica, um regime erótico deve ser distinguido claramente de concepções do senso comum ou mesmo baseadas em teorias psicológicas que não levam em consideração os determinantes culturais e históricos do desejo. Essas concepções e suas premissas naturalizam a esfera erótica associando-a desejos predominantemente ou apenas originados no indivíduo, o que as leva a caracterizar de forma fixa e intransitiva os sujeitos, atribuindo a eles uma identidade sexual e um comportamento refratários à transformação com o tempo e a cultura.

No caso do regime erótico em questão, criado em rede pelos próprios sujeitos, portanto produto histórico e social da vida na maior cidade brasileira, é flagrante que o ideal que direciona a busca de meus interlocutores é o de um parceiro ajustado socialmente, em especial no que se refere à capacidade de vivenciar seus desejos por outros homens sem que seja reconhecido como homossexual. Em suma, o parceiro ideal "passa por hétero".

As "entrevistas" dos bate-papos, os mecanismos de busca dos sites de anúncios e os filtros dos aplicativos revelam outro importante atrativo da procura por parceiros pelas plataformas on-line. A despeito das suas diferenças, todos confluem em uma funcionalidade que aloca o usuário na atraente condição de quem teria o controle total da seleção que permitiria encontrar seu parceiro ideal. O controle é uma sensação altamente desejável para homens que temem as consequências da eventual descoberta, por conhecidos, parentes ou colegas de trabalho, de que buscam sexualmente outros homens.

O que não ocorre sem outros desafios e até frustrações, já que os demais usuários disputam o mesmo controle no flerte on-line demandando saber e ver mais o parceiro em potencial do que se expor ou se mostrar. Trata-se de uma negociação difícil e que, muitas vezes, termina em um embate e no bloqueio do interlocutor. Desde a era dos bate-papos até os aplicativos atuais é comum que usuários busquem contato e até encontros demandando mais informações do que têm e até mesmo sem mostrar o rosto. O acesso individualizado e anônimo permite esse comportamento que evocava críticas de alguns interlocutores como a de ser típico de indivíduos autocentrados.

Esse comportamento talvez derive principalmente do caráter impessoal e técnico da via comunicacional on-line, na qual o usuário é alocado em uma posição aparentemente privilegiada, em que pode agir como se o interlocutor devesse atender às suas demandas sem reciprocidade. A falta de regras comunicacionais explícitas, especialmente para os usuários menos experientes, soma-se também à ausência de consequências para um comportamento que, face a face, provavelmente não ocorreria devido ao contexto interativo mais explícito, assim como a certeza de repreensões morais das quais não seria possível fugir por meio de funcionalidades como "bloquear" ou "deletar" o interlocutor.

A esse aspecto técnico-comunicacional vale associar a forma como Sharif Mowlabocus (2010, p. 103-106) discute as interações e a troca de confiança entre indivíduos cuja premissa pode ser a da autopreservação, portanto levando a uma cautelosa troca de informações e – ainda mais – de imagens, sobretudo do rosto. Mostrar a própria face é um índice de confiança no interlocutor, assim como do grau em que alguém está disposto a assumir uma posição desejante homossexual. Isso varia, envolve negociação e, como observei, tende muitas vezes a ser evitado.

O uso constante dessas tecnologias pode, à primeira vista, parecer manter a pessoa em uma busca longa que raramente chega ao resultado esperado. No entanto, uma análise mais acurada levaria em conta que buscar a partir de critérios relativamente exigentes é um exercício subjetivo que faz o sujeito sentir-se "separando o joio do trigo" e, indiretamente, "limpando-se" das características negativas que nossa sociedade ainda associa ao desejo sexual por uma pessoa do mesmo sexo. O resultado da busca com critérios altos pode não ser o parceiro ideal, mas um sujeito satisfeito com sua própria seletividade, prova de seu caráter e retidão moral.

Outro resultado da busca pela constante seleção dos contatos vai além dessa já positiva autossatisfação moral: a criação de uma rede de socialização individualizada, portanto que atende à maioria dos critérios e interesses de cada um. Realidade contemporânea impensável para gerações anteriores, e sobre a qual ainda mal começamos a refletir. Se, no passado, em um contexto marcado por laços fortes, as pessoas podiam conhecer poucos parceiros em potencial e interagir face a face com eles negociando seus interesses, atualmente – por meios digitais – podem expandir seus contatos e interagir por meio de filtros e funcionalidades como a de bloquear ou deletar, tecendo grandes redes marcadas, predominantemente, por laços fracos, ou seja, mais fáceis de romper.

De qualquer forma, essa promessa tecnológica da criação de uma ampla rede de desejos não pode ser cumprida em qualquer contexto social. Os sites e aplicativos parecem funcionar melhor em São Francisco, e lá as opiniões que colhi sobre eles foram mais positivas do que no contexto paulistano. Há várias razões para isso, como a de que lá os usuários encontram condições mais seguras e democráticas para se socializarem do que em São Paulo. A tecnologia é a mesma, mas em São Francisco ela é mais barata, mais bem disseminada e encontra um terreno mais propício para "funcionar". Terreno que envolve tanto um perímetro urbano mais afeito à mobilidade, com bom transporte público, assim como mais seguro. Além desse contexto urbano acessível e menos marcado pela violência urbana paulistana, é fundamental ter em mente a relativa aceitação das homossexualidades nos espaços públicos de São Francisco.

A maior satisfação com os aplicativos também se deve ao fato de que, para um perfil de usuário de classe média, há um número muito maior de pessoas que atendem a critérios comumente valorizados em buscas por parceiros. Em comparação com outras cidades, São Francisco provê aos aplicativos amostras significativamente maiores de pessoas com perfil "desejável", ou seja, com características como nível universitário e economicamente independentes, já que critérios socioeconômicos são mais acionados nas buscas do que possa parecer à primeira vista, e definem fortemente outros mais lembrados ou trazidos ao discurso, como o "*sex appeal*". Na pesquisa no contexto paulistano, constatei que os usuários classificam como "interessantes" pessoas com nível socioeconômico e cultural similar ao seu. A própria "beleza" ou "*sex appeal*" atribuídos a certos perfis estão diretamente associados a características de classe, que tornam atraente o que é familiar e, portanto, desejável.

Por fim, entre os fatores que permitem aos aplicativos proporcionarem o que prometem, deve-se mencionar o contexto cultural norte-americano, marcado pelo culto ao indivíduo e respeito às escolhas individuais. No caso delimitado pelos usuários relativamente assumidos (*out of the closet*, "fora do armário") com os quais convivi, ainda que valorizem seu trabalho e mantenham relações diplomáticas com suas famílias, há clara priorização da vida pessoal, em que as relações amorosas e, cada vez mais, as sexuais ganham foco. Isso em um contexto não apenas estruturalmente mais seguro, mas também culturalmente mais liberal no que toca à prática do *hookup*, a qual incentiva e "normaliza" a experimentação sexual. Em suma, a efetividade dos aplicativos se deve mais a fatores externos às plataformas do que a eles mesmos.

Na sociedade brasileira, muito mais desigual do que a norte-americana, mesmo em São Paulo, metrópole relativamente rica, há menos pessoas com perfis desejáveis ou próximos dos idealizados pela maioria dos usuários. Os poucos que se aproximam do ideal tendem a se relacionar entre eles seguindo a dinâmica de uma sociedade historicamente classista e que, na era das relações em rede, encontra um aliado tecnológico para reforçar o fechamento e exclusividade de seus estratos mais altos. A despeito desse profundo recorte de classe, a desigualdade imposta pela hegemonia heterossexual afeta transversalmente a todos, o que exige um exercício cotidiano dos sujeitos para vivenciarem seus desejos sem sofrer retaliações sociais.

As reclamações dos paulistanos sobre os meios digitais de busca de parceiros parecem paradoxais já que, a despeito das críticas e relatos das dificuldades em encontrar alguém como se procura, a grande maioria nem pensa em abandoná-los. Ainda que o discurso seja o da busca de parceiros, o uso efetivo dessas plataformas comunicacionais foi feito por eles, desde o princípio, com outro objetivo: manter uma imagem pública – efetiva ou presumidamente – heterossexual. Nesse sentido, as mídias digitais têm se provado relativamente eficientes.

No próximo capítulo, a partir das experiências de dois interlocutores, um paulistano e outro sanfranciscano, exploro como muitos outros homens usam as mídias digitais tentando negociar seus desejos com a expectativa social de que mantenham suas relações homossexuais em relativo segredo ou discrição.

3. Negociando visibilidades

São seis horas da tarde em um típico dia de inverno paulistano e chego ao café para encontrar Bruno. Conhecendo-o apenas pela internet temo ter dificuldade em reconhecê-lo pessoalmente ou confundi-lo com outra pessoa, mas assim que me sento em uma mesa mais isolada vejo-o entrar. Ele me reconhece também e vem em minha direção. O primeiro contato é acanhado, um pouco constrangido, mas quebramos o gelo fazendo o pedido para a garçonete, depois com algum comentário sobre o dia frio. Assim como os outros sujeitos em minha etnografia paulistana, Bruno tem mais de trinta anos, é branco, de classe média e com nível universitário. Descendente de italianos, nasceu em uma família católica do interior, mas já morava há cerca de cinco anos em São Paulo quando o conheci.

Ele comenta que sou exatamente como imaginava, e eu retribuo a observação. "Muita gente é diferente ao vivo, e quando o encontro tem segundas intenções é muito decepcionante", acrescentou ele, rindo. Não era o caso ali, depois de mais de um mês de contato on-line Bruno sabia meu nome completo, onde trabalho, que era sociólogo e pesquisava o uso de mídias digitais por homens que, como ele, levavam uma vida social e familiar hétero, mas – em segredo – mantinham relações amorosas e/ou sexuais com outros homens. Em meio a um contexto conturbado em que mantinha uma namorada enquanto saía com um rapaz, Bruno passou a confidenciar a mim suas incertezas e seus dilemas morais, de forma que, naquele fim de dia de 2010, quando nos encontramos pela primeira vez pessoalmente, já sabíamos muito um do outro.

Pergunto se ele está melhor, já que uma das razões para ter aceito me conhecer pessoalmente tinha sido sua necessidade de "dividir com alguém" a sensação de pressão constante sob a qual estava vivendo. Ele diz que está "levando", e que nossas conversas lhe têm feito bem. Agradeço e reforço o compromisso de manter seu anonimato. Assim começamos uma longa conversa, em que ele me contou sobre como saía apenas com mulheres até que, por meio da internet, começou a marcar encontros com outros homens no final da década de 1990. Faz isso desde então, namorando abertamente apenas mulheres, mas intercalando ou associando a essas relações conhecidas por familiares e colegas de trabalho casos esporádicos – ou mesmo duradouros – com outros homens.

Bruno tenta ser monogâmico com suas namoradas, as quais – de um "jeito diferente" – diz gostar e respeitar. Ao mesmo tempo, diz sentir atração por outros homens, a qual expressa apenas em segredo porque vem de uma família tradicional e tem uma profissão conservadora. Inicialmente, ele diz que buscava sair com caras apenas entre um relacionamento e outro, mas que nem sempre consegue separar as coisas. Mesmo namorando uma mulher, ele buscava também rapazes, mantinha perfis em sites de busca de parceiros do mesmo sexo e, na época, também usava bate-papos gays e bissexuais, os quais dizia ter começado a associar ao uso de aplicativos geolocalizados como o Grindr em seu *smartphone*.

Em seus perfis nas diferentes plataformas, mantém fotos que permitem ver apenas seu torso e afirma buscar relações discretas como outros homens "fora do meio gay", segundo ele porque não quer se relacionar com caras que vivem no circuito das boates. Bruno busca um cara como ele, "decente" e "família" para algo discreto. Conta que seu círculo social, na família, no trabalho e na pós-graduação, é predominantemente hétero e que se sente feliz nele. A forma como fala da família deixa claro que é bem vinculado a ela.

Alguns anos depois, a cena parece se repetir, mas estou em São Francisco, aguardando em um café da Market Street um colaborador de minha incursão etnográfica na cidade norte-americana. Joe chega um pouco depois do combinado. É um advogado nascido em uma família branca, católica e de classe média de Nova Jersey, tem 33 anos e mora na Califórnia há quatro. Descendente de italianos, Joe afirma que gosta da vida em São Francisco, em especial na região do Castro, mas que tem consciência de que a aproveita melhor porque é branco, de origem social privilegiada e próximo da faixa etária em torno da qual gira o erotismo gay local.

Joe, refletindo, termina por observar: "claro que para algumas pessoas meu tipo físico pode parecer judeu". Observação que faz pensar nas formas diferentes com que imigrantes italianos e seus descendentes foram incorporados à sociedade brasileira e à norte-americana. Enquanto no Brasil Bruno disfruta de uma reconhecida branquitude, nos Estados Unidos Joe é alocado em uma posição menos privilegiada racialmente. Na conversa com esse morador do provável bairro gay mais famoso do mundo, vi reiteradas as observações da maioria de meus interlocutores na Bay Area: a vida gay ali é boa desde que você seja branco, jovem, malhado, masculino e, claro, tenha uma boa renda.

Joe vivia uma vida gay relativamente aberta, mostrava o rosto em seu perfil no aplicativo de busca de parceiros, o já citado Grindr, mas dizia evitar fechar-se no Castro. "Muitos dos meus amigos aqui não convivem com heterossexuais nem têm amigas mulheres!" Perguntei como a família dele lidava com sua sexualidade e ele respondeu que lidavam bem mas sem falar muito sobre isso, seus pais pareciam mais interessados no seu sucesso profissional como advogado de um importante banco. Assim como Joe, descobri em várias entrevistas que a imagem muito veiculada ou presumida no Brasil, dos gays americanos como todos "*out and proud*" (assumidos e orgulhosos) nem sempre condiz com o observado empiricamente.

A maioria dos homossexuais americanos que conheci tem formas diferentes e variadas de manipular publicamente sua sexualidade. Os mais pobres, não brancos, imigrantes ou com origem latina, por exemplo, parecem mais propensos a manter uma imagem heterossexual presumida na família e no trabalho. Além disso, a busca de um parceiro masculino não aciona o mesmo imaginário social na Costa do Pacífico. Pergunto a Joe por que diz, em seu perfil, procurar alguém "fora do meio gay" se vive no Castro e mostra o rosto no Grindr. A resposta dele me surpreende, mas corrobora o fato de a mesma expressão pode significar coisas muito diferentes de acordo com o local e a cultura em que se insere. Joe busca alguém *"out of the scene"* (fora do meio), segundo suas próprias palavras: "porque procuro um cara sossegado, que não saia toda noite".

Explico para Joe como, no Brasil, a mesma expressão pode significar que procura um homem "no armário", até com companheira mulher. Ele ri e diz que acha caras no *"down low creepy"*, ou seja, considera duvidosos moralmente homens que buscam sexo com outros homens em segredo. *Down Low*, ou sua abreviatura mais comum no Grindr, DL, é uma expressão americana que evoca outra acionada em meu campo em São Paulo, o "no sigilo" ou "na encolha", ou ainda o altamente problemático termo HSH (homem que faz sexo com homens), categoria criada pela epidemiologia para alocar homens que não se identificam como gays mesmo se relacionando com outros homens (PELÚCIO; DUQUE, 2010).

Até recentemente, boa parte da produção acadêmica estadunidense racializava e patologizava o *down low*, já que a maior parte dos estudos o associava a homens negros ou imigrantes e buscavam vinculá-lo à prática de sexo sem camisinha e, daí, com a incidência de HIV/aids. Hoje em dia, já há estudos na área de saúde que mostram não haver evidência de que homens que buscam sexo em segredo com outros homens façam sexo desprotegido, tampouco coloquem em risco suas parceiras mulheres (BOND *et al.*, 2009). E, como pude eu mesmo constatar em minha incursão de sete meses em São Francisco, é forte a presença de perfis DL nos aplicativos de busca de parceiro nos celulares, os quais não permitem uma associação tão clara com nenhuma origem racial específica.

Muitos dos perfis que buscam DL são de homens com perfil social similar ao dos meus interlocutores em São Paulo, comprometidos com mulheres ou que, simplesmente, não se identificam como gays. Larissa Pelúcio e Tiago Duque analisam como esses homens se tornaram alvo nas políticas de prevenção às DSTs na categoria homens que fazem sexo com homens (HSH). Acrescentaria que especialmente porque não aderem ao *script* do "sair do armário" e adotar uma identidade homossexual, o que deveria nos levar não a julgá-los, mas, como observam Pelúcio e Duque, a tentar compreender "por que o segredo ainda parece para muitas pessoas uma estratégia para viver seu desejo" (p. 10). Em outras palavras, é necessário investigar quais são as restrições e/ou ameaças que os levam a adotar a estratégia do segredo e a tática da discrição em seus cotidianos.

As duas entrevistas, feitas em contextos nacionais tão diversos, permitem contrastar experiências de dois homens brancos, de origem italiana, vindos de famílias católicas, profissionais liberais que migraram de cidades menores para metrópoles com reconhecidos circuitos de sociabilidade e consumo voltados para um público homossexual. Bruno adora São Paulo tanto quanto Joe gosta de São Francisco, ambos relatam ter desenvolvido relações com outros homens mais satisfatórias nesses contextos metropolitanos e buscarem parceiros "fora do meio"; o brasileiro com o principal objetivo de manter suas relações homossexuais em segredo, e o americano em busca de alguém mais caseiro. Ambos, de formas muito diferentes, usam o mesmo aplicativo para celular a fim de buscar de forma seletiva com quem se encontrarão – Bruno buscando um cara "família" e Joe um cara que não vivesse na boemia.

Gostaria de chamar a atenção para uma distinção fundamental: como cada um associa o segredo sobre a homossexualidade a um universo moral muito diferente. Para o brasileiro, um "homem de verdade" mantém uma vida hétero na família, no trabalho e no espaço público e assim, como um "cara família", se relaciona com outros homens de forma discreta e em segredo. Já para o americano, essa forma de viver é associada a um caráter duvidoso, "assustador" (*creepy*), pois, na sua perspectiva, um homem honesto está "fora do armário"; como se a honestidade e a verdade só pudessem existir a partir de uma identidade homossexual assumida e vivida no cotidiano e no espaço público – enquanto para o brasileiro o que se passa é o oposto, a honestidade e a verdade residem na manutenção das relações com outros homens em relativo segredo de forma a respeitar a expectativa familiar e social da heterossexualidade.

Evitemos julgá-los e voltemos nossa atenção para o enquadramento social em que cada um vive e para como suas visões sobre o que deve ser visível ou ocultado responde a esse enquadramento. Em São Paulo, não existe nada similar ao Castro: ao Castro não apenas como bairro gay, um enclave urbano, mas sobretudo como um espaço cultural consolidado há décadas por um sentimento comum de pertencer a uma identidade sexual. Não que isso seja algo desejável ou possível fora dali, pois se trata de uma excepcionalidade norte-americana, na qual formas de identificação relacionadas a estilo de vida costumam seguir um modelo étnico-racial.[56]

Em outras palavras, Joe é um gay relativamente assumido porque vive em uma sociedade que lhe dá condições, mas também o incita a isso. Afinal, nos Estados Unidos e ainda mais em São Francisco, espera-se que um homem que se relaciona sexualmente com outros homens seja "honesto e verdadeiro", assumindo-se (*coming out*) como homossexual. Assumir-se, por mais que pareça, não é uma decisão individual e autônoma, mas culturalmente disponível e esperada. Joe, ao mudar para São Francisco e "escolher" morar no Castro, passou a viver em um local cujo vínculo aglutinador é a homossexualidade como estilo de vida gay. Mas há formas muito

---

[56] Da literatura atual que analisa criticamente como a identidade gay branca e de classe média se tornou um modelo prescritivo violento para outras experiências da homossexualidade, destaco as discussões de Manalansan (1997; 2003).

diversas, mesmo nos Estados Unidos, de vivenciar os desejos e as práticas sexuais com pessoas do mesmo sexo e a forma gay é apenas a socialmente mais (re)conhecida, politicamente articulada e comercialmente mais explorada.

Bruno, por sua vez, vive no Brasil e, inserido em nossa cultura, não deseja – aliás teme – ser reconhecido socialmente a partir das suas relações com outros homens, por várias razões: pelas prováveis/possíveis consequências negativas em sua área profissional, pela ausência (e talvez mesmo a não desejabilidade) de uma identificação como "gay" em um país em que isso não confere reconhecimento ou acolhimento por um grupo social e, sobretudo, porque teme o conflito com os pais e/ou o rompimento dos laços familiares. Manter suas relações com outros homens em segredo, portanto, não é uma decisão individual e autônoma, antes algo esperado socialmente. Em outras palavras, sua forma de vivenciar seus desejos e práticas sexuais responde a um contexto muito diverso do de Joe.

Ainda que algumas metrópoles brasileiras, como São Paulo, tenham consideráveis circuitos de sociabilidade e consumo voltados para um público homossexual, eles não constituem "comunidades" no sentido norte-americano, portanto não provêm o mesmo sentido de pertencimento nem conferem reconhecimento político e social. Na verdade, alguns chegam a afirmar que até nos Estados Unidos há uma transformação e perda de importância desses espaços, o que tem se dado por uma transformação do espaço urbano associada à adoção das mídias digitais como "substitutas" da cultura territorializada anterior.

Segundo David M. Halperin as transformações recentes na cultura gay norte-americana derivam menos de conquistas políticas e maior aceitação social do que de três transformações estruturais articuladas: "a recapitalização do interior das cidades e a resultante gentrificação dos bairros centrais, a epidemia de HIV/AIDS e a invenção da internet" (2012, p. 433). A conectividade substituiu parcialmente a cultura dos bares, a qual também perdeu importância devido à ascensão de ideais higienistas que desestimulam o consumo de álcool e prescrevem atividades físicas.

Em países diferentes, Bruno e Joe buscam negociar suas relações com outros homens de forma a manter os vínculos familiares e garantir condições igualitárias no mercado de trabalho, o qual ainda presume a heterossexualidade. Como me relatam sobre sua vida no trabalho e em encontros familiares, buscam "passar por" hétero quando lhes é necessário, o que demonstra – apesar de tudo o que os diferencia – como em ambos os contextos nacionais ainda persiste a demanda da heterossexualidade. Ser ou parecer hétero ainda é uma condição necessária para não sofrer discriminação e preconceito, daí manejar a própria imagem e performá-la continua a ser uma experiência comum e poderosa, delimitadora de corporalidade e inclusive de subjetividades sob constante autoescrutínio.

Diante do exposto, pode-se dizer que o "armário" continua a ser a forma paradigmática de opressão homossexual e o "assumir-se" seu antídoto universal? Neste capítulo, argumento que o "armário" é um termo elusivo cuja persistência teórica tem nos impedido de compreender a lógica do regime de visibilidade em que nos inserimos a partir da segunda metade do século XX – assim como a fórmula do "assumir-se" precisa ser situada cultural e historicamente como uma resposta localizada e datada para uma problemática, que poderia ser melhor compreendida como a continuidade da hegemonia heterossexual como definidora do que pode ser visto e reconhecido socialmente.

Em outras palavras, o brasileiro mantendo relações homossexuais em segredo e o americano as vivendo de forma aberta continuam a lidar com prescrições de como se comportar, as quais giram em torno de demandas que mantêm a heterossexualidade como desejável, inclusive no visual mais comum dos frequentadores gays das ruas do Castro. Todas as propagandas e a maioria dos homens locais buscam encarnar uma masculinidade insuspeita, muitas vezes até evocando um modelo corporal, de vestimenta e comportamento que eu não titubearia em chamar de hiperviril.

Buscando refletir preliminarmente sobre a manutenção de um regime de visibilidade que prescreve a aparência e o comportamento heterossexuais, a seguir farei uma digressão histórica e sociológica sobre o "armário". Meu objetivo é desmitificar o ideal prescritivo do "assumir-se" como suposta liberação e, na parte final deste capítulo, analisarei a forma como meus interlocutores na etnografia que desenvolvi em São Paulo buscavam negociar suas relações homossexuais mantendo uma presumida heterossexualidade no cotidiano. O objetivo é compreender algumas das razões que regem o desejo de se "passar por hétero" e buscar parceiros com o mesmo perfil, o que, no final, associarei ao contexto de insegurança social em que vivem homossexuais no Brasil e também pela forma como cada geração compreende a homossexualidade em termos morais.

Saindo do armário: uma digressão histórico-sociológica

Segundo John D'Emilio, em seu clássico artigo "Capitalism and Gay Identity" (1983), o armário é um mito criado e disseminado a partir do marco histórico de Stonewall. Foi nesse bar gay nova-iorquino que, em junho de 1969, frequentadores enfrentaram uma batida policial e venceram, criando uma data comemorativa em 28 de junho, a qual, a partir de 1970 passou a ser celebrada com a Parada do Orgulho Gay. Vale sublinhar o caráter local desse evento, o qual é comemorado próximo do Dia da Independência dos Estados Unidos, 04 de julho, principal feriado patriótico do país e por meio de uma parada. Anos mais tarde, a criação de uma bandeira com listras imitando o arco-íris (inspirada na bandeira estadunidense) agregou mais um símbolo à luta política que, na década de 1970, era associada à luta pelo que chamavam de "liberação sexual".

D'Emilio caracteriza o armário como um mito que vinha preencher a falta de conhecimento histórico sobre a origem das experiências homossexuais prévias. Sem pesquisas sobre o tema, o emergente movimento social partia do princípio de que a maioria dos homossexuais vivia como eles próprios antes de Stonewall, de forma isolada, em segredo, "oprimidos", no armário, e que a palavra de ordem da liberação era "sair do armário" (*coming out of the closet*). Ainda segundo o historiador, essa compreensível expansão da experiência pessoal dos ativistas como um modelo ou palavra de ordem se baseava em pressupostos essencializantes, como o de que pessoas não heterossexuais nasceriam assim e apenas viviam oprimidas, esperando por conscientização para demandarem igualdade:

> Aqui quero desafiar esse mito. Quero argumentar que gays e lésbicas nem sempre existiram. Ao contrário, eles/as são produtos da história e passaram a existir em uma era histórica particular. Sua emergência é associada com as relações do capitalismo; com o desenvolvimento histórico do capitalismo, mais especificamente, seu sistema de trabalho livre [...] (D'EMILIO, 1983, p. 102).

A relação entre o regime de trabalho livre e a emergência das homossexualidades deriva da mudança da estrutura e da função da família como unidade produtora dos próprios bens de consumo. A progressiva separação entre sexualidade e reprodução – que foi radicalizada com a invenção da pílula anticoncepcional – permitiu que o sexo passasse a ser encarado cada vez mais como fonte de prazer, o que impulsionou desejos e a vivência da sexualidade desvinculada de sua regulação procriativa por meio de instituições como o casamento heterossexual.

É essa separação entre sexualidade e reprodução que traz em cena o prazer e a autonomia corporal como demandas políticas das classes médias politizadas a partir da segunda metade do século XX, com feministas lutando pelo direito ao aborto e ao prazer; homossexuais lutando contra a descriminalização e a despatologização de práticas ou identidades sexuais, assim como ambos combatendo as discriminações e violências sociais dirigidas contra mulheres e não heterossexuais. Esse contexto pós-década de 1960 é marcado pela decadência da sociedade industrial, caracterizada pelo consumo de massas baseado em um modelo familiar heterossexual e reprodutivo, e pela ascensão de uma sociedade mais marcada pelos serviços, pelo consumo segmentado e pelo desenvolvimento de estilos de vida que permitiam arranjos amorosos e sexuais mais flexíveis e não necessariamente reprodutivos (Preciado, 2008; Bernstein, 2010; Illouz, 2012).

Em termos sociológicos e históricos, após algumas décadas de pesquisa, sabemos que ao contrário do que se pensava na década de 1970, há registros da existência prévia de socialização homossexual em centros urbanos dos Estados Unidos, Europa e América Latina. As práticas sexuais entre homens e entre mulheres já existiam, mas eram menos visíveis – ou reconhecidas – na vida social, porque em termos econômicos, culturais e políticos o modelo familiar reprodutivo era a base da manutenção econômica das unidades domésticas e de toda uma ordem econômica, política e institucional.

De toda forma, já na primeira metade do século XX, graças a fenômenos como a consolidação de uma sociedade industrial baseada no trabalho assalariado, e a eventos como a Segunda Guerra Mundial, emergem redes de sociabilidade mais visíveis, as quais, a partir da década de 1960, começariam a formar verdadeiros enclaves urbanos nos Estados Unidos. Em outras palavras, transformações ligadas ao mercado de trabalho, ao consumo, mas também relativas a políticas estatais, criaram as condições estruturais para que emergissem as homossexualidades contemporâneas pós-Stonewall, das quais as mais visíveis e socialmente reconhecidas são as gays e lésbicas.

D'Emilio enfatiza a relação entre o capitalismo e a criação de condições para que pessoas passassem a poder viver suas vidas de forma mais individualizada, inclusive no que toca à escolha de parceiros amorosos do mesmo sexo, mas foi Allan Bérubé (2010) quem, por sua vez, destacou o papel que o Estado também teve na criação dessas condições, haja vista que – durante a Segunda Guerra Mundial – mais de dezesseis milhões de americanos (dos quais algumas centenas de milhares eram mulheres) se alistaram para o esforço bélico, migrando de suas cidades natais e passando a viver, durante muitos anos, em contextos de homossociabilidade, em que as relações entre pessoas do mesmo sexo tornavam-se possíveis.

Apresento essa digressão histórica e sociológica para repensarmos como, até hoje, é comum que pesquisas na área de sexualidade priorizem um modelo intelectualista de compreensão da origem das homossexualidades. Em geral, baseiam-se em fontes como *História da sexualidade I: A vontade de saber* (2005 [1976]), de Michel Foucault, adotando a criação médico-psiquiátrica do homossexual em 1870 como marco. A despeito da acurácia da informação no que se refere ao surgimento da preocupação médica e, rapidamente, também jurídica de perseguição às relações entre pessoas do mesmo sexo, tal marco cronológico não encontra respaldo nas práticas sociais e nas pesquisas históricas sobre como as pessoas viviam sua sexualidade no cotidiano. Em sua esmagadora maioria, as pessoas não entravam em contato com o vocabulário médico-legal e viviam suas vidas à margem das classificações científicas emergentes (BRICKELL, 2006).

No Brasil, em meu livro *O desejo da nação: masculinidade e branquitude no Brasil de fins do XIX* (2012), levanto a hipótese de que a criação do serviço militar obrigatório, em 1916, com seu sistema de alistamento baseado em um exame dos candidatos, pode ter sido uma das primeiras práticas sociais massivas em que a suspeita da homossexualidade passava a ser um critério definidor não apenas da seleção dos recrutas, mas também o primeiro momento de contato com essa possibilidade sexual para muitos rapazes.

Até muito recentemente, era de conhecimento geral que uma das formas de "escapar" ao serviço militar obrigatório era se declarar homossexual, o que tendia a ser evitado por muitos por temores de passar a portar alguma informação negativa no certificado de reservista, esse documento demandado até hoje aos homens brasileiros para quase tudo: desde retirar da carteira de trabalho, fazer a matrícula na universidade ou retirar um passaporte.

Os registros históricos precisam ser lidos a contrapelo, levando em consideração o que podemos chamar de regime de visibilidade, o qual é intrinsecamente ligado ao código moral hegemônico. Na esfera da sexualidade, regime de visibilidade é uma noção que busca sintetizar a maneira como uma sociedade confere reconhecimento e torna visível certos arranjos amorosos, enquanto controla outras maneiras de se relacionar por meio de vigilância moral, da coibição de sua expressão pública, em suma, pela manutenção dessas outras formas amorosas e sexuais em relativa discrição, invisibilidade ou mesmo em uma hipervisibilidade obscena. Um regime de visibilidade traduz uma relação de poder sofisticada, pois não se baseia em proibições diretas, antes em formas indiretas, mas altamente eficientes, de gestão do que é visível e aceitável na vida cotidiana. Assim, um regime de visibilidade é também um regime de conhecimento, pois o que é visível e reconhecido tende a estabelecer as fronteiras do pensável.

O que é visível, presente nos documentos oficiais e historicizado, muitas vezes é o que era socialmente reconhecido segundo a moralidade reinante e o que permitia o "bom funcionamento" da ordem social. Durante a maior parte do século XX, mesmo entre pessoas de elite, letradas e mais próximas do vocabulário erudito corrente, a compreensão da sexualidade tendia a girar em torno de uma demanda geral de casar-se, ter filhos e manter a unidade familiar sob controle masculino, ou seja, a sociedade esperava dos homens que fossem provedores e "cabeça de casal", e das mulheres que fossem esposas, mães e submissas (EHRENREICH, 1984; RAGO, 1985).[57] Esse modelo familiar jamais impediu a existência de relações extraconjugais, especialmente dos homens, os quais tinham amantes, saíam com prostitutas ou, em segredo ainda maior, com outros homens (MISKOLCI, 2012).

---

[57] Vale refletir sobre como as demandas de reconhecimento político e legal das homossexualidades se materializaram mundo afora em campanhas pelo direito a se casar, já que o casamento continua a ser a instituição social que transforma sexualidade em amor aos olhos do Estado e da sociedade. Sobre casamento gay e controle social, veja Miskolci (2007).

Relações extraconjugais eram comuns e, no contexto brasileiro, quase a regra devido à moral dupla que mantinha as mulheres sob controle dos parceiros enquanto preservava a liberdade de acesso deles a outras/os parceiras/os sexuais, quer ocasionais ou fixas/os. Em contextos como o norte-americano, Barbara Ehrenreich (1984) afirma que a monogamia e o papel de provedor criaram uma maior demanda coletiva de que os homens não traíssem suas esposas. De certa forma, os escândalos políticos que até hoje tomam as manchetes dos jornais norte-americanos mostram a expectativa coletiva de que homens honestos, principalmente os detentores de cargos públicos (ou seja, funções modelares), não podem trair. Percebe-se como cada contexto social e histórico cria seus próprios códigos morais e, no caso brasileiro, a permissividade predominou e faz parte do senso comum pressupor que homens tendem a trair/podem trair – e, no que toca às relações com outros homens, Peter Fry (1982) mostrou que "masculinos e ativos", em diversas partes do Brasil, tinham suas relações relativamente toleradas sem ameaça ao reconhecimento de sua normalidade/heterossexualidade.

Em *O desejo da nação* (2012), encontrei fontes históricas para analisar como, na virada do século XIX para o XX, as relações amorosas e sexuais entre homens faziam parte da vida social como uma possibilidade, mesmo que moralmente condenável, para qualquer homem. Em outras palavras, ainda que discursos científicos criassem a figura do homossexual como um ser supostamente distinto do heterossexual, nas práticas cotidianas os homens brasileiros viviam sob a constante ameaça de passarem a ter desejos por outros homens, algo que se temia, segundo o vocabulário da época, como uma forma de degeneração ou "desvio sexual".

A ideia de que alguém seria heterossexual ou homossexual, como duas formas incomensuravelmente diferentes de sentir desejo, não se instalou entre nós, como afirmam muitos autores ter se passado já em fins do XIX na Europa e nos Estados Unidos, ou seja, como formas autoexcludentes de expressar desejos e viver a sexualidade. Mesmo nesses contextos usualmente subsumidos no termo Ocidente, pesquisadores como Chris Brickell (2006) defendem que os arquivos podem ser usados de forma a questionar a ideia de que já na virada do XIX para o XX isto tenha se passado.

Em concordância com teses históricas e sociologicamente sólidas como as de Bérubé (2010), Halperin (2002), Green (2000), Weeks (2007), D'Emilio (1982) e Chauncey (1994), é possível afirmar que apenas na primeira metade do século XX começam a surgir práticas sociais que levariam a constituir o que hoje compreendemos como homossexualidades. Refiro-me à forma como se tende a imaginar que as pessoas que se relacionam com outras do mesmo sexo seriam intrinsicamente distintas das que se relacionam com pessoas do sexo oposto, vistas como a maioria da sociedade.

A compreensão da sociedade como sinônimo de heterossexualidade se consolidou a partir do pós-Segunda Guerra. Em diferentes contextos nacionais, empreendedores morais desencadearam perseguições a homossexuais, os quais passaram a ser vistos como suposta ameaça à família e à infância, por conseguinte à própria nação. Na Inglaterra, homossexuais eram frequentemente associados a espiões, nos Estados Unidos, a comunistas e, em países sob ditadura militar como Brasil e Argentina, como traidores da pátria compreendida dentro de uma moralidade estrita e, frequentemente, machista. Formas diversas de perseguição sexual vigiavam – ao mesmo que estabeleciam – uma compreensão binária e autoexcludente da sexualidade humana como constituída por apenas duas orientações do desejo.

Ao menos em parte, essa crença social na homossexualidade como algo à parte, ganhou força nos Estados Unidos, país em que os circuitos de sociabilidade entre pessoas do mesmo sexo geraram bairros gays a partir da década de 1970; lugares onde vidas não heterossexuais passaram a ser possíveis dentro de um modelo tipicamente norte-americano de constituição de enclaves étnico-raciais, os quais inicialmente foram compreendidos por alguns por meio de analogias com guetos, mas que hoje podem ser pensados mais como comunidades vinculadas a circuitos de socialização, consumo e estilos de vida.

Pesquisas como a de James N. Green exploraram um pouco da história brasileira de formação de circuitos homossexuais no Rio de Janeiro e em São Paulo. Segundo seu livro *Além do Carnaval: homossexualidade masculina no Brasil do século XX* (2000), é possível afirmar que tivemos uma história com certas similaridades em relação ao caso norte-americano, mas acrescento que houve também diferenças significativas. Destaco ao menos duas: primeiro, no Brasil, o processo de industrialização e urbanização se deu mais tardiamente e de forma mais dramática, concentrado especialmente entre a década de 1950 e 1980 e, além disso, não resultando na formação de enclaves gays similares aos norte-americanos, mas de circuitos de socialização predominantemente noturnos e mais móveis.

O texto de Edward MacRae "Em defesa do gueto" (2005), escrito no início da década de 1980, mostra como o que então se chamava de "gueto paulistano" não era um território fixo com fronteiras delimitadas; aspecto reiterado por Néstor Perlongher (2008) em sua análise de como predominavam mobilidades e derivas baseadas no que ele chamou de "código-território". Em um texto mais recente, Júlio Assis Simões e Isadora Lins França (2004) mostram como o antigo "gueto" paulistano foi dando lugar a um circuito expandido, mais diversificado e comercial.

Minha pesquisa traz elementos que atestam que esse circuito se consolidou na segunda metade da década de 1990 vinculado à disseminação da internet comercial, ao início da distribuição gratuita do coquetel antirretroviral, ao surgimento de colunas e publicações voltadas a homossexuais, a um movimento político mais reconhecido e à Parada do Orgulho paulistana.

Esse novo contexto aprofundou a "desterritorialização" que já caracterizava a sociabilidade homossexual paulistana, de forma que, especialmente por causa das mídias digitais, se tornou possível, por exemplo, formar redes relacionais sem necessariamente frequentar boates ou bares gays. De forma aparentemente paradoxal, desde o final dos anos 1990, sujeitos com vidas cotidianas em que a heterossexualidade é pressuposta ou demandada, passaram a poder desenvolver relações com pessoas do mesmo sexo sem se expor no espaço público e/ou locais reconhecidos como homossexuais. Esse cenário criou uma forma tecnológica para que sujeitos com os mais diversos impedimentos para ter vivências homossexuais passassem a ter acesso a elas.[58] Ao mesmo tempo, sua sociabilidade mediada passou a ser mais moldada pelo mercado, por suas mensagens e modelos comportamentais, pois as novas mídias são intrinsecamente comerciais.

Ao menos para minha rede de informantes, essas mídias acenaram com um atrativo único: elas permitiram criar contatos homoeróticos mantendo-os presumidamente como heterossexuais na família, na escola, no trabalho e no espaço público. Portanto, um grande avanço tecnológico pode ser usado de forma a preservar as relações homoeróticas em segredo e evitando conflitos e/ou retaliações sociais. Em contraste com essa forma brasileira de lidar com a homossexualidade evitando conflitos e, de certa forma, buscando conciliar família, trabalho e sociedade, nos Estados Unidos é mais forte a força cultural do individualismo liberal e do culto do *self-made man* na formação de uma

---

[58] Como mostram as pesquisas desenvolvidas por meus orientandos no interior de São Paulo, *Marcas do desejo* (2014), de Keith Diego Kurashige; *O segredo é a alma do negócio* (2015), de Felipe André Padilha, e *Vitrine do desejo* (2014), de Rodrigo Casaut Melhado, todas financiadas pela Fapesp, as mídias digitais tiveram impacto profundo nas cidades médias, pequenas e na zona rural, pois passaram a prover uma possibilidade de socialização homoerótica para pessoas em contextos sem circuitos comerciais segmentados para um público homossexual.

identidade gay. Os mesmo que gerou lá o distanciamento das famílias e a adoção de estilos de vida individualizados, em que relações entre pessoas do mesmo sexo ganharam centralidade, no Brasil se deu de maneira que as pessoas buscaram manter suas vidas amorosas em uma zona que para muitos pode parecer como de segredo e ocultação, mas que análises mais próximas permitem compreendê-las como sendo de negociação.

O *script* norte-americano, que começa com o armário, passa pelo *coming out* e culmina na adoção de uma identidade gay, é prescritivo. Mas além disso, só faz sentido em uma sociedade historicamente marcada pelo ideal do *self-made man*, aquele que faz a sua própria história dentro do sistema capitalista. Assim, o jovem de classe média, geralmente branco e cristão, que conta para os pais que é gay confronta-os com sua sexualidade de forma a colocar à prova a sinceridade dos laços familiares. O resultado, quer seja o da aceitação dos pais ou da recusa, aloca o "assumido" em uma posição respeitosa, individualizada e adulta no contexto social americano. Daí a expressão "*out and proud*" (assumido e orgulhoso).

Vale refletir como esse "assumir-se" frequentemente resultou e resulta em um distanciamento das famílias e a entrada definitiva em um estilo de vida gay, o qual encontra morada em bairros específicos, espaços de socialização voltados para esse segmento social e amplas redes relacionais que acenam com o suporte possivelmente perdido ou enfraquecido da unidade familiar. Assumir-se cobra seu preço não só na possível relação conturbada com a família, mas porque a esfera de sociabilidade gay também têm seus modelos e ideais. Halperin (2012, p. 52) analisou recentemente como a saída do armário homossexual da geração do *Gay Liberation* (entre os anos 1970 e 1980) se baseou em uma masculinização compulsória justificada pelo ideal de se passar da hierarquia à igualdade.

O resultado foi a criação de um ideal poderoso em termos políticos, comerciais, midiáticos e até mesmo acadêmicos: o gay macho, objeto de investigação sociológica de Martin Levine (1998) que explorarei em detalhe em outro capítulo. A "masculinização" pode gerar interpretações de preconceito e discriminação, entre os próprios homossexuais, o que hoje denominamos de efeminofobia e transfobia: a recusa do deslocamento dos gêneros, em especial com relação à feminilidade masculina. No entanto, é necessário ponderar que a valorização da masculinidade e o afastamento da feminilidade por muitos sujeitos constituíram estratégias para driblar a identificação como homossexual em contextos em que isso envolveria o risco de sofrer sanções sociais.

Pesquisas etnográficas sociológicas, antropológicas e da área da *queer of color critique* têm problematizado a universalidade e a abrangência do armário e do *script* do *coming out*, em suma, da própria identidade gay. Ela tem uma marca de classe, raça e religião, respectivamente das classes mais afluentes, brancas e protestantes ou agnósticas, mas nem mesmo dentro desse estrato social bem delimitado ela se espraiou completamente. Ainda que seja comum a associar a manutenção de relações sexuais com pessoas do mesmo sexo em segredo – ou no *down low* – como algo mais comuns entre negros e latinos, pude constatar em São Francisco que se trata de prática também entre homens brancos e de classe média.

A centralidade de certas formas de compreensão da sexualidade pode ter menos a ver com sua preponderância social do que com sua proximidade do universo cultural de ativistas e pesquisadores/as, o que termina por criar modelos de reflexão e influenciar a seleção e a análise de experiências sociais. O armário e o *script* do "assumir-se" que delimitam a identidade gay e lésbica, portanto, geraram um regime de visibilidade hegemônico que tendeu a delimitar parte dos estudos sobre homossexualidades nos Estados Unidos e até mesmo no Brasil.

De forma compreensível, é comum que pesquisadores/as escolham como colaboradores das investigações pessoas que se engajam mais abertamente em relações homossexuais, o que pode ajudar a compreender a produção brasileira recente sobre circuitos noturnos de frequência homossexual. Apesar da importância e da boa qualidade da maioria dessas pesquisas, elas tendem a minorar a centralidade da vida social cotidiana, em esferas nas quais os sujeitos passam a esmagadora maior parte de seu tempo negociando a informação sobre sua vida sexual, ou seja, na família, no trabalho e na escola. Em suma, nota-se a necessidade de somar a elas também investigações que se voltem para a realidade da maioria dos sujeitos que vivem suas vidas sexuais em relativo segredo.

The Epistemology of the Closet (1990), de Eve Kosofsky Sedgwick, desferiu um dos primeiros golpes no regime de visibilidade criticado anteriormente, ao enfatizar que a homossexualidade se constituiu historicamente associada ao segredo e que sua vivência foi marcada, durante todo o século XX, por essa demanda social de invisibilidade no espaço público, no trabalho e, sobretudo, na vida familiar. De certa maneira, sua obra deslocou a problemática do armário de seu enquadramento individual e prescritivo do "assumir-se gay" para um contexto social e histórico mais poderoso do que os indivíduos e suas vontades.

Em termos epistemológicos, Sedgwick trouxe ao centro das pesquisas uma problemática que marca a maior parte das vidas de pessoas que se envolvem com outras do mesmo sexo: a gestão do segredo e da visibilidade, mostrando que visibilidade ou invisibilidade estão intrinsecamente associadas a regimes de verdade, a códigos morais, a valores que fogem ao controle dos indivíduos. Talvez seja esse foco no armário como um regime de visibilidade/moral que tenha tornado sua recepção tão positiva no contexto brasileiro, pois a gestão do segredo fala a nós mais proximamente do que as reflexões e pesquisas que focam nas homossexualidades como abrangendo as que são necessariamente visíveis ou delimitadas por categorias como gay e lésbica.

Se incorporarmos criativamente as reflexões de Sedgwick, as fontes etnográficas mais recentes da *queer of color critique*, bem como as de parte dos estudos de sexualidade brasileiros mais afeitos ao diálogo com a teoria queer,[59] constataremos que o duo armário/assumir-se é algo cuja dinâmica é circunscrita predominantemente à experiência norte-americana das classes superiores brancas. Além disso, o armário é apenas uma das formas de articulação entre visibilidade e regime de verdade, entre o que uma sociedade reconhece como existente dentro de um enquadramento moral. Há outras formas diferentes, inclusive nos Estados Unidos, de vivenciar e negociar a experiência de se engajar em relações amorosas e/ou sexuais com pessoas do mesmo sexo com as demandas familiares e sociais de heterossexualidade.

É salutar voltarmos nosso olhar também para as pessoas que vivem suas relações em segredo, buscando compreender que suas estratégias e táticas respondem a constrangimentos sociais que precisamos identificar e analisar. Algo é certo, tanto o "armário" quanto essas outras formas de negociar a visibilidade em busca de segurança têm dependido da habilidade de alguns sujeitos de "passarem por" hétero. Quanto melhor sucedidos/as em manter uma aparência heterossexual, mais seguros no emprego, no espaço público e no meio familiar. Essa aparência hétero é construída especialmente por uma performance de gênero heterossexual e pela simulação convincente de sinais de uma sociabilidade pautada pelos rituais amorosos com pessoas do sexo oposto. É importante sublinhar que o "passar por" não é uma opção, mas uma estratégia de sobrevivência em um contexto social

---

[59] Entre as investigações brasileiras nessa linha, destaco a forma criativa com que Larissa Pelúcio pesquisou como os clientes de travestis paulistanas lidam com o segredo sobre sua sexualidade em *Abjeção e desejo: uma etnografia travesti sobre o modelo preventivo de aids* (2009), e o trabalho pioneiro de Fernando Seffner, *Derivas da masculinidade: representação, identidade e diferença no âmbito da masculinidade bissexual* (2003), orientado por Guacira Lopes Louro e defendido como tese de doutorado.

hostil. "Passar por" é uma performance contínua, reflexiva e que demanda um alto grau de autocontrole subjetivo e corporal dos sujeitos.

De forma curiosa, essas pessoas que "passam por hétero" recusam uma identidade gay e lésbica, procurando aproximação de uma presumida heterossexualidade sem, no entanto, necessariamente exercê-la. Valeria a pena refletir, em outro momento, sobre como essa dinâmica pode ser associada ou contrastada com as experiências contemporâneas das transexualidades, em que o "passar por" tende a ser associado ao sucesso transexualizador, ou seja, quando um homem trans (de mulher para homem), por exemplo, é reconhecido como homem no cotidiano.[60]

Em síntese, é fundamental analisar criticamente a continuidade da hegemonia heterossexual no espaço público, na ordem jurídica, na vida institucional e, sobretudo, na família, pois ela é que rege essa demanda de "passar por". Quer vivendo abertamente a homossexualidade ou em segredo, o modelo do bom cidadão ainda é hétero, de forma que – com variações – o "passar por" é constantemente acionado e até desejado, o que minha pesquisa comprova ser uma demanda na busca de parceiros do mesmo sexo com o uso de mídias digitais, quer no Brasil, onde se busca alguém "fora do meio", quer nos Estados Unidos, onde a busca é por homens masculinos, *straight acting* e similares.

"Procuro um cara fora do meio como eu": gerindo a visibilidade homossexual

Em nosso país, meu campo na cidade de São Paulo e as pesquisas em desenvolvimento por meus orientandos no

---

[60] Sobre essa questão, consulte as análises de Ávila (2014) sobre as experiências de homens trans no espaço público; as de Vencato (2013) sobre as vivências de *crossdressers*, as quais descrevem como suas saídas são "acompanhadas pelo risco de serem reconhecidas por alguém ou de acabarem agredidas" (p. 234); bem como as experiências de mulheres trans discutidas por Duque (2013).

interior desse estado sugerem que há uma predominância da vivência da homossexualidade em segredo em relação às famílias e aos colegas de trabalho, provavelmente porque a maioria depende do suporte familiar e não pode correr risco de sofrer alguma retaliação no emprego. O que se passa entre nós é a tentativa constante, difícil e muitas vezes dolorosa, de negociar a própria sexualidade sem que ela comprometa sua aceitação familiar, no trabalho e na vida social como um todo.

A evitação brasileira do confronto e do rompimento de laços é menos discursiva do que a estadunidense, pois entre nós os silêncios e os subentendidos funcionam como formas de negociar o que não se quer trazer às palavras. Trata-se de uma interação em que as demandas de heterossexualidade não são confrontadas diretamente, mas também não são necessariamente atendidas e passam a ser negociadas de forma indireta.

O próprio Bruno, mencionado ao longo do capítulo, conta que já levou amigos gays e até um "caso" para conhecer sua família no interior, mas "não disse nada e minha família não parece ter desconfiado. Meus amigos também são bem discretos". Perguntado se, ao levar namorado e amigos, ele queria que a família, de alguma maneira, reconhecesse sua homossexualidade, ele acrescenta: "acho que seria legal se eles percebessem sem fazer disso um drama, notando que eu continuo o mesmo". Aqui fica perceptível como o "passar por" não significa necessariamente esconder-se ou negar a homossexualidade, antes pode ser uma forma de negociar a aceitação familiar evitando confrontar suas expectativas.

Esse fato é corroborado pela experiência de Bruno em ter um primo o qual ele sabe ser gay, que já foi à cidade natal com um provável namorado e a família "fingiu não notar". A informação sobre a sexualidade dele foi insinuada, não escondida ou negada, e a reação familiar ao primo deixou Bruno à vontade para fazer visitas com amigos gays e/ou um "caso". O mostrar com cautela do primo e a recepção discreta da família estabeleceram um padrão seguro para que Bruno fizesse o mesmo. Ambas as situações fazem pensar sobre o fato de que há negociações da visibilidade que não podem ser resumidas ao par segredo/revelação e que, ao menos nesses casos, parecem privilegiar o respeito mútuo em que limites de aceitação e/ou visibilidade são negociados com cautela.

Negociação e cautela são termos que marcam essa dinâmica que gira em torno do objetivo de manter laços familiares, os quais são claramente marcados pelo interesse de ambas as partes em manter a unidade familiar. É inegável, no entanto, que quando namora uma mulher a família de Bruno a reconhece, quer notícias dela e até demanda sua presença em eventos especiais. Pergunto se ele queria que o mesmo se passasse com um rapaz e ele afirma que "apenas se não fosse constrangedor". Bruno diz preferir que ele fique livre para "levar um amigo". Assim, percebe-se que a negociação pelo não dito privilegia não só a família, mas atende ao seu próprio desejo de não ser obrigado a explicitar sua relação íntima com outro homem.

Como meus outros interlocutores que se apresentavam como Macho ou Brother nos bate-papos e sites de busca de parceiros, Bruno partilha de marcas de origem, geracionais, de classe, raciais, gênero e até profissionais similares. Todos eles nasceram em outras cidades do interior de São Paulo ou de estados vizinhos, tinham mais de trinta anos e menos de 45 na época de nossas interações, são de classe média ou alta, brancos, com postura heterossexual[61] e têm profissões tradicionais como médicos, advogados ou que lidam com

---

[61] O termo "postura heterossexual" foi usado por um de meus colaboradores, mas também se ajusta à forma como os outros participantes da pesquisa se descrevem, ou seja, como "machos", "hétero", "que passa por hétero", "discreto". O termo sintetiza, entre outros aspectos, corporalidade, modo de se vestir, gestual, tom de voz, jeito de falar e vocabulário, em suma, um conjunto de características físicas, de estilo e performance de gênero que costuma ser reconhecido ou presumido socialmente como sinal/prova de heterossexualidade.

administração e marketing. Nascidos ainda durante a ditadura militar (1964-1985), vivenciaram a chegada à adolescência e vida adulta durante o auge da epidemia de HIV/aids e em um cenário social em que as homossexualidades eram associadas mais fortemente do que hoje a um comportamento desviante ou marginal. A maioria deles também têm em comum a experiência de se relacionarem, com maior ou menor frequência, também com mulheres e terem começado a buscar parceiros homens a partir do surgimento da internet comercial no Brasil.

O uso das mídias digitais por meus interlocutores foi impulsionado pela tentativa de não expor publicamente seus desejos homoeróticos e encontrar parceiros "fora do meio gay", na época associado fortemente à promiscuidade e ao risco de contrair HIV/aids (cf. FRANÇA, 2010, p. 50; ZAMBONI, 2012, p. 12). Ao pedir que me dessem exemplos de homens "fora do meio" ou "de verdade", frequentemente descreviam a si próprios ou imagens midiáticas que, curiosamente, circulavam até na mídia voltada para homossexuais. Em geral, eram imagens de homens jovens, com corpo malhado, cabelos curtos, alguns com barba ou cavanhaque. Eram homens que, ao menos para pessoas que circulam em locais gays em metrópoles como São Paulo ou Rio de Janeiro, poderiam ser também reconhecidos como homossexuais de perfil masculino.

Demorei a perceber que a ênfase no corpo malhado como sinônimo de "fora do meio" exigia recuperar representações correntes entre o início da epidemia de aids até a comprovação da eficácia do coquetel antirretroviral no final da década de 1990 sobre os gays "do meio", ou seja, sobre homens sabidamente homossexuais. Alguns de meus colaboradores relatam lembrar-se da capa chocante da *Veja*, de abril de 1989, com a face macilenta de Cazuza e uma manchete descrevendo-o como um doente de aids que agonizava em praça pública. Discursos e imagens associavam gays a comportamento sexualmente promíscuo, risco de contaminação pelo vírus HIV, o que os levaria a se tornar – em termo corrente da época – "aidéticos", compreendidos como homens moralmente condenáveis cuja transgressão seria lida em seus corpos e em suas faces adoecidos.

Os fatos acima ajudam a compreender por que meus colaboradores até hoje usam essa expressão surgida no auge da epidemia, a "procuro alguém fora do meio", e associam homens discretos a "sarados", ou seja, com uma corporalidade em que músculos são vistos como sinônimo de saúde e/ou aparência heterossexual. Na década de 1990, a construção desses corpos musculosos ganhou impulso no Brasil, segundo diversos autores, como uma resposta à epidemia – daí a expressão "geração saúde" (MASSENO, 2011)[62] –, e logo os alçou a ícones ou modelos corporais no próprio circuito de festas gays, inicialmente mais populares no Rio de Janeiro, mas logo chegando a São Paulo.[63]

Assim, o "cara discreto" no qual se reconhecem meus colaboradores e é buscado também como parceiro preferencial não é um homem heterossexual. Segundo um informante abertamente gay, o qual já se envolveu com um de meus colaboradores que usava o apelido de "Macho", o que eles buscam é "um cara que passa por hétero". O "passar por" se revela tão central na forma como lidam consigo próprios quanto na busca de parceiros, ou seja, eles querem continuar "heterossexuais" aos olhos da maioria para evitarem serem apontados como homossexuais no espaço público, o que os tornaria vulneráveis a diversas formas de discriminação.

Nesse intuito, musculação, prática de esportes e consumo de suplementos alimentares se associam ao uso de bate-papos, sites de busca de parceiros e aplicativos para a criação de contatos amorosos e/ou sexuais. Tecnologias corporais e de

---

[62] Sobre o fenômeno da ascensão cultural do corpo musculoso e depilado como modelo gay no contexto norte-americano, consulte Peterson e Anderson (2012).

[63] Segundo França (2010, p. 67; 109), esse modelo corporal despontou no Rio nas festas X-Demente, no final da década de 1990, e em São Paulo em boates como a já fechada Level.

comunicação se fundem como verdadeiras tecnologias de gênero acionadas para "encarnarem" a heterossexualidade gerindo a invisibilidade de suas relações com outros homens. Mas, os mais bem-sucedidos são os que efetivamente se engajam em relações com mulheres na vida social e familiar e buscam restringir as relações com pessoas do mesmo sexo à vida íntima e secreta. Esse relativo sucesso os coloca em dilemas morais e no estresse de gestão de dois relacionamentos que não podem se encontrar. A gestão atualmente feita através do uso de *smartphones* – nos quais são utilizados aplicativos e plataformas na tentativa de criar relações homossexuais sob controle –, não os mantêm a salvo do fantasma de serem "descobertos" ou reconhecidos como homossexuais. A tentativa constante de evitar isso causa-lhes tensão e desconforto expressos em reclamações constantes de solidão e sofrimento.

Como analisarei no próximo capítulo, essa forma de tentar conciliar as demandas de heterossexualidade com seus desejos por outros homens evoca um paralelo com a forma brasileira de lidar com o casamento hétero, o qual – historicamente – permitiu aos homens conciliar esposa como parceria oficial e amantes em relativo segredo ou discrição. Em outras palavras, são as maneiras socialmente mais disseminadas de lidar com pressões coletivas e com os desejos que as contradizem que são as acionadas na tentativa, bem nacional, de conciliar ao invés de romper com expectativas sociais e familiares. Inclusive no caso de homens que passam a se envolver com outros homens, mas que – como todos – foram criados para serem homens heterossexuais usufruindo, portanto, da dupla moral que, mesmo quando em um relacionamento, permite-lhes e premia com acesso a outras parceiras. O complicador, no caso de meus colaboradores, é que buscam alocar – em geral sem sucesso – um homem no local da tradicional amante mulher.

Percebe-se como é elusivo separar analiticamente homo e heterossexualidade, pois estes não são dois universos distintos e apartados, antes constituem formas relacionais em constante contato. O pressuposto da diferença e incomensurabilidade entre as duas foi historicamente pontual e mais forte no contexto norte-americano, o que gerou a maior parte dos estudos gays e lésbicos a partir da década de 1970. Fenômenos como a epidemia de HIV/aids na década de 1980 e a emergência da teoria queer abalaram essa forma de compreender as práticas sexuais como estanques e intransitivas. Lá, como aqui no Brasil, as pesquisas sobre a disseminação da doença mostraram, por exemplo, que homens socialmente reconhecidos como heterossexuais muitas vezes se engajavam em relações sexuais – esporádicas ou não – com outros homens. Hoje, diria que a jamais comprovada fronteira entre homo e heterossexualidade se revelava não apenas inexistente, mas fundada em algo aqui definido como um regime de visibilidade heterossexual que ainda precisamos problematizar.

Mas uma questão permanece: a que responde o desejo de meus colaboradores de manter a heterossexualidade presumida e a busca de parceiros que "passem por hétero"? Avento duas razões que podem ser somadas. Primeiro, a de que buscam evitar possíveis violências.[64] Em uma sociedade como a brasileira, marcada por formas diversas de discriminação e preconceito com relação a sexualidades não heterossexuais, são amplamente conhecidos os fenômenos do *bullying* nas escolas, da violência contra homossexuais no espaço público e mesmo formas mais sutis – mas nem por isso menos poderosas – de discriminação no trabalho, assédio moral e outras experiências negativas em esferas institucionais. Soma-se a isso a inexistência de direitos iguais e, portanto, de garantias civis básicas para que sujeitos não heterossexuais sintam-se seguros no caso de serem assim reconhecidos em contextos como o mercado de trabalho.

A segunda é sobre a necessidade de evitarem não apenas violências tão claras e socialmente visíveis, mas outras de caráter mais subjetivo vinculadas ao julgamento moral negativo

---

[64] Agradeço a Raewyn Connell por ter me sugerido explorar esse aspecto em minha pesquisa.

sobre seus desejos. Meus colaboradores, como homens que alcançaram a adolescência e a vida adulta no auge da epidemia de aids, foram expostos a representações sociais que os levaram a associar seus desejos por outros homens com algo potencialmente perigoso e ameaçador, e a homossexualidade como moralmente repreensível. Daí seu comprometimento com o regime de visibilidade hegemônico na época em que iniciaram suas vidas sexuais, o qual demandava que as homossexualidades fossem "higienizadas", se tornassem "masculinas" e "saudáveis", no fundo, ganhando reconhecimento quanto menos se diferenciassem da heterossexualidade.

Um regime de visibilidade faz com o que é socialmente esperado seja iluminado, visível e reconhecido, enquanto o que é menos visível fica na sombra, na relativa invisibilidade ou em uma espécie de marginalidade obscena. De certa forma, a homossexualidade mantém esse caráter obsceno para meus colaboradores na pesquisa, uma vez que obsceno, além de algo inaceitável, também significa fora de cena, fora da visão, o que não pode ser mostrado. Obsceno e abjeto se revelam aparentados, especialmente para a geração deles, impactada por uma espécie de repatologização da homossexualidade como perigo epidemiológico.

A homossexualidade adquiria, naquele contexto, uma conotação de risco de contaminação, vergonha e morte. E é de se pensar se, nas mentes e nos corações de meus interlocutores ela algum dia deixou de ser assim. Ainda que eles pouco mencionem aids ou DSTs, revelam uma recusa de tudo o que possa ser associado ao "meio gay", onde imaginam estar pessoas "promíscuas e que usam drogas". Associam homens com sinais visíveis de homossexualidade a tudo o que recusam, de forma que seu desejo – ainda quando dirigido a outros homens – forclui todos que possam ser identificados como homossexuais, quer por uma corporalidade insuficientemente viril, quer pelos locais em que se sociabilizam.

Antes de concluir, vale a pena refletir brevemente sobre as classificações que marcam seus discursos e práticas, já que, como observam Simões, França e Macedo (2010, p. 41): "A classificação é o processo pelo qual indivíduos tornam-se sujeitos e atores sociais apropriando-se ou sendo levados a se reconhecerem em determinadas identidades; o que, por sua vez, lhes abre determinados cursos de ação". Ao se afirmarem como "machos", "discretos" e, algumas vezes, utilizarem on-line apelidos como "Brother" ou "Brow", buscam afirmar seu pertencimento à esfera de uma masculinidade que se confunde também com classe e raça, já que desprezam tanto "afeminados" quanto se diferenciam de "manos", homens de performance masculina, em geral de pele mais escura, mais pobres e moradores de bairros periféricos.

Assim, utilizando mídias digitais, unem uma prática masculinizante, a da busca/caça, com outra que os fortalece moralmente, a da triagem dos parceiros, a fim de tentar fazer frente ao fantasma de promiscuidade que ronda suas experiências desde a descoberta de seu desejo por outros homens na época do pânico sexual da aids. De forma mais específica, o segredo sobre suas relações com outros homens se associa ao engajamento na manutenção de fronteiras que idealizam sua origem familiar branca e de classe média como sendo um espaço limpo e seguro, a despeito das ameaças e/ou violências vividas nesse modelo familiar, o qual demanda a heterossexualidade como a moeda do reconhecimento e da aceitação. É nesse enquadramento moral que negociam sua agência/desejo, por meio de táticas e estratégias como o encobrimento e o segredo,[65] em formas muitas vezes contraditórias, mas que revelam os valores que regem suas vidas e a de muitos outros/as na sociedade brasileira contemporânea.

---

[65] Entre os estudos recentes na área de sexualidade que discutem segredo e estigma, recomendo as reflexões de Vencato (2013) no primeiro capítulo de sua pesquisa sobre *crossdressing*. As fontes sociológicas clássicas desses temas são: o ensaio de Simmel (2010) sobre segredo e o de Goffman (1988) sobre estigma.

4. Machos e Brothers

"Se não fosse pela internet eu não teria conhecido outros caras... Ela [a rede] é o melhor lugar que eu encontrei pra mim", relatou-me Alex, um auditor que tinha 29 anos na época em que o entrevistei pela primeira vez. Ele era frequentador assíduo de salas de bate-papo gays de São Paulo e também tinha um perfil em um site de busca de parceiros. Assim como vários dos homens que se tornaram meus interlocutores na etnografia paulistana, Alex não se definia como homossexual e tinha um histórico de relações com mulheres, inclusive já havia sido casado e tinha uma filha de três anos. Natural do Mato Grosso do Sul, sua família se radicou em uma cidade média do interior de São Paulo. Após a separação, mudou-se para a capital, segundo ele, por causa de uma oportunidade de trabalho e o desejo de viver sob menor controle da família e da ex.

A afirmação de Alex de que a rede tinha sido o melhor "lugar" que tinha encontrado para si só é plenamente compreensível quando levamos em consideração que viveu a maior parte de sua vida no interior e em contextos heterossexuais. As plataformas on-line segmentadas para um público homossexual estenderam o circuito comercial gay e o aproximaram da maioria que vive em cidades médias, pequenas ou mesmo na zona rural. Até poucos anos atrás, o circuito de sociabilidade homossexual quase inexistia fora dos grandes centros brasileiros e de algumas poucas cidades médias. Além dessa expansão do circuito por meios digitais, a rede criou condições de sociabilidade para pessoas que jamais puderam se expor de forma a frequentar algum local claramente gay. Estes sujeitos encontraram na internet uma forma de conhecer parceiros e até de fazer amizades sem o ônus da exposição de seus interesses eróticos no espaço público.

Desde o início, Alex diz ter feito uso da rede para a criação de contatos face a face "sigilosos". Em 2008, apresentava-se em bate-papos e em perfis de sites de busca de parceiros com o apelido "Macho29". Suas descrições sempre continham afirmações como "sou fora do meio" ou "busco algo discreto", segundo ele porque não frequentava clubes noturnos voltados para gays nem sentia afinidade com o comportamento dos caras "assumidos". Afirmava não ser preconceituoso, mas que não sentia desejo por gay, apenas cara "normal" como ele.

O segmento comercial da internet mais utilizado por Alex, e por outros de meus interlocutores de perfil similar e que costumavam se apresentar com apelidos como Macho ou Brother, foi criado para um público gay assim como este era compreendido no contexto norte-americano. As mesmas plataformas, aqui no Brasil, passaram a ser usadas segundo nossa realidade local e os interesses de um espectro amplo de usuários que inclui homens como Alex. Homens paulistanos que se identificavam como gays e, muitas vezes, usavam as mesmas mídias em associação à frequência ao circuito off-line tendiam a considerar afirmações como a de Alex – "sou e procuro alguém fora do meio" – paradoxais e até motivo de piada. Diziam que os bate-papos e sites também eram "meio gay". A presença neles de garotos de programa,[66] vendedores e compradores de drogas e até de

---

[66] Segundo informações de meu caderno de campo, cerca de 1/3 das primeiras salas do bate-papo eram preenchidas por garotos de programa em 2012, os quais tenderiam também a migrar para os aplicativos assim que estes se tornassem mais populares, até que, em 2016, já despertavam "protestos" de muitos usuários do Grindr e geravam a necessidade de muitos – especialmente os mais musculosos – se diferenciarem deles com alertas como "não

profissionais de informática e fotógrafos especializados em fazer portfólios on-line, enfim, tudo parecia corroborar a percepção de que on-line estavam muitas das pessoas que seriam encontradas off-line no "meio".

A polêmica entre os usuários que se afirmam "fora do meio gay" e aqueles que os questiona pode ser abordada sociologicamente a partir da discussão se a internet é um "lugar". Referimo-nos a *sites* (ou sítios em uma tradução literal) devido à nossa necessidade prática de localização na miríade de opções disponíveis nas mídias digitais. Isso leva à associação entre estar em uma plataforma como um bate-papo, site ou aplicativo, e estar em um local, ou seja, interpretando a vida em rede, proporcionada pelas tecnologias comunicacionais contemporâneas, como versão cibernética dos antigos locais físicos. Por isso, na década de 1990, alguns chegaram a afirmar que a internet seria a versão ciber de praças, centros comunitários ou cafés, hipótese que não resiste à constatação de que o uso das mídias se faz em rede, portanto de forma individual, seletiva e – algumas vezes – até anônima.

Em locais não temos controle sobre os vizinhos e somos obrigados a interagir com pessoas que não escolhemos, enquanto nas mídias digitais criamos redes baseadas em critérios de seleção personalizadas assim como "deletamos" ou "bloqueamos" sujeitos com os quais não queremos (mais) contato. Assim, as relações mediadas se tornaram uma nova esfera relacional com critérios próprios e distintos dos que regiam as experiências face a face. No que se refere à questão se os usuários estão ou não no "meio gay", a resposta precisa ponderar que eles efetivamente não são frequentadores dos espaços homossexuais off-line, e que on-line buscam parceiros

---

sou GP" (garoto de programa). No contexto norte-americano, os sociólogos Bernstein (2010) e Walby (2012) investigaram esse processo de associação ou passagem dos serviços sexuais do off-line para o on-line. Bernstein, em especial, desenvolveu ampla etnografia em São Francisco, onde o fenômeno parece ter se dado primeiro e de forma mais radical.

de forma individualizada, sem necessariamente aderir tampouco partilhar de um estilo de vida gay metropolitano.

As relações mediadas permitem segmentação, inclusive erótica, mas a entrada em uma delas não envolve o mesmo tipo de imersão e partilhamento de valores exigidos nos contextos face a face. Ainda que a maioria das pessoas se refiram à rede – *sites* ou aplicativos – como "lugares" talvez seja mais profícuo, em termos analíticos, pensá-los como novos contextos culturais devido à sua existência possivelmente autônoma em relação a espaços físicos e localizados, assim como sua operação em redes de caráter técnico-comunicacional, as quais tendem a ser criadas por meio de critérios de seleção individualizados e, algumas vezes, impessoais.

Para os homens cujas experiências analisarei detidamente neste capítulo, o uso das mídias digitais foi a principal e – para maioria – a única alternativa aos locais off-line de socialização homossexual. Para eles, ser ou estar "fora do meio" – compreendido como o circuito mapeável de boates, bares e outros locais voltados a um público gay – equivale a ser "normal", o que as mídias tornaram possível, já que mesmo se relacionando com outros homens não eram (e muito menos desejavam ser) reconhecidos como homossexuais. Para eles, as mídias tinham tornado possível criar contatos e ter relações com outros homens mantendo seu *status* heterossexual, o que não se deu sem tensões profundas. Foram justamente as tensões cotidianas envolvendo a tentativa de conciliar seu desejo por outros homens com a manutenção de seu ajustamento social que criaram as condições para iniciar meu diálogo com eles nas plataformas on-line e fora delas.

Caindo na rede

Durante minha longa etnografia a partir das salas de bate-papo voltadas para o público paulistano, travei contato com um espectro grande de usuários. Entre eles, nas salas para gays e bissexuais era frequente a presença de homens que se apresentavam como "Macho", "Brother" e apelidos similares no período mais intenso de minha pesquisa etnográfica, ou seja, entre 2008 e 2012. Também afirmavam ser "fora do meio", buscar algo "em sigilo", "na encolha". Alguns diziam ser comprometidos com mulheres: noivos, casados ou que "tinham mina". A presença desses homens despertou minha atenção porque era relativamente numerosa e fazia pensar sobre os pressupostos do senso comum – e mesmo alguns recortes investigativos – que aceitam acriticamente a divisão dos sujeitos em identidades sexuais estanques e intransitivas. Refiro-me à tríade hétero–bi–homossexualidade, inventada pelo saber sexológico de fins do século XIX, a qual as evidências empíricas, como a pesquisa que deu origem a este livro, tendem a problematizar como esquemática, por não dar conta da forma como os sujeitos contemporâneos vivenciam seus desejos e sua sexualidade.

Há muito se sabe que alguns homens socialmente reconhecidos e autocompreendidos como heterossexuais se engajam em relações sexuais – eventuais ou mais duradouras – com outros homens. Portanto, a emergência da internet tornou possível acessar experiências desejantes que antes permaneciam sob relativa invisibilidade. Talvez esse segmento social possa ser associado ao pesquisado por Laud Humphreys, um sociólogo norte-americano que investigou o sexo impessoal e anônimo a partir de um banheiro público masculino de St. Louis, no estado do Missouri, na década de 1960. Sua pesquisa foi publicada em 1970 como *Tearoom Trade* (algo como "A transação da sala de chá", termo que aludia discretamente – entre os americanos da época – aos pontos de encontro para sexo entre homens). Nos termos de Anthony Giddens: "A pesquisa de Humphreys abriu uma janela para um aspecto da vida que muitas pessoas ficaram chocadas ao saber que existia, e que certamente precisava ser entendido em um nível mais profundo" (2012, p. 40). Além do sexo em um local de circulação pública, o que chocava era que seus frequentadores eram homens comuns, casados e com filhos, em suma, socialmente vistos como pais de família heterossexuais.

Não há como averiguar se os usuários de mídias digitais paulistanos que se apresentavam como Machos e Brothers, e se definiam como heterossexuais, buscariam – em outra época – sexo com outros homens no espaço público, muito menos nas condições analisadas por Humphreys. A mim disseram, como o já mencionado Alex, que se não fosse a internet não teriam saído com outros homens. Assim, é possível aventar a possibilidade de que a rede comunicacional do presente passou a ser o meio privilegiado para buscas que – até o início da década de 1990 – só tinham lugar face a face, com maior exposição e sob maiores riscos de sofrer alguma forma de violência, ser roubado, visto por um conhecido, descoberto ou ainda tornar-se vítima de chantagem.

Apenas um estudo sistemático e, ao menos, parcialmente histórico, poderia averiguar a relação entre uma suposta decadência dos espaços de interação para sexo anônimo entre homens – locais de "pegação" na gíria mais usada – e a ascensão da internet. Em São Carlos, uma cidade média do interior do estado de São Paulo, esses locais sempre foram restritos. A pesquisa de Felipe Padilha, *O segredo é a alma do negócio* (2015), averiguou – por meio de observação do espaço urbano e entrevistas com seus usuários – que ali houve o fechamento e o aumento da vigilância de locais de pegação na mesma época que o uso das mídias pelos carlopolitanos aumentou. Mas não desapareceram todos os locais, e continuaram relativamente usados os mais distantes do centro e da vigilância, justamente os mais "discretos" e também mais perigosos para quem os frequenta.

Portanto, ainda que o segmento de interlocutores do qual tratarei neste capítulo evoque o citado histórico de homens socialmente reconhecidos como heterossexuais e que, em segredo, buscavam sexo anônimo e sem compromisso em espaços públicos, é mais seguro compreendê-lo dentro de suas condições efetivas no presente, onde o acesso à rede permite contatos similares aos do passado, mas por outros meios, em outras condições e dentro de outros códigos. Em contraste com aquela realidade do passado, a busca on-line de contatos para esse fim é efetivamente mais segura, eficiente e permite uma seleção incomparável de potenciais parceiros. Tais características tornam, no mínimo, factível que as mídias digitais não só substituíram – ao menos em parte – os locais de "pegação", mas criaram uma alternativa a eles atraindo aquele perfil de homens, bem como um público novo que só se envolveria com outros nesse novo grau de sigilo e em condições "higienizadas".[67]

Voltando ao seu papel nos bate-papos, algo que também chamava a atenção era que – a despeito de certa ironia e dúvida sobre eles serem realmente heterossexuais – meus outros interlocutores na pesquisa que se compreendiam como gays os considerarem atraentes e até os descreverem como parceiros ideais. Alguns inclusive relataram terem se envolvido com homens desse perfil, casados ou comprometidos com mulher, em situações que iam de encontros sexuais eventuais a casos relativamente longos. Desses envolvimentos tinham resultado tanto prazer erótico quanto frustrações em relação aos parceiros "hétero", frequentemente descritos – após o término da relação – como manipuladores e insensíveis.

Assim, diante de sua presença em campo, seu *status* erótico ali e as menções de alguns de meus interlocutores mais próximos sobre seus envolvimentos, decidi interagir com esses homens a partir das salas de bate-papo, as quais frequentavam "transversalmente", especialmente as voltadas para gays e

---

[67] Refiro-me aqui a uma modalidade de encontro que pode ser traduzido como "ficar", expressão nacional para se referir a relações sem compromisso que implicam graus diversos de contato sexual. Ao que tudo indica, trata-se de uma experiência que se desenvolveu nas classes médias heterossexuais, normalizando as relações efêmeras desde que com pessoas de perfil socioeconômico e cultural similar. Nos Estados Unidos, algo parecido se passou na emergência do que lá chamam de *hookup*, efetivamente sexo sem compromisso, o que explorarei em mais detalhe no próximo capítulo, centrado em São Francisco.

bissexuais – e também as voltadas para heterossexuais e outros segmentos eróticos. As conversas, que visavam a prospectar entrevistas e quiçá interlocutores de médio ou longo prazo para a investigação, resultavam positivas devido a fatos como o caráter fortemente individualizado de suas buscas e a falta de ter com quem conversar com maior naturalidade sobre suas vidas entre contextos heterossexuais e buscas eventuais ou contínuas por parceiros do mesmo sexo.

Entrava como Paulo ou Marcelo e iniciava a interação no bate-papo com os usuais cumprimentos. Procurava ser o primeiro a fazer a questão sobre o que o outro buscava, pois era quase praxe responder "o que rolar", "um brother firmeza" e outras expressões que davam abertura a uma conversa que ia além da busca de sexo. Aos poucos forneci informações como a de que era sociólogo, sobre meus conhecimentos teóricos a respeito daquelas interações e meu interesse em fazer uma pesquisa para entender melhor o que se passava na internet. Aqueles que se engajaram em diálogos profícuos para a pesquisa foram convidados por mim – ou me convidaram – a manter contato pela troca de *messengers*.

Em anos de campo contínuo interagindo com eles. Consegui conversar com um número razoável de usuários com esse perfil, dos quais cinco me concederam longas entrevistas semiestruturadas pelo Messenger; quatro encontrei pessoalmente; conversei diversas vezes e acompanhei por cerca de dois anos – com proximidade e frequência variada – a vida de três desses cinco homens. O contato e a interação com este segmento de meu campo, que também envolveu outros oito contatos com perfis distintos do deles, se deu a partir da incursão sistemática nos bate-papos a partir de fins de 2007. Não conheci todos ao mesmo tempo nem mantive contato pelo mesmo período com todos eles. De forma completa, a "observação acompanhante" dos com perfis de Machos e Brothers foi de 2008 a 2012, com períodos mais intensos do que outros. Como observado no capítulo "Rede de desejos", desde fins de 2013, afastei-me da abordagem etnográfica e optei pela observação não interativa na rede social Facebook e interativa nos aplicativos de busca de parceiros mais populares no contexto paulistano.

Nas entrevistas on-line deixei expressarem-se o mais livremente possível, a fim de reconstituir seu perfil social, interesses, visões sobre a internet e as relações ali forjadas. De toda forma, não foram apenas os que entrevistei ou conheci face a face os que me auxiliaram a adentrar esta esfera de sociabilidade, muitos contatos que tive somente on-line e com menor exposição, quer deles quer minha, terminaram por prover informações ricas e esclarecedoras.

Os encontros com os quatro que aceitaram conversar face a face foram realizados em local público e longe de sua área de circulação cotidiana. Em graus variados, o contato off-line permitiu que a confiança adquirida on-line continuasse e até se tornasse mais sólida. Avalio que a possibilidade de conversar com um "especialista" foi meu principal atrativo. Além da expectativa de descobrir comigo como usar melhor as mídias digitais buscando mais eficiência em suas buscas, minha condição de "doutor" (ainda que em Sociologia) gerou mais afinidade com os de classe média, mais ou menos familiarizados com um vocabulário psicanalítico e que tendiam a associar nossas conversas a uma espécie de autorreflexão ou terapia. Apesar da curiosidade e interesse em conversar comigo, constatei que os que conheci pessoalmente temiam arriscar-se, o que me fez buscar ser o mais transparente possível, mostrando desde minha carteira funcional até contando coisas pessoais para criar confiança.

Tive que ser muito franco mesmo descobrindo, não sem surpresa e certo desapontamento, as mentiras ou ficções que alguns deles me apresentavam. Isto era perceptível nas incoerências de discurso e nos lapsos de fala, nas histórias que se modificavam com o passar do tempo deixando entrever que eu mesmo estava a vivenciar a forma como eles se apresentavam, tentando gerir vidas duplas que gostariam que fossem paralelas, mas que inevitavelmente se cruzavam a todo momento. Era justamente o cruzamento entre elas que abria espaço para nosso contato, o qual, nos termos deles, auxiliavam a diminuir a solidão e ter alguém para conversar sobre vidas sob constante "tensão" devido à tentativa de manter uma relação oficial com uma mulher mantendo relações com outros homens em segredo.

Alguns diziam que preferiam encarar as relações com homens como "apenas uma fantasia", outros as apresentavam de forma pragmática e integrada ao seu modo de viver, mas, progressivamente narravam estórias de relações que se tornaram frequentes e viraram "rolos" ou "casos". A partir daí, seus relatos materializavam dilemas morais, temor de ser descoberto e, em alguns casos, "consciência pesada". Sobretudo, a queixa de solidão que pareciam aplacar comigo era indissociável também de um sentimento contínuo de tensão.

Sua alta frequência on-line facilitou meu trabalho. Em suas vidas marcadas pelo desejo secreto por outros homens, a internet entrava como importante elemento destensionador em relação à família e o trabalho, um terceiro espaço mais neutro moralmente e, portanto, mais acolhedor. Mowlabocus (2010, p. 93) ressalta o conforto de interagir com outros homens de maneira que desejar e ser desejado por outros homens é algo normal em qualquer plataforma de busca de parceiros. Além disso, nas plataformas on-line é que se sentiam com mais controle e capacidade de evitar que seus desejos por outros homens interferissem em sua vida cotidiana. Com este intuito, a maioria articulava várias plataformas em sua vida social, mas, por vivenciarem sua sexualidade de forma secreta, tendiam a duplicar seus perfis mantendo um "oficial", que atendia às demandas de conformidade aos valores sociais, e outro no qual expressavam seus interesses eróticos por outros homens.

Eles costumavam ter dois perfis nas redes sociais, um para adicionar como amigos membros da família e colegas de trabalho, e outro que podemos compreender, a partir da classificação de Parreiras (2008), como *masks*, perfis que não podem ser chamados de falsos, pois revelam mais sobre os desejos e aspirações destas pessoas do que o oficial. Em minha observação não interativa dos perfis de Facebook *masks* de 55 homens, constatei que menos da metade mostrava o rosto e a grande maioria usava nomes inventados ou apelidos, ou seja, expedientes que traduzem o uso relativamente anônimo da rede social on-line. A maioria só tinha "amigos" homens nesses perfis e seus posts, gostos e comunidades envolviam basicamente interesses sexuais.

Além desses perfis *mask*, meus interlocutores também tinham um ou mais anúncios de busca de parceiros em diferentes sites. Alguns tinham, inclusive, dois em cada um deles (um "mais sério" e outro voltado para encontros sexuais anônimos), bem como frequentavam chats e acrescentavam contatos vindos de todas as plataformas anteriores em seu Messenger ou Skype. Também neste caso, a maioria relatava ter dois: um para a família e rede social hétero e outro para os contatos sexuais.

Após essa descrição do campo empírico e de suas características gerais, é possível focar no perfil de meus interlocutores mais próximos, os quais chamarei aqui – trocando seus nomes reais para manter seu anonimato – de Alex, Eduardo e Bruno. Os três tinham origem fora da capital paulista, mas estavam radicados nela há anos quando os conheci. O fato de serem relativamente "forasteiros" pode ter contribuído tanto para o uso das mídias digitais em busca de sociabilização, assim como para que tenham sido receptíveis à pesquisa, dispondo-se a serem entrevistados. Relativamente novos na cidade, buscavam conhecer pessoas on-line – não apenas para intuitos eróticos –, e o distanciamento físico da família de origem lhes dava mais segurança para falarem sobre suas experiências amorosas e sexuais com outros homens.

Os outros dois entrevistados deste segmento do campo etnográfico eram paulistanos de origem, mas conheci apenas um deles face a face e nenhum dos dois manteve contato prolongado comigo, o que associo ao fato de que estavam mais próximos do círculo familiar e de sua rede de sociabilidade de vida inteira, de forma que – compreensivelmente – foram mais cautelosos e menos receptivos à investigação.

Alex, Eduardo e Bruno também tinham em comum o fato de serem brancos, de classe média e alta, com nível universitário e atuarem em profissões conservadoras nas áreas de marketing, direito e negócios. Alex tinha 29 anos quando o conheci, Eduardo 26 e Bruno 31 (inicialmente dissera ter 27), portanto todos estavam em uma fase de consolidação profissional, sendo que os dois últimos tinham namorada na época que acompanhei seus usos das mídias digitais em busca de outros homens. Apenas um dos paulistanos, o que conheci face a face, não era branco e morava em um bairro que poderia ser classificado como de classe média baixa;[68] o outro – o mais reservado de meus interlocutores – vivia em uma vizinhança tradicional e de elite.

A seguir desenvolverei uma análise das experiências dos três interlocutores que acompanhei por mais tempo. Apenas um deles se apresentava como Brother, os outros dois optavam por variações do apelido Macho (dos outros entrevistados, um se apresentava como Mano e o outro como Macho). Os homens que usavam variações de Brother (Brow, Mano, Parceiro) eram relativamente mais abertos a contatos que iam além do sexual ou amoroso, mas buscavam interlocutores com um perfil mais similar ao deles mesmos. Assim, avento a hipótese de não ter sido acaso que tive maior acesso aos que se apresentavam como Macho, apelido que não evocava necessariamente interesse em se relacionar, possivelmente usado por homens mais solitários em suas buscas on-line, solidão que já expliquei ter sido uma via profícua para começar as conversas. Minha "descorporificação" não apagava traços de meu perfil intelectual e fora dos padrões de masculinidade hegemônica, o que definiu limites para que eu

---

[68] No caso, o interlocutor que chamei de Gabriel e apresentei no primeiro capítulo.

fosse recebido como possível "irmão" por um Brother, mas abrindo a possibilidade para eu ser visto como um confidente seguro para os Machos.

Machos e Brothers

Eduardo, um administrador de empresas de 26 anos e morador de um bairro de classe média alta de São Paulo, costumava se apresentar como Brow nas salas de bate-papo para gays e bissexuais. Nascido em um estado vizinho, cresceu em uma família abastada e se mudou para São Paulo para fazer cursinho, depois a faculdade privada e, por fim, quando o conheci, vivenciava um processo de consolidação profissional. Dizia namorar há quase dois anos uma jovem arquiteta e ter se iniciado recentemente em relações com outros homens. Demorou a me mostrar suas fotos, mas, por fim, chegou até a abrir sua câmera, quando constatei que se descrevera sem mentir. Era um homem moreno claro, aparentemente alto e másculo, com uma grande tatuagem no braço direito. Usava roupa esportiva e boné quando me cumprimentou com gestual de "firmeza". Surpreendeu-me quando mostrou dois porta-retratos com fotos da namorada. Gostava de esportes, viajar com ela para o litoral e frequentar baladas com seus amigos, mas – segundo dizia – tinha cada vez mais interesse em encontrar um "Brother" como ele.

Como Eduardo, naquela época eram frequentes os rapazes que se apresentam on-line como Brother, Brow e o menos privilegiado Mano (variação do mesmo *nickname*, mas que denota origem nas classes populares ou na periferia). O que unificava a maioria dos usuários que utilizavam esses apelidos era a busca de reconstituição, na internet e particularmente nos contatos com outros homens, de uma fraternidade idealizada cujo valor comum é a masculinidade compreendida como a identificação com os valores dominantes que a qualificam como hierarquicamente superior ao feminino e os alça ao compartilhamento do poder sobre as mulheres. Era comum que se apresentassem como "machos", "discretos", "que curte mina" ou mais raramente como bissexuais.

Na época que travei contato com eles, em sua maioria procuravam um parceiro para sexo ou relacionamento com o qual pudessem circular no espaço público como se fossem apenas amigos. Eduardo, por exemplo, observa: "pra mim, o cara tem que ser brother, aí dá pra gente sair sem suspeita, tipo dois amigos que saem pra paquerar mulher...". A experiência de sair e paquerar mulheres para "provar" sua aparente heterossexualidade torna estes homens mais atraentes para seus parceiros em uma dinâmica aparentemente paradoxal, mas esclarecedora sobre o tipo de desejo erótico que a molda. Em outro momento, Edu acrescentou: "o que importa é rolar algo quando a gente está sozinho".

Assim, como já observado, os que se apresentavam nos chats como Macho ou variações (MachoGato, MachoSarado, etc.) – diferentemente dos Brother – não buscavam necessariamente um parceiro com o qual sairia em público. O e-mail de entrada do usuário MachoGato27 no Messenger era o de um deus mitológico com face mutante e sua identidade era um anônimo "Eu". Apresentava uma foto à distância, a qual permitia ver apenas o corpo de um homem branco, de barba, alto e malhado, mas dizia abrir a câmera e mostrar o rosto quando está interessado em um possível parceiro. Residente entre o centro e a zona sul, ele se apresentou como Bruno, disse ter 27 anos e, algum tempo depois, contou cursar pós-graduação em uma reconhecida universidade pública de São Paulo. Segundo ele, buscava relações on-line porque considerava ter o direito de viver seus desejos sem culpa e sem prestar contas a ninguém.

Na época, Bruno tinha uma namorada alguns anos mais velha que ele, a qual conhecera em um curso de aperfeiçoamento. Ela também era originalmente do interior do estado, onde mantinha negócios, o que fazia com que sempre passasse parte da semana fora da capital. Eram justamente nesses dias que Bruno buscava encontrar um ou outro parceiro para sexo eventual – nos anos que mantivemos contato, passou a ver um deles com relativa frequência em uma espécie de "caso" ou "rolo". Termos como esse eram usados também por meus outros interlocutores para diferenciar a relação com o homem da que mantinham com mulheres. Namoro e casamento eram associados a relações heterossexuais, enquanto com homens diziam ter "foda", "parceria", "caso", "rolo", "pega". Na fala de um outro interlocutor, que se apresentava como MachoBoy, "sou homem, só me apaixono por mulher, com homem eu faço safadeza".

Ainda que os perfis dos Brothers e dos Machos fossem parecidos, pareciam predominar entre os que se apresentavam como Brother a busca de constituição de algum laço e a possibilidade do encontro em público, enquanto entre os Machos predominavam encontros anônimos diretamente na casa de um dos parceiros. Enquanto alguns dos Brothers buscassem um "parceiro para sexo fixo", o que seria errado confundir com "relacionamento" ou "namoro" no padrão heterossexual, a maioria dos Machos afirmavam procurar sexo "em sigilo" e "sem compromisso". De qualquer forma, pode ser elusivo associar os apelidos a um único comportamento e a uma faixa etária definida. O Brother de hoje pode ser o Macho de amanhã (ou vice-versa) e, apesar de expressarem formas de interação e objetivos diferentes, são apelidos gêmeos em um aspecto central: o alto valor que atribuem à masculinidade heterossexual.

Os usuários que se apresentavam como Brother e Macho tinham em comum um culto da masculinidade dominante que se revelava na forma como falavam (tinham ou buscavam apresentar voz grave, uso de gírias masculinas e palavrões), se vestiam (usam roupas esportivas no cotidiano e se vestem com formalidade no trabalho) e em sua corporalidade: usavam cabelo curto, barba, cavanhaque, alguns tinham tatuagens, mas nenhum tinha *piercing* ou usava brinco. Eduardo e Bruno praticavam esportes e musculação, mas Alex apenas jogava futebol com os amigos e estava um pouco acima do peso. Sobretudo, partilhavam valores que reiteravam em suas falas como discrição, maturidade e honra associados a um claro desprezo com relação a "afeminados", os quais definiam como os que parecem gays ou são "assumidos".

Nas interações no chat e em seus anúncios em sites, era possível reconhecer o que associavam a "afeminados" em afirmações como "Não curto pessoas idiotas e nem afeminados"; "Tô fora de afeminado e drogado de plantão", ou ainda "Tô fora de viados da noite, bichinhas afetadas ou que se dizem machos e na hora vem com aquela roupa *fashion* e com aquela voz de pato". Em suas conversas comigo definiam sua ojeriza a "afeminados" de formas menos cruas, enfatizando que não se sentiam atraídos por caras assim e, depois de alguma reflexão, descrevendo os socialmente reconhecidos como gays como espalhafatosos, superficiais em sua preocupação com moda e música dançante, e adeptos do uso de drogas no circuito das boates e bares, os quais também associavam à promiscuidade.

Devido ao uso altamente individualizado e anônimo que faziam das mídias, costumavam interagir nas plataformas on-line de uma maneira que a muitos de meus outros interlocutores parecia rude ou autocentrada. Demandavam descrições pormenorizadas, mas se furtavam a fornecê-las, assim como exigiam fotos ou câmera para conversar no Messenger sem necessariamente disponibilizá-las. Além do caráter técnico-comunicacional já mencionado na introdução deste capítulo, o que os levava a agir dessa forma era o pressuposto de que – como homens heterossexuais – não poderiam se expor de nenhuma forma, cabendo a quem se interessasse por eles se exibir. A necessidade de discrição terminava por se mesclar a um posicionamento na perspectiva da masculinidade hegemônica, a qual teria o direito de avaliar e escolher o outro, alocado em uma posição inferior já que sua exibição seria a prova da homossexualidade.

Vários de meus interlocutores que se envolveram com Machos e Brothers relataram ter mostrado seu rosto e até mesmo ido encontrar face a face ao menos um deles sem terem sido reciprocados. Os homens heterossexuais no máximo mostravam seus corpos ou uma foto distante, muitas vezes de óculos de sol e boné. Perguntados sobre por que aceitaram conhecer esses homens, diziam que compreendiam sua condição ou que consideravam excitante se envolver com eles. A desigualdade da relação era mais ou menos aceita como dada, já que homens heterossexuais estariam no topo de uma hierarquia de desejabilidade nas plataformas de busca de parceiros do mesmo sexo. Muitos diziam que apenas eles eram "homens de verdade" e verdadeiramente másculos, o que desqualificava homens que se autocompreendiam como homossexuais como tendo um gênero falso ou imperfeito, uma masculinidade que descreviam como "encenada".

Alex e Bruno definiam o encontro cara a cara como "o teste final" para avaliar se "dava pra transar", mas para Eduardo também os que podiam até se tornarem "um amigo para sexo fixo" ou, mais raramente, algo mais. Todos faziam contatos prévios por telefone – muitas vezes ocultando seu número para evitar que o outro pudesse entrar em contato depois –, para avaliar o tom de voz e a conversa, ou seja, se o outro falava como "macho" (o que era valorizado) ou se falava "mole" ou "miava", termos pejorativos que associavam o outro ao afeminamento e, sobretudo, à autodenunciação como gay. O "conjunto" procurado no parceiro somava aparência física atraente – leia-se a de uma masculinidade (próxima da) heterossexual –, voz grave, conversa que expressasse valores e experiências comuns como também ter parceira mulher e/ou manter relações com homens em segredo. E, claro, aceitar se encontrar pessoalmente segundo seus termos.

Em um período em que ainda não se generalizara o uso da videoconferência tampouco havia a profusão de fotos atual, suas expectativas quanto ao contato off-line envolviam mais incerteza (e certo temor) sobre o encontro face a face, o que tinha relação com a transposição da relação do espaço aparentemente secreto da rede para o da temida exposição pública. Quando marcavam um encontro em local público, relatavam a excitação mesclada ao cuidado na conversa, nos olhares e no gestual, o que guiava a avaliação recíproca sobre a conformação a imagens dominantes de masculinidade, fato observado por pesquisas em outros contextos nacionais (PHUA, 2002; SÍVORI, 2010).

A masculinidade é o critério para avaliar se o parceiro em potencial "passa por hétero", é "discreto", o que também envolve características de origem socioeconômica, étnico-racial e cultural. Um rapaz que seria avaliado como "discreto", ou seja, "macho", por outro de classe média alta poderia ser considerado "suspeito" de acordo com padrões de um Mano, jovem das classes populares da periferia que, frequentemente, são mulatos ou negros. A "masculinidade" era, portanto, negociada e imaginada diferentemente segundo o contexto e a origem sociocultural dos envolvidos. O gênero masculino – para eles – não era exatamente um atributo, antes a habilidade de passar desapercebido nos espaços que costumavam frequentar mantendo secreto/invisível o desejo homossexual e, portanto, afastando o risco de sofrer sanções.

Buscando parceiros para sexo não era de se estranhar a prioridade que atribuíam à aparência física deles. Descreviam os que consideravam atraentes de maneira que seria possível aproximá-los das imagens correntes em sites ou publicações gays de homens atléticos que – supostamente – constituiriam uma masculinidade insuspeita. O que leva a refletir sobre como a masculinidade que desejam pode não ser exatamente a heterossexual, antes a que se vende midiaticamente como modelar, portanto bonita, em especial na mídia voltada para homossexuais e à qual tinham acesso por meio da internet em sites pornográficos. Tratava-se, portanto, de uma masculinidade idealizada e disseminada pelas mídias que, mesmo em seu segmento gay, costuma usar modelos heterossexuais.

Os insucessos nos encontros costumavam ser atribuídos ao fato de que o outro não correspondia às expectativas criadas on-line, onde homens até hoje costumam se apresentar como mais jovens, altos, fortes ou másculos do que provavelmente serão avaliados frente a frente. O fato é que muitos usuários de mídias digitais com intuitos sexuais e amorosos tendem a buscar (e até exigir) do outro padrões corporais e culturais que eles próprios não atendem. Além disso, todos tendem a usar suas melhores fotos em perfis na rede assim como ferramentas de correção visual, já existentes naquela época e apenas mais disseminadas nos dias atuais com a popularização dos "filtros", mecanismos de edição de imagens e aplicativos para *selfie*.

A priorização de homens que também tinham companheira mulher ou, ao menos, mantinham suas relações com outros homens em relativo segredo se relacionava à percepção de que a partir do encontro se deparariam com a suspensão da autonomia individual on-line, a qual passaria a ser "negociada" para evitar o risco que a internet parecia suspender: o de ser "descoberto". Assim, o "encontro" ou "caso" – para ser bem-sucedido – exigia a constituição de certo compartilhamento deste perigo, pois a relação iniciada com o contato pela internet cria uma nova situação: ao temor da exposição a conhecidos se somava a dependência do outro para a manutenção de seu segredo, o que tensionava o envolvimento, pois aquele a que se desejava também era aquele que se temia (por conhecer seu segredo).

Dos entrevistados que disseram ter companheira, apenas Alex (solteiro na época da pesquisa) conversou mais sobre a situação da parceira mulher que convive – aparentemente sem nem imaginar – com um homem que se interessa por pessoas do mesmo sexo. Alex morava em um bairro de classe média da zona norte de São Paulo, mas – como já informado – nasceu e viveu a maior parte de sua vida em uma cidade média do interior do estado, onde chegou a se casar e ter uma filha. Segundo ele, a "sensação de culpa" por trair a esposa com outros homens o levou à terapia e ao uso de antidepressivos. Um dia decidiu se separar e, aproveitando uma oportunidade de trabalho, mudou-se para São Paulo, onde buscou se distanciar da ex para tentar se sentir melhor com seus desejos por outros homens. Mesmo longe da família, que deixou no interior, e vivendo em uma cidade com uma extensa e variada sociabilidade gay, Alex continuou a buscar um parceiro pela internet, segundo ele porque "Não me sinto normal no meio gay... Não vivo na academia e me preocupo mais com meu trabalho do que em viajar, me vestir na moda ou ir numa boate nova por semana".

Assim como Alex, a maioria de meus interlocutores priorizava o contato na rede para manter suas vivências homossexuais em segredo. Os perfis duplos, as contas duplas no Messenger, enfim, revelavam a tentativa de criar uma existência paralela cuja centralidade emocional tensionava o cotidiano em que estavam inseridos como pessoas "normais", discretas, heterossexuais. Essa dualidade era mais ou menos aceita como inevitável e visível, como o trabalho constante de manutenção das vivências homo em segredo se pautava pela prioridade que conferiam à sociabilidade heterossexual. Ainda que alguns tenham me afirmado a importância das relações homoeróticas em suas vidas, viviam relegando-as a segundo plano, de forma que as práticas que relatavam sobre a organização da vida cotidiana contradiziam seus discursos.

Seus discursos sobre responsabilidade, valores familiares e confiança pareciam atrair e envolver os parceiros que conheciam on-line. Assim, em um apenas aparente paradoxo, essa forma de se apresentar na rede fazia com que o fato de vivenciarem em segredo suas relações com outros homens fosse encarado como sinal de "caráter", comprometimento com a família, o trabalho e o respeito à companheira mulher, apagando a interpretação possível de que estavam enganando aos outros. Inegavelmente, ao apresentarem sua condição heterossexual, podiam alegar franqueza para os potenciais parceiros e justificar a demanda de que se relacionassem com eles segundo suas condições, das quais a principal era a de manter o encontro ou caso em paralelo à sua vida "oficial".

A busca por constituir vidas paralelas, no fundo, traduzia um desejo de controle sob constante ameaça.[69] Mesmo

---

[69] Turkle (2011, p. 157) sublinha que o uso das mídias comunicacionais em rede se associa frequentemente a um desejo de controle das relações, o que explora por meio da análise do caráter editado das mensagens.

omitindo dados sobre a vida hétero para seus parceiros homens, permaneciam os mesmos, tendo que conciliar vidas que se cruzavam a todo momento. Temiam encontrar alguém conhecido no lugar errado, mas – frequentemente – o que mais os ameaçava eram eles mesmos, daí se imporem um constante autoexame para não trair a si próprios. O que torna compreensível o expediente de alguns de meus pesquisados de adotarem nomes falsos em seus contatos com outros homens (e mesmo comigo).

Bruno só me revelou seu nome real seis meses depois de nos conhecermos. Como outros, também havia mentido sobre sua idade (já tinha 31 anos), omitia tudo o que se relacionava à sua namorada e inventava detalhes sobre sua vida pessoal e profissional que, depois, confundia. A aparente segurança on-line não tem paralelo no off-line, daí os relatos de manobras para evitar o risco de que suas relações com outros homens os expusessem ao escrutínio de conhecidos, sobretudo familiares e colegas de trabalho. Alex, por exemplo, dividia os contatos em dois números de celular diferentes, mentia sobre o bairro em que morava para os homens com quem saía e só marcava encontros ou saía com algum "caso" evitando os locais em que poderia deparar-se com conhecidos. Na rede de relações que criou desde que se mudou para a capital, pareciam predominar outros que adotavam táticas similares e que, estrategicamente, tendiam a manter mesmo estes "amigos" a certa distância de seu núcleo familiar.

O fato de ter família no interior lhe dava mais segurança do que tinham seus colegas paulistanos. A imagem de "separado" com filha garantia seu *status* na cidade de origem, mas, certo dia, relatou-me sentir pressão para apresentar aos pais a sua namorada. Ao indagar, "qual?", ele riu e revelou que tinha começado a ficar com uma colega de trabalho ao mesmo tempo que mantinha um "caso" com um rapaz bem mais novo. Estava se sentido pressionado na família e no trabalho e sob risco de que alguém descobrisse a relação, pois o rapaz não tinha namorada e queria morar junto. Dividido entre pressões, riscos e desejos, reencontrou um velho e conhecido dilema que acompanhei em muitos relacionamentos criados na internet.

Grande parte dos relatos de insucessos relacionais tinham como clímax o momento em que eles encararam o dilema entre expor-se e ser descoberto como homossexual. Nos vários casos que acompanhei, a escolha foi distanciarem-se ou cortarem contato com o amante homem e, depois de algum tempo, retornarem à internet em busca de outro. Suas reclamações ou críticas às relações forjadas on-line eram frequentes, mas associadas a afirmações de que "ainda vale a pena tentar", "a internet é como qualquer outro lugar, tem gente de todo tipo, até eu". A valorização do retorno à rede como meio privilegiado para a busca de novas relações se justificava porque, para a maioria dos pesquisados, a web era o principal local de sociabilidade em que podiam expressar seus desejos e conhecer pessoas em situação similar, e, sobretudo, porque nela imaginavam ter total controle sobre as relações.

Encontravam na internet outros homens que partilhavam da compreensão da homossexualidade como algo indissociável do segredo. Assim, as restrições aos seus desejos terminavam por ser erotizadas em uma busca de socialização em que exercitavam identidades inventadas e experimentações sexuais. Partindo de uma prerrogativa masculina de que tinham direito a exercitar sua sexualidade sem se responsabilizar por quem se envolvia com eles, algumas vezes se eximiam com relação ao sofrimento que causavam no parceiro, fato expresso em frases como as de Eduardo: "ele é homem e sabe como isso funciona". "Funcionamento" que toma como dada a aceitação conjunta dos amantes homens de que a vida em sociedade é e deve permanecer heterossexual.

Aventura e risco

A partir das experiências desses homens, que buscavam conciliar uma vida social heterossexual com casos ou encontros sexuais homo em segredo usando a internet, é possível refletir preliminarmente sobre as interdependências entre as sexualidades socialmente reconhecidas e as menos aceitas, evitando reduzi-las a um binário (hétero–homo) e passando a reconhecer como ainda ignoramos muito das dinâmicas das chamadas heterossexualidades. Em síntese, não apenas as homossexualidades são plurais, mas também as heterossexualidades, e não se cristalizam como polos opostos, mas se constituem relacionalmente por meio de eixos que mal começamos a explorar.

É um desses eixos que marcava as vidas de meus interlocutores. Usuários como os que se apresentavam como Macho e Brother nos bate-papos e sites de busca de parceiros entre 2008 e 2012 buscavam na internet um local de socialização em que sua autonomia se imporia às regras sociais, o que permitiria que vivenciassem seus desejos por outros homens sem colocar em risco seu *status* heterossexual. Buscavam criar, por meio do contato on-line, vidas paralelas, mas as relações forjadas aí se materializavam em relações que se cruzavam a todo momento off-line. Assim, o almejado contato "real" provia tanto prazer quanto tensão, pois a partir do momento que passavam a conviver com outro homem também passavam a vivenciar insegurança.

O relativo sucesso desses homens em encontrarem parceiros on-line se devia ao grande número – talvez a maioria – de usuários que mesmo se autocompreendendo como gays também buscavam relações "discretas" ou "sigilosas", especialmente com parceiros que exibissem sinais de uma masculinidade padrão, corporificada na imagem de um homem plenamente ajustado à ordem heterossexual. Assim, o desejo deles era homoerótico, mas se dirigia ao homem "heterossexual" – ou que "passasse por hétero" – e aos valores e práticas de uma masculinidade historicamente construída, alçando-os a uma superioridade em relação aos claramente homossexuais assim como à partilha do controle sobre as mulheres. Este aparente paradoxo se desfaz se recordamos a asserção de R. W. Connell (1992, p. 748) de que a masculinidade hegemônica é definida como exclusivamente heterossexual.

As histórias de vida de meus interlocutores provam que as mídias digitais não são uma ferramenta neutra. Elas os atrai, entre várias razões, pela possibilidade de iniciar relações "do zero", ou seja, nas quais podem controlar toda a informação a ser fornecida para o parceiro em potencial, criando uma versão melhorada de si mesmo. A web tem modificado suas vidas ao fazer com que, buscando realizar seus desejos, ampliem o papel da sexualidade na forma como se compreendem. Sentiam um prazer novo e satisfação em se saber que eram desejados por outros homens, o que ajuda a compreender as observações que me faziam de como passaram a ter outra relação com seus próprios corpos, passando a aparar ou depilar os pelos, dedicarem-se a exercícios físicos, a terem "mais desejo sexual".

De qualquer forma, a principal transformação que vivenciavam a partir do uso das mídias em busca de parceiros do mesmo sexo parecia-me subjetiva. O uso de plataformas de busca de parceiros, quer sejam os antigos chats ou os aplicativos atuais, incitam os usuários a expressarem incessantemente seu desejo, o que constitui um exercício subjetivo que reitera a visão de que seus desejos por outros homens não passam de "sexualidade", pensamento reconfortante para aqueles que foram incentivados desde a infância a separar amor de sexo.

O reconforto da divisão entre amor e sexo consistiria em aceitar a ordenação da vida amorosa, desde que, ao mesmo tempo: (a) ela seja construída como heterossexual (quiçá reprodutiva) tanto na vida familiar quanto no ambiente de trabalho, e (b) homo-orientada apenas em segredo, desvinculada de afetividade ou compromisso duradouro. Daí muitos procurarem o que um de meus entrevistados que se apresentava como Brow definiu como "um cara macho, normal, que apenas também curta uma parada na encolha com outro brother", ou seja, um parceiro que partilhe de uma concepção bem convencional do que é ser homem. Para eles, homem sempre tem uma parceira mulher e também amantes, pois a predação sexual e a manipulação da parceira constituem sua própria masculinidade.

Quando estavam se relacionando, ao mesmo tempo, com uma mulher e um homem, muitos, como Eduardo, não expressavam sofrimento ou consciência pesada sobre a namorada ou o amante, mas alguns, como Alex e Bruno, afirmavam ter crises de consciência, o que não os eximia de efetivamente enganar e/ou manipular suas companheiras e eventuais amantes. Aparentemente buscando preservar suas namoradas, muitas das quais diziam amar ou respeitar, terminavam por traí-las com homens com os quais – mais raramente – também chegavam a se envolver. Revelando a eles sua condição de compromissados com uma mulher, tendiam a relegá-los aos tempos livres da agenda oficial e exigir deles maior flexibilidade do que ofereciam, omitir quase tudo de suas vidas para se preservarem e abandoná-los quando "necessário".

Marcados pela visão dominante de que homens não podem controlar seu desejo sexual nem perder o controle (Villela, 1998; Seffner, 2003, p. 211), buscavam expressar sua masculinidade no envolvimento com outros homens na mesma lógica do beber muito, mas sem perder o domínio sobre si, comer muito sem passar mal ou fazer muito sexo sem que isso interferisse em sua vida profissional ou familiar. O problema era que – ao buscar sexualmente outros homens – adentravam em terreno perigoso, pois temiam serem "descobertos" e "emasculados". Assim, tentavam compensar esse risco por meio de um controle redobrado sobre a companheira e o amante, o que se revelava extenuante já que dependiam do convencimento da mulher e ainda mais do homem, do qual esperam compreensão e conformidade às suas prioridades.

Vivendo sob o risco de que alguém descobrisse sua relação com outro homem, passavam a desenvolver um comportamento regido por um temor persecutório em que sua preocupação os tornava incapazes de confiar em qualquer pessoa. Nessa condição dolorosa e tensa, ainda tinham que controlar seus sentimentos para não despertar suspeitas. Nesse sentido, meus interlocutores aproximam-se dos homens pesquisados por Larissa Pelúcio, os quais buscavam relações extraconjugais hétero por meio do site Ashley Madison, ou seja, todos corriam algum tipo de risco: como o de serem descobertos, acabarem com relações estáveis que lhes davam segurança ou até se apaixonarem (2015, p. 45). Sobretudo, apostavam na sua capacidade de gerir e controlar riscos para saborear as emoções do "risco-aventura" de suas relações forjadas on-line e efetivamente vividas no off-line.

O risco indissociável da aventura era visível nas falas de meus interlocutores sobre seus encontros com outros homens, quase sempre descritos como marcados por uma – em seus próprios termos – "adrenalina", portanto um sentimento associado também aos esportes, em especial os radicais. A partir desses encontros, passavam a viver gerenciando riscos: "Como gerenciadores de riscos, esses homens acabam expressando nessas experiências narradas elementos basilares da modernidade tardia, teorizada por Ulrich Beck (1993) no conceito de 'sociedade de risco'. Esta, segundo o autor, se sustentaria na tríade globalização, individualização e reflexibilidade" (PELÚCIO, 2015, p. 46). Pode-se reconhecer o papel da globalização nas novas tecnologias comunicacionais em rede, a individuação na autonomia desejante possível em uma sociedade pós-tradicional e a reflexibilidade na forma como associavam o uso da tecnologia a favor de sua autonomia sexual. Assim, a despeito de todos os temores, arriscar-se pelo prazer alocava meus interlocutores em uma posição de monitoramento e gestão do perigo, do exercício de controle e autonomia que os vincula a modelos de masculinidade.

Não tive acesso direto a suas mulheres e pouco obtive de informação a respeito delas enquanto travei contato frequente com rapazes que se envolveram com Machos e Brothers. Elas, do pouco que pude inferir, parecem realmente ignorar as vidas paralelas de seus companheiros, algo compreensível, ao menos em parte, devido à condição de oficialidade adquirida por serem apresentadas à família e partilharem dos eventos e horários mais importantes na vida deles. Os amantes, por sua vez, caracterizavam-se por aceitar uma posição acessória, o que se justificava por diversas razões, das quais explicito apenas duas: o fato de também terem namorada ou não estarem envolvidos afetivamente com o parceiro. Em uma lógica dolorosa para eles, quanto mais se envolviam passavam a demandar mais atenção, o que colocava o relacionamento em risco ao pressionar o parceiro que tinha como prerrogativa jamais ceder aos anseios de outro homem.

O amor entre os amantes homens frequentemente era percebido por um dos parceiros como ameaça a seu *status* heterossexual. Problemática, por exemplo, era a posição do parceiro que se separava da namorada, o que tendia a evocar no outro o temor de que demandasse o mesmo dele ou, pior, de que se assumisse como homossexual. Raros foram os relatos de rompimento, mas muito comuns os sobre perda progressiva de contato. Na fala de um Brow: "se você liga e o cara desconversa dizendo *a gente vai se falando...* kkkkk [risos] [...] o cara tá te dando o pé na bunda". Eram mais comuns os "desaparecimentos" – que recentemente, na esfera mediada digitalmente, passaram a ser chamados de *ghosting* –, o que a fala de um ex-parceiro de um rapaz que se apresentava como Macho auxilia a entender: "Homem não rompe: esfria, se afasta ou torna sua vida tão ruim até você tomar a iniciativa de cortar contato... Assim ele joga a culpa pelo fim da relação pra você".

Em meio à diversidade de vivências da homossexualidade no Brasil contemporâneo, as de usuários de bate-papos que se apresentavam como Macho ou Brother – afirmavam ser "fora do meio" e buscar parceiros "acima de qualquer suspeita" – demonstram a continuidade de formas diversas de vigilância e punição a expressões públicas da homossexualidade, o que induz sua vivência em segredo e, segundo meus interlocutores, também em solidão.

As queixas constantes de sofrimento e solidão podem ser interpretadas como uma forma de expiação de culpa e criação de empatia para com suas vidas. O sofrimento se relacionava à sensação de culpa por agirem em desacordo com normas sociais e familiares que valorizavam. A solidão derivava do fato de que não podiam falar das tensões nem para a companheira mulher nem para o eventual caso amoroso masculino. Apesar de sofrerem e sentirem-se solitários, detinham agência e sabiam fazer uso de sua "condição difícil" para barganhar as condições nos relacionamentos secretos que criavam. Mas permanecia a sensação, o desconforto e a queixa constante – para mim ao menos – de que viviam uma profunda solidão.

A solidão da qual tanto se queixavam pode ser associada à perda do pertencimento plenamente ajustado ao círculo de amizades masculinas heterossexuais em que foram criados. A partir do momento que passaram a se envolver – mesmo em segredo – com outros homens, perderam a sensação de confiança e a possibilidade de contar tudo aos amigos heterossexuais com os quais, antes, compartilhavam até mesmo histórias sobre suas amantes mulheres. A tentativa de recriar essa camaradagem com homens que conheceram on-line tendia a falhar, já que, em vez de se orgulharem e se divertirem com seus segredos heterossexuais, passavam a compartilhar o medo e a vergonha com relação aos desejos homossexuais.

Por fim, é possível refletir melhor sobre o que fazia com que esses homens vivessem seguindo as normas que restringiam sua afetividade e que diziam lhes causar tensão ou sofrimento. A etnografia sugere que os usuários que costumavam se apresentar como Macho ou Brother vivenciavam seu desejo por outros homens tensionados tanto pela sexualidade quanto pelo gênero, pois o valor máximo que cultuavam era o da masculinidade heterossexual. Eles temiam em si próprios, nos outros e no possível parceiro, toda e qualquer forma de "afeminamento". O cerne desse medo é de que a atração por pessoas do mesmo sexo os levasse a confrontar a ordem social, perdendo o privilégio do gênero masculino – o que, de certa forma, os exporia a serem humilhados e (mal) tratados como mulheres. Afinal, eles sabem como mulheres são enganadas e manipuladas, conhecimento que os guia, em relações com mulheres ou homens, na busca da manutenção de uma posição de domínio e controle que os proteja de destino similar ao delas.

Assim, meus interlocutores, a despeito de também se envolverem com homens, comportam-se de uma determinada maneira, a qual foi bem descrita e analisada por Eva Illouz no contexto heterossexual pós-década de 1960:

> Os homens transferiram para o sexo e a sexualidade o controle que antes exerciam no lar, desde então, o campo sexual se transformou no âmbito no qual podiam expressar e exibir sua autonomia e sua autoridade. O desapego na sexualidade passou então a simbolizar e a organizar o tropo mais amplo da autonomia e do controle, ou seja, da masculinidade (2012, p. 103).

Um desapego que meus interlocutores exercem buscando escapar da temida associação à homossexualidade, o que os obrigava a lutar contra seus sentimentos e a desenvolverem uma insensibilidade com relação ao parceiro quando ele se apaixonava. O apaixonado era o que se expunha, o que revela como a homossexualidade para eles era um termo de acusação e desprestígio do qual buscavam se livrar atribuindo-a ao outro. Nessas relações, o amor de um homem por outro tendia a ser compreendido como perda de autocontrole e racionalidade. O apaixonado era emasculado, o que o tornava gay e, na mente desses homens, perigosamente próximo do temido afeminamento, tornando-o – aos olhos daquele que antes o queria – progressivamente indesejável. Como observado por Fernando Seffner, em estudo com homens de perfil similar, mas de uma geração anterior:

> O medo de ser afeminado parece maior do que o medo de se relacionar com outro homem, pois se essa relação for interpretada como uma relação entre machos poderá ser vista como muito viril, uma relação entre iguais (2003, p. 127).

A maioria dos Machos e Brothers que conheci agia, portanto, a partir de um modelo masculino e heterossexista férreo, que associava o "ser homem" a ter uma parceira mulher, mas se manter disponível para outras relações. Aos poucos, ao conhecê-los melhor, descobri que alguns deles tinham um histórico de amantes já quando se relacionavam apenas com mulheres. O problema passou a ser quando, no lugar da amante, passaram a ter outro homem – o que, em vez de reforçar sua masculinidade, passou a ameaçá-la.

Marcados pela forma como a cultura brasileira compreende e cultiva a masculinidade como sinônimo de predação sexual, mas mais conscientes de suas injustiças, tendiam a sabotar as relações homossexuais quanto mais elas apontavam para alguma forma de comprometimento. Assim, mesmo às custas de eventuais sofrimentos e frustrações, afastavam-se do ex-amante, priorizando a vida heterossexual que lhes garantia segurança e acolhimento.

5. Estranhos no Paraíso

Em São Francisco, em uma de minhas primeiras entrevistas com usuários de aplicativos de busca de parceiros, me deparei com uma crítica à tecnologia como supostamente facilitadora de sexo rápido e arriscado, observação que ecoaria em outras interações. Dan, um jovem profissional da área tecnológica e que vive em um bairro de classe média alta da cidade, afirmou que usa o aplicativo apenas para conversar e conhecer pessoas. Segundo ele: "Como eu te disse, *hookups* não são seguros para mim. O Grindr simplesmente amplia a mentalidade do sexo sem compromisso. Então eu decidi não o usar desse jeito. [...] Isso devia ser parte da sua pesquisa. Quer dizer, é por isso que as saunas se tornaram ilegais nessa cidade – não é seguro transar tanto. Mas as pessoas têm usado as mídias digitais para impor uma sauna digital, tão insegura quanto as originais, e por toda a cidade".

Paradoxalmente, o mesmo usuário que criticava a prática do *hookup*, termo local para sexo sem compromisso, confidenciou que fazia sexo apenas sem camisinha. Ao observar que não fazia sentido seu julgamento negativo sobre o aplicativo e seus usuários, mas que o risco era o sexo sem camisinha, ele tentou explicar: "Os caras no Grindr me deixarão transar com eles sem camisinha. E esses caras têm alto risco de serem HIV positivo, enquanto eu sou HIV negativo e quero permanecer assim. Então é uma mistura ruim. De fato, caras em todo lugar deixam você foder com eles sem camisinha. Então eu evito fazer sexo sem compromisso. Não é seguro. Mas o Grindr é menos seguro porque nele sexo é tão fácil. Por isso só entro aqui para conversar".

A longa entrevista que fiz pelo aplicativo instalado em meu *tablet* traz elementos para compreender o uso dos aplicativos em São Francisco. Evidente é a associação entre o uso deles e o sexo sem compromisso (*hookup*), mas cujo julgamento moral negativo desse usuário o associa à antiga prática do *cruising*, a busca de parceiros sexuais em espaços públicos como parques, banheiros ou saunas. Neste capítulo, buscarei trazer elementos históricos e sociológicos que corroborarão os aplicativos como mecanismos facilitadores do *hookup*, mas que problematizarão o paralelo com o *cruising*.

Iniciarei apresentando o ambiente urbano desse centro irradiador da nova economia centrada no uso de tecnologias. Meu objetivo é evidenciar mudanças profundas na esfera da economia e da estrutura urbana, sem as quais não é possível compreender como e por que se dão os usos contemporâneos das mídias digitais, especialmente as móveis. A progressiva centralidade das novas ocupações associadas à tecnologia tem gentrificado São Francisco, a qual já foi um paraíso para *outsiders* no imaginário norte-americano, mas tem se transformado em um centro dos *techies* e *hipsters* – os primeiros são os profissionais da área tecnológica, e os últimos um termo abrangente para a nova burguesia boêmia local.

Em seguida, mostro como entrei em campo etnograficamente, entre janeiro e agosto de 2013, para compreender como gays estão lidando com essas mudanças. Por meio do convívio com vários informantes, de leituras e observação, ensaio algumas reflexões sobre como as mídias digitais móveis se associam e potencializam a prática do *hookup*, moldando uma nova economia do desejo, na qual não apenas os contatos sexuais e amorosos passam a ser mediados digitalmente, mas os critérios de busca e seleção de parceiros são higienizados em relação ao passado.

Na sequência, mostro como a consolidação de um novo espaço relacional on-line em São Francisco está diretamente relacionada à decadência tanto do bairro gay quanto de uma compreensão comunitária da homossexualidade. O resultado é um processo de adesão a valores e ideais individualistas trazidos por uma nova geração de moradores da cidade: jovens profissionais heterossexuais da área tecnológica. Por fim, retomo criticamente as reflexões desse primeiro interlocutor, que julga os aplicativos e o *hookup* como moralmente condenáveis, para um balanço das transformações recentes na cidade da Costa do Pacífico, as quais, em certa medida, espero também poderem contribuir para a compreensão das vivenciadas em outros contextos, como o paulistano.

A passagem da contracultura à gentrificação

Historicamente, São Francisco atraiu grupos alternativos diversos, especialmente após a Segunda Guerra Mundial: a começar pelos soldados, aeronautas e marinheiros que foram expulsos das Forças Armadas por serem homossexuais (BÉRUBÉ, 2010) e, posteriormente, por ter se tornado um refúgio de intelectuais como a geração *beat* e um dos centros irradiadores da contracultura. Entre 1940 e 1980, a aura dissidente da cidade atraía perfis alternativos de moradores e mantinha afastados aqueles interessados em viver o que então se compreendia como o *American Dream*, intrinsecamente ligado à vida nos subúrbios, em torno das famílias nucleares seguramente afastadas de pobres, imigrantes, minorias raciais e dissidentes comportamentais que permaneciam concentrados no que definiam como o "decadente" centro urbano.

Essa história criou a imagem ainda muito disseminada de que São Francisco é uma espécie de paraíso norte-americano para dissidentes políticos, culturais ou comportamentais. Em *The Fabulous Sylvester: San Francisco in the Seventies* (2005), a sociobiografia de um astro musical dos anos 1970, o sociólogo queer Joshua Gamson oferece uma reconstituição histórica do cenário contracultural da cidade. Segundo ele, o circuito alternativo se espalhava pelos bairros mais próximos do centro, em especial na região de North Beach, mas já se dirigiam ao outro lado da Market Street: "Por volta de 1965, negócios de ou dirigidos a homossexuais apareceram pela Polk Street e o primeiro centro comunitário gay apareceu no bairro South of Market em 1966" (2005, p. 48).

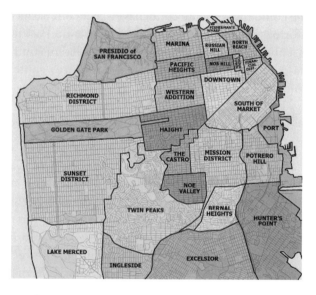

Figura 3 - São Francisco com seus principais bairros
Fonte: www.udel.edu.

Aos poucos, gays e outras pessoas queer começaram a morar no bairro *hippie* Haight-Ashbury até que, na década seguinte, o centro da Revolução Sexual havia se tornado o bairro vizinho do Castro, cuja aura de liberação se projetava na cidade como um todo. A relação entre a cultura *hippie* e a ascensão do movimento homossexual é até mesmo geográfica, dada a proximidade entre o antigo bairro *hippie* e o Castro. Também é visualmente constatável na forma como a transposição do arco-íris foi feita para criar uma bandeira alternativa, inspirada na estadunidense e que, posteriormente, se tornou internacionalmente conhecida como a bandeira do orgulho gay.

Nas palavras de Gamson (2005, p. 108):

> Por volta de 1975, São Francisco era para homens gays e lésbicas o que Israel foi para judeus, apenas com menos guerras e mais festas. A cidade era conhecida como o local para socialização dos exilados, a terra do leite e do mel para eles. Isso foi a era quando as várias correntes do movimento gay – os que queriam ser aceitos, os que queriam fazer barulho, os que gritavam "Gay Power" e os que calmamente afirmavam "nós somos como vocês" – tinham ao menos uma coisa em comum: todos advogavam sair do armário. Não causa surpresa o fato de que muita gente simplesmente fez isso; ao menos a liberação parecia prometer menos vergonha, mais amor e sexo melhor. Mas, claro, também significava ser repentinamente recusado por praticamente todo mundo que pensava que você era hétero.

Data também desse período o aumento da população de rua de São Francisco, a qual excede visivelmente a média em comparação com outras grandes cidades norte-americanas. As razões apontadas pelos locais são diversas, entre as quais se destacam o clima ameno (para os padrões americanos), a grande quantidade de turistas que oferece esmolas e políticas estaduais e municipais que remontam à década de 1980. Estados vizinhos e mesmo o antigo governador Ronald Reagan chegaram a pagar passagens para que moradores de rua fossem para São Francisco, cidade então considerada refúgio de *outsiders*, "excessivamente" liberal nos costumes e politicamente democrata.

Desde a década de 1990, no entanto, São Francisco passou por um profundo processo de transformação vinculado à emergência da nova economia baseada em tecnologia, inovação e empreendedorismo. Os profissionais da área começaram a se mudar das cidades do Vale do

Silício para São Francisco, e um terço do capital de risco norte-americano se transferiu para a região. Segundo o geógrafo urbano Neil Smith (cf. BERNSTEIN, 2010, p. 34), as transformações se explicam pela inflexão no modelo de urbanização que prevaleceu nos Estados Unidos após a Segunda Guerra Mundial, aquele marcado pela expansão da classe média para os subúrbios que relegou os centros das cidades aos pobres e despossuídos. A mudança da economia para serviços, recreação e consumo tornou novamente atraente esses espaços centrais, tanto para o comércio como para a moradia dos jovens vinculados à nova economia. Emergiu, portanto, uma nova geografia da centralidade e da marginalidade, em que a classe média branca volta à cidade e o proletariado urbano, muito menor que no passado, é empurrado para a periferia.

Os filhos dos subúrbios afluentes – muitos em profissões vinculadas à área tecnológica – têm feito o caminho inverso de seus pais e avós e retornado à cidade. Esse retorno tem sido marcado por uma renovação do espaço urbano, um processo chamado de "gentrificação", termo criado pela socióloga britânica Ruth Glass e que designa um conjunto articulado de transformações em áreas que passam a ser objeto do interesse de incorporadoras e autoridades municipais, as quais tendem a tomar medidas que reformam o aparelho urbano encarecendo a área. Isso tende a expulsar os moradores antigos, abrindo espaço para empreendimentos imobiliários que atraem classes afluentes (SOLNIT; SCHWARZENBERG, 2000).

A gentrificação se associa, também, a intervenções que buscam eliminar as manifestações visíveis de desvio e pobreza nos espaços urbanos, em especial nas áreas recentemente ocupadas pelo comércio e pelos serviços, os quais requerem locais "seguros" e "limpos" para atrair consumidores. Assim como em outras partes do mundo, o policiamento passou a ser uma estratégia para expulsar membros das classes populares das áreas que voltaram a ser de interesse imobiliário. Apesar da gentrificação visível e acelerada, a incrível quantidade de moradores de rua permanece. Salta aos olhos de qualquer visitante o fato de que apesar de os negros serem parte bem pequena da população da Bay Area, geralmente concentrados em cidades do outro lado da baía como Oakland e Richmond, eles formam parte considerável dos moradores de rua.

Figura 4 - Bay Area, área metropolitana de São Francisco
Fonte: Silicon Valley Blog.

Em síntese, São Francisco passou da contracultura para a gentrificação e, no presente, os espaços que já foram dissidentes têm se tornado crescentemente *mainstream*. Se, no passado, a cidade chegou a ser vista como lar de *outsiders*, atualmente seus habitantes mais reconhecidos são os *hipsters*, termo que alude ironicamente às culturas urbanas do passado para se referir a pessoas de classe média ou alta que migraram para áreas anteriormente consideradas degradadas e baratas, tornando-as caras e parte de um sofisticado circuito de consumo e lazer.

O típico *hipster* tenta parecer despretensioso, aberto, capaz de conviver com diferenças étnicas, raciais, sexualidade, mas – como alguns críticos têm apontado – sua "abertura" se assenta em um privilégio de classe garantido, a partir do qual se constrói um olhar supostamente multicultural, mas consumista e politicamente conformista. Em São Francisco, uma parte deles tem se instalado na fronteira entre o Mission e o Castro, portanto entre o tradicional bairro latino e o gay. David M. Halperin reflete sobre como *hipsters* têm incorporado aspectos da cultura queer e avalia:

> Em vez de apropriar e "queerificar" objetos culturais *mainstream*, o hipsterismo heterossexual se delicia em reapropriar formas culturais minoritárias cortando delas "símbolos e ícones" autenticamente *queer* ou dissidentes e os usando para consolidar sua própria identidade, enquanto se eximindo – por meio de seu privilégio heterossexual e seu conhecimento de "vanguarda" [*hip*] – das desqualificações sociais que deram origem inicialmente àquelas forças contraculturais (2012, p. 395).

Os *hipsters* são os descendentes das classes favorecidas que abandonaram as cidades pelos subúrbios em meados do século XX e que, cerca de meio século depois, retornam encontrando os resquícios da contracultura e os assimilando de forma despolitizada. A despeito de seu caráter conformista, sua existência prova que uma geração emergente dos americanos não vive mais em torno dos valores e do estilo de vida de uma sociedade de massas, em que o consumo estandardizado era a palavra-chave, um modelo econômico estreitamente vinculado a outra ética social e política que se baseava mais em valores familistas e nacionais inflexíveis.

Hipsters e similares têm novos desejos e aspirações e, mesmo que a heterossexualidade não seja uma característica de todos eles, ela tende a ser predominante. Em termos de estilo de vida, diferentemente de seus pais e avós, são mais afeitos ao lazer, à boemia e ao consumo. Não mais o de massas, antes o altamente sofisticado e segmentado que um centro urbano como São Francisco proporciona. *Hipsters*, portanto, parecem ser moralmente mais flexíveis e menos preconceituosos que seus antepassados, já que vivem em contextos que exigem – em maior ou menor grau – conviver com pessoas de diferentes origens étnico-raciais e sexualidades não normativas.

No entanto, o novo contexto urbano criado pela gentrificação não é tão democrático quanto parece porque, entre outras razões, assenta-se em formas renovadas de desigualdade social que envolvem a emergência e a disseminação das mídias digitais móveis. Em termos de sociabilidade, elas facilitam a formação de redes relacionais seletivas. Assim, mesmo no perímetro urbano mais acessível e democrático, é possível conviver com diferenças mantendo-se alheio a elas.

Atualmente, São Francisco e sua região metropolitana (que inclui a região chamada de Vale do Silício, famosa pela produção tecnológica) constituem um exemplo acabado do que Scott McQuire chama de *media city*, uma daquelas em que o "espaço relacional" criado pelas mídias digitais ganha massa e centralidade na vida social. Em seus termos:

> A cidade-mídia alcança massa crítica quando o espaço relacional começa a emergir como dominante culturalmente. Já que o espaço relacional não pode ser definido por atributos essenciais ou qualidades inerentes e estáveis, ele assume significância basicamente por meio das interconexões estabelecidas entre diferentes núcleos e setores. Tais interconexões são caracterizadas, sobretudo, por sua variabilidade e impermanência. Como Lash afirma, os antigos laços sociais organizados a partir da proximidade espacial estão sendo substituídos pelos laços comunicacionais que são "a distância" – quer seja comunicação a distância ou pessoas vindo de longe para se encontrar face a face (2008, p. 23).

A centralidade dos laços comunicacionais a distância é evidente na forma como as mídias digitais tornaram a cidade um "novo lar", pois passaram a permitir, por exemplo, o trabalho a distância, por meio do uso de equipamentos portáteis como *laptops* e *smartphones*. Isso para não mencionar as relações interpessoais cotidianas em uma cidade em que os serviços de celular e internet custam muito mais barato do que no Brasil e são de uso quase universal.

É em meio à transição de São Francisco – de refúgio de *outsiders* para um dos centros de uma nova vida social *mainstream* e mediada por mídias digitais –que meus interlocutores na pesquisa se mudaram para lá, encarando um cenário cultural cambiante e contraditório. A despeito das avaliações positivas sobre a cidade e seus moradores predominarem, eles reconhecem que, entre a imagem de uma espécie de paraíso reforçada pelos interesses turísticos e a realidade cotidiana de quem nela vive, emergem dúvidas, tensões e incertezas sobre o futuro.

Provavelmente, a maioria dos que conheci não permanecerá em São Francisco por dificuldades econômicas, assim como acompanhei alguns de meus entrevistados nesse processo de mudança para cidades vizinhas. Também conheci muitos em tentativas – na maior parte das vezes frustradas – de se mudarem para lá. Entrevistei vários homens gays que vieram para a cidade na temporada de contratações pelas empresas de tecnologia do Vale do Silício. Entre eles, um americano de Boston (formado pelo Massachusetts Institute of Technology, o MIT), um indiano, um brasileiro e um israelense.

Um profissional com alta qualificação em Israel e que já trabalhou também na Dinamarca, Ori me ajudou a conhecer um pouco a onda migratória desse tipo de profissionais para a região da Bay Area. Onda em que apenas formação, talento e competência não são as únicas qualificações que abrem as portas das grandes empresas. Na mesma época que acompanhava seu estresse nas maratonas de seleção, que mais pareciam testes de resistência física e psicológica, conheci e entrevistei um funcionário da Apple de origem mexicana. Em meio a uma de nossas entrevistas, descobri suas conexões com famílias ricas e politicamente poderosas em seu país e como um amigo conseguiu o contato que o trouxe à poderosa empresa com sede em Cupertino.

Ori terminou recusado em todas as empresas e retornou a Israel. O brasileiro nem mesmo conseguiu participar de várias seleções e terminou aproveitando seu período final no país para fazer turismo. O americano de Boston e o indiano foram contratados, o primeiro como parte de um projeto de inovação em uma *startup* e o segundo por uma empresa de software em San José. Se para esses jovens profissionais da área tecnológica é difícil conseguir um emprego e se estabelecer, tudo é ainda pior para os que não têm o mesmo nível educacional ou profissional.

Paul, um homem de Seattle, imigrara há alguns anos para São Francisco e trabalhava como vendedor em uma loja de roupas de uma marca de alto nível. Ele me contou como, aos poucos, decidiu retomar os estudos universitários, cujo financiamento alto exige que reduza seus custos e se mude para uma cidade vizinha. Também conta como boa parte de seu círculo de amigos na cidade, a grande maioria gay e vinda de outras partes da Costa Oeste norte-americana, já fez esse movimento ou tenta apenas adiar a inexorável saída dos entornos do Castro.

Pessoas que antes seriam o perfil predominante na cidade começam a se tornar estranhos ali. Entre meus entrevistados, apenas o que tem uma função elevada em um banco e o que trabalha na Apple têm condições financeiras de financiar seu próprio apartamento no futuro próximo. Os outros conseguem, com maior ou menor dificuldade, se manter na cidade vendo muitos amigos mudarem-se devido ao alto custo de vida que tornou São Francisco similar a centros como Nova York, pontos nodais da nova economia que atrai, mas que também expulsa moradores com regularidade. Os que ficam são visivelmente os com o perfil socioeconômico mais alto – não por acaso, principalmente os vinculados às áreas tecnológicas, os *techies*.

Entrando em campo

Em meio à consolidação da gentrificação de São Francisco, instalei-me no Mission District – o tradicional bairro latino vizinho ao Castro – e comecei meu campo criando contatos por meios digitais. Conheci pelos aplicativos para celular mais de uma centena de homens e entrevistei ao menos uma vez 23 deles, em profundidade. Considero aqui entrevistas em profundidade aquelas conduzidas por cerca de três horas, as quais, em três casos se repetiram e resultaram em um contato contínuo com os entrevistados, os quais me permitiram acompanhar parte de suas vidas e, inclusive, de suas saídas pelo Castro e outras partes da cidade.

Diferentemente de meus interlocutores brasileiros, quase todos os meus entrevistados americanos eram "assumidos" (*out of the closet*), ou seja, viviam suas vidas sexuais e afetivas com outros homens de forma mais aberta e visível socialmente, o que – somado à segurança da cidade – colaborou para que fossem mais receptivos e abertos ao contato do que meus colaboradores paulistanos. De forma geral, a incursão etnográfica passou a articular a observação mediada com a face a face em uma dinâmica que considero ser melhor definida – usando os termos da antropóloga María Elvira Díaz-Benítez (2010) – como "observação acompanhante", dado o fato de que não "participei", mas acompanhei a vida de meus colaboradores de pesquisa durante um período de alguns meses.

Em termos éticos, busquei me apresentar desde o princípio como pesquisador e mantive perfis que explicitavam minha condição de sociólogo brasileiro que desenvolvia investigação sobre o uso de mídias digitais móveis em São Francisco. Assim como informado no capítulo "Rede de desejos", criei perfis em quatro aplicativos para *smartphones* e *tablets* (Grindr, Scruff, Jack'd e Hornet) e em dois sites que se vinculam a usos articulados com aplicativos (Adam4Adam e Manhunt) contabilizando, portanto, seis plataformas móveis e duas de internet (que exigem um navegador para acessá-las). A maioria dos contatos foram iniciados pelos outros usuários, mas também procurei criar contatos para ampliar o espectro e a diversidade de meus colaboradores na pesquisa em termos etários, "étnico/raciais", classe social, local de moradia, tipos físicos, segmentação erótica, autoidentificação (gays, "masculinos", queer, trans, *bears*, *otters*, etc.).

Consegui um conjunto diverso e expressivo de interlocutores, ainda que meu corpo e minha corporalidade também tenham impedido ou dificultado conseguir proximidade com alguns perfis como os de pessoas trans e homens com uma vida social heterossexual, mas que buscam parceiros do mesmo sexo em segredo (a prática chamada de DL, ou *on the down low*, algo paralelo ao que, no Brasil, chamam de "na encolha", em segredo).

Percebi desde os primeiros contatos que meu tipo físico tinha mais aceitação no contexto de São Francisco do que no paulistano, no qual sou frequentemente avaliado como "estrangeiro". Preliminarmente, o que reconheci foi o fato de eu ser branco, loiro-arruivado (no Brasil a maioria das pessoas me considera loiro, enquanto nos Estados Unidos a maioria me classifica como ruivo), parecer mais jovem do que sou e ter um domínio do inglês que me permitia uma boa comunicação. Na época eu tinha 41 anos, mas ao não revelar a idade nos aplicativos, era abordado por homens na faixa dos vinte e poucos aos com mais de sessenta anos. Uma vez, entrevistando um rapaz de 28 anos, me surpreendi quando ele observou "você sabe, pra gente da nossa idade", o que me revelou que a aparência jovem era o que abria o campo em sua faixa etária (assim como possivelmente o fecharia para alguém que aparentasse ser mais velho).

Depois, aos poucos, durante a pesquisa, consegui perceber que minha branquitude é reconhecida como mais "próxima" em termos de classe nos EUA, assim como – de certa forma – mais masculina lá do que no Brasil. Fato que constatei em situações cotidianas ao ser chamado por outros homens de *"dude"* (irmão, mano, *brother*), experiência que jamais aconteceu comigo em nosso país, onde minha branquitude e corporalidade criam um recorte de classe/gênero que me distancia da média dos homens brasileiros. Além disso, constatei que a nacionalidade reforçava minha masculinidade assim como, às vezes, me atribuía um *sex appeal* vinculado ao imaginário erótico americano sobre os brasileiros.

Busquei encontrar face a face todos os que se disponibilizaram a dar entrevistas, encontrando-os sempre em local público e de acordo com o espaço que tinham em suas agendas. As melhores e mais longas entrevistas ocorreram depois do trabalho deles ou em algum dia que tinham livre, o que possibilitou também partir da entrevista para acompanhá-los em alguma atividade cotidiana como fazer compras ou a *laundry* (americanos costumam lavar suas roupas em lavanderias automáticas fora de seus apartamentos).

Como dito anteriormente, dos meus 23 entrevistados pessoalmente, tive contato mais próximo e prolongado com três deles, os quais apresento de forma a refletir sobre sua vida na cidade, sobre o uso que fazem das mídias digitais móveis em sua sociabilidade e sobre suas experiências diversas nas relações amorosas e sexuais com outros homens. Meu objetivo é articular, a partir de experiências situadas, os fenômenos econômicos, culturais e tecnológicos apresentados previamente e que encontrei também ao fazer contato com eles por meio de aplicativos: Parker pelo Jack'd, Juan pelo Adam4Adam e Joe pelo Grindr. O primeiro mora no Noe Valley, o segundo no Hayes Valley e o terceiro no Castro, três bairros distintos, mas não muito distantes e com perfil gentrificado.

Parker tem 24 anos, é negro, nasceu em uma base da aeronáutica do centro dos EUA e cresceu em Sacramento, capital da Califórnia, segundo ele uma cidade espalhada com cerca de um milhão de habitantes e estilo de vida bem conservador. Sua mãe se separou do pai muito cedo, e Parker foi criado apenas pelo pai militar em uma família protestante de denominação batista, religião da qual se distanciou na adolescência, mesma época em que afirma ter se descoberto gay. Formado em contabilidade, assumiu-se gay para o pai, o que o distanciou dele profundamente. Em seguida, mudou-se para o Vale do Silício, em San José, onde dividia um apartamento com amigos e começou sua vida profissional. Atualmente mora na cidade de São Francisco, trabalha em uma *startup* no SOMA (South of the Market) e busca parceiros mais velhos para um relacionamento sério e monogâmico.

Juan, por sua vez, é um homem de 29 anos que vem de uma cidade litorânea do Sul da Califórnia, monótona segundo ele, mas não exatamente conservadora. Diferentemente de Parker, Juan não procura *dates* e afirma estar feliz apenas tendo *fuck buddies*, os quais São Francisco provê em abundância. Filho de mãe negra e pai mexicano, tem um *status* racial difícil de classificar até pelos norte-americanos. Seus pais se separaram e ele foi criado pela mãe, mas mantendo relações próximas com os avós mexicanos. Explica que a família materna se distanciou de sua mãe por ela não ter se casado com um negro, além de ter se aproximado do catolicismo. Formado em administração e trabalhando no Vale do Silício para uma companhia multinacional, considera a Bay Area um local ideal para o estilo de vista que escolheu, mas afirma ser difícil se manter na cidade devido ao alto custo de vida.

Joe, um descendente de italianos de 33 anos, nasceu em Nova Jersey e decidiu se mudar para São Francisco, unindo a oportunidade profissional que encontrou na cidade a seu ambiente mais aberto e liberal. Afirma ser orientado para relações duradouras e que a cultura do *hookup* o tem deprimido a ponto de ter procurado a ajuda de um psicólogo. Atualmente une a terapia com o uso de antidepressivos e procura se recuperar ampliando sua sociabilidade. Segundo conta, em relação a seus amigos, tem dificuldade em encontrar parceiros amorosos por ser mais caseiro e gostar de atividades mais intelectuais como ir ao teatro e à opera.

Em comum, meus colabores mais próximos foram jovens profissionais com nível universitário vindos de outras cidades em busca de oportunidades de trabalho e também de melhores condições para suas vidas amorosas e sexuais. O fato de serem de outros locais é o que eles dizem ser o mais comum ali e eu mesmo constatei ao conhecer dezenas de pessoas que, em sua esmagadora maioria, tinham se mudado para a Bay Area. São Francisco é uma cidade que – como Nova York – atrai muitos moradores por seu dinamismo econômico, cultural e educacional. Há pessoas de todo o mundo, mas inegavelmente, pessoas de outras partes da Califórnia e de estados vizinhos da região Oeste dos Estados Unidos predominam. Uma coisa é certa, se antes o sonho era se mudar para São Francisco, hoje em dia ele parece estar se transformando no de conseguir ficar ali.

Parker diz ser assumido para a família e amigos, mas não mostra seu rosto nos perfis nos aplicativos. Curiosamente, parecia gostar mais do Jack'd, o que muitos me disseram ser um aplicativo "mais branco" (ao menos em São Francisco e na época da pesquisa). De certa maneira, algo coerente, já que Parker me contou nunca ter tido um relacionamento como gostaria, mas que busca encontrá-lo com homens brancos com mais de trinta anos, em geral com vidas pessoais e econômicas mais estáveis. Seu relacionamento mais recente era com um homem branco que morava nos *suburbs*, recentemente separado de uma mulher, segundo as fotos que me mostrou de aparência atlética, do estilo que chamam de *all American guy* – rapazes de classe média, claramente dedicados aos esportes, que provavelmente foram populares no ensino médio e atletas (*jocks*) durante a universidade. Trata-se de um protótipo do bem-ajustado e aceito socialmente.

Na época de nosso contato, Parker e ele estavam em um momento turbulento, em especial porque o parceiro era, segundo sua definição, "paranoico" e se sentia exposto ao sair em público com Parker porque vivia em uma região muito branca e não tinha nenhum amigo negro. Coerente com o observado em outras etnografias recentes, como a de Michael Kimmel (2008), Parker assim como outros de meus entrevistados não brancos costumava definir suas buscas recusando o *hookup* e dizendo se guiar por LTR *(long term relationship)*, relações estáveis e de longo prazo. Mas percebi também que o intuito acionado racionalmente e verbalizado para mim como definindo a busca se modificava com os contatos e a partir do resultado da relação. Um dia, enquanto andávamos pela Valencia Street, ele viu um homem que passava na calçada ao lado e o apontou, me dizendo: "Aquele cara era um dos meus 'pegas' (*hookups*) quando eu morava em San José". Sorri e perguntei: "Mas você não diz que não fica [*hookup*]?". Ele riu sem nada dizer. Desconfio que casos que não se tornam relacionamento retrospectivamente podem ser vistos como *hookups*, uma forma de, inclusive, minorar sua importância.

Juan, por sua vez, reclamava de atrair *college guys*, bem mais novos que ele. Em seus perfis nos aplicativos mostra apenas parcialmente o rosto e mais seu peito definido. Afirma buscar caras de até 33 anos para sexo, diversão e amizade, com especial predileção por "*hipsters* barbudos". Mora na cidade há alguns anos e demonstra estar integrado à vida gay local sem aderir demais ao circuito do Castro. Seu perfil de *racially mixed* parece erotizá-lo assim como seu estilo esportista do Sul da Califórnia. Como Parker, parece buscar parceiros mais brancos do que ele próprio, só que sem expectativas de criar uma relação monogâmica. Em parte, como descobri depois de alguns meses de convivência, porque chegou a ter um parceiro fixo por alguns anos; quando estavam na fase de fazer planos para viverem juntos, descobriu que era traído pelo parceiro, seguidamente, com parceiros ocasionais encontrados pelos aplicativos.

Juan tinha uma especial inclinação para conversas sobre diferenças culturais e além do inglês, falava bem espanhol, um pouco de alemão e árabe. Gostava de viajar e dizia adorar a Espanha e a Itália, mas tinha especial admiração pelo Japão. Dizia não gostar da China, assim como era perceptível não ter o menor interesse em chineses-americanos, o que fazia questão de comentar toda vez que interagia com eles. Contou-me que já tivera um caso com um médico brasileiro, segundo ele de tipo "verdadeiramente brasileiro": moreno, cabelos escuros e olhos verdes. O "verdadeiramente brasileiro" reiterou para mim como meu *status* era distinto aos seus olhos. A nacionalidade aderia mais ao meu tipo físico como um elemento cultural positivo, mas sem o erotismo que poderia se associar a ele já que – segundo Juan, Parker e Joe – eu "passo por americano".

O "passar por americano", no entanto, tinha suas limitações. Brasilidade era um atributo mutante que ora aderia ou não a mim, o que resultava em um *status* peculiar aos olhos de meus colaboradores. Minha nacionalidade brasileira era trazida ao discurso quase sempre em uma necessidade de contrastar minha proximidade deles ou da americanidade branca com a de outros brasileiros. O fato de eu ser brasileiro me aproximava deles apesar da minha branquitude. Ao mesmo tempo, minha brasilidade era deserotizada em comparação a outros brasileiros, frequentemente vistos como mais morenos, com sotaque mais forte e eroticamente lembrados como (potenciais) parceiros.

Parker e Juan diziam se sentir à vontade comigo apesar de eu ser branco, pois mesmo sendo ruivo de olhos verdes eu seria um branco diferente, mais próximo da negritude e/ou latinidade de cada um deles. Joe, por sua vez, como ítalo-americano, me considerava até "mais branco do que ele", cujo tipo físico às vezes era confundido com judeu. Em comum, ainda que jamais verbalizado, considero que minha condição de estrangeiro que parecia local me tornava um contato interessante e seguro, já que desvinculado de redes de relações locais que poderiam se cruzar com as delas. O fato de eu ser um *visiting scholar* e desvinculado de suas redes relacionais cotidianas tinha um efeito similar ao que observei em meu campo paulistano, o de me tornar um contato "seguro", uma espécie de confidente, alguém confiável e informado cujas opiniões tendiam a ser ouvidas e incorporadas.

Parker em especial, talvez por ser o mais jovem e estar em uma relação conturbada, era o que mais parecia esperar descobrir algo sobre si mesmo em nossas conversas e entrevistas. Juan, por sua vez, parecia mais curioso sobre o Brasil e a língua portuguesa do que na possibilidade de compreender a si mesmo em nosso contato. Um pouco mais velho, mas sobretudo bem mais seguro sobre sua vida e sua sexualidade do que Parker, tinha mais interesse em expandir horizontes culturais em suas amizades. Joe, devido à recente depressão e ao tratamento psicológico, era claramente afeito a conversas autorreflexivas, as quais – não por acaso – faziam-no associar muito do que discutíamos com o que levava à terapia.

Parker e Juan, no contexto norte-americano, pertencem a grupos sociais que foram, historicamente, racializados, o que se reflete, inclusive, no alto investimento que ambos faziam em seus corpos por meio da frequência à academia, de quatro a sete dias por semana. Parker é alto, musculoso, veste-se com apuro e dirige um BMW. Juan, aproximando-se dos trinta anos, comentou comigo que temia perder o apelo nos espaços de socialização gays, o que buscava contrabalancear com exercícios e dietas. Seu físico definido, estilo de vida esportivo e jeito californiano de alguém que cresceu no litoral me parecia explicar claramente porque atraía os *jocks* que ainda estavam faculdade ou os recém-formados. Joe, por sua vez, dizia ter dificuldades em seguir dietas nem se considerava tão disciplinado para exercícios como a maioria de seus amigos do Castro. Sem ser exatamente *chubby* (gordinho), Joe tem um tipo corporal normal, o que, segundo ele, no contexto em que vive, torna-o pouco atraente.

Em São Francisco, segundo meus interlocutores, um ponto convergente do regime erótico local é o fato de que o homem branco, jovem e malhado parece ocupar seu centro desde ao menos o auge da Falcon Studios, uma produtora cinematográfica de pornografia gay que ajudou a disseminar esse modelo. São Francisco é uma cidade com cerca de dois terços de não brancos, especialmente asiáticos (40% da população), o que faz dos homens brancos uma minoria disputada ali. No presente, a indústria pornográfica parece ter perdido terreno para a troca de pornografia amadora pela internet e até pelos celulares. De qualquer forma, várias vezes me mostraram um rapaz brasileiro que circulava pelo Castro como um dos protagonistas pornôs mais conhecidos entre os gays. Tive oportunidade de teclar com ele algumas vezes por aplicativos e descobri que se trata de um paulistano branco, então com 23 anos, e que vivia há quatro na cidade.

"*The internet killed the gay bar*" – ou a higienização do *cruising*

As transformações sociais recentes em São Francisco costumam ser sintetizadas em uma frase incessantemente repetida por muitos entrevistados durante os sete meses que passei na Bay Area: "*the internet killed the gay bar*" (a internet matou o bar gay). Segundo David M. Halperin (2012, p. 440), houve uma queda no número de bares gays na cidade: de 113 em 1973 para apenas 33 em 2012. Considero que este fato está associado não apenas às novas mídias, mas também ao higienismo que tomou conta dessa esfera de sociabilidade, com a perseguição ao fumo, ao álcool e à ascensão do *gym* (academia de ginástica) como o novo centro da vida gay.

As novas mídias digitais apenas reforçam esse novo cenário em que há uma progressiva "desterritorialização" da sociabilidade anterior. Assim, o próprio Castro perde sua importância e, para alguns dos mais jovens, torna-se um bairro *old fashioned*. Acompanhando meus interlocutores locais, pude compreender como suas vidas se conectam pelas mídias digitais, principalmente por meio dos aplicativos para *smartphones* e *tablets*, criando redes relacionais e sociabilidades que se "descolam" da territorialidade que marcou as gerações anteriores, as quais encontravam no Castro seu centro geográfico e no bar gay seu ponto de encontro privilegiado.

Talvez seja melhor refletir sobre essa "desterritorialização" como algo relativo, na verdade uma tendência a desvincular socialização e locais geográficos fixos, o que leva à priorização do que McQuire (2008) chama de "espaço relacional". Nesse contexto, o que mais conta é a mobilidade, algo muito acessível na sociedade americana, onde há décadas a vida social gira em torno da cultura do automóvel. No caso de São Francisco, soma-se a isso o bom transporte público que permite chegar aos principais pontos de socialização para possíveis encontros face a face.

O contraste entre o estilo de vida de gays com mais de quarenta anos e o atual é reconhecível nas falas de muitos dos homens que conheci em São Francisco e que não se sentem ligados à cena gay do Castro. Para eles, trata-se de algo ultrapassado ou estereotipado. Richard, um psicólogo de Los Angeles, de 37 anos, radicado na cidade há sete e morador do South of the Market, define o Castro como um bairro de "*gym bunnies*", expressão local similar ao desqualificador "Barbies" no Brasil, a forma como se denominam homens gays musculosos que vivem no circuito academia, shopping centers e bares.

A divisão entre os gays do Castro e os de bairros como o SOMA parece apontar para uma divisão de experiência com forte base etária/geracional. Constatei que muitos usuários de meios digitais chegam a considerar rude a paquera face a face e a associam a homens mais velhos, os quais não saberiam "quebrar o gelo" antes por meio de uma mensagem em um dos aplicativos. Mesmo em um café, um bar ou uma boate, hoje em dia a maioria empunha seus *smartphones* para ver quais usuários estão próximos e on-line. O que atrai as novas gerações e já foi até mesmo incorporado cria estranheza e dificuldades relacionais para os mais velhos.

Diante de uma escalada de suicídios entre gays de meia-idade ou idosos, a comunidade gay local chegou a criar uma comissão para discutir o que se passava em meados de 2013, preocupação que gerou uma reportagem na primeira página do mais antigo e popular jornal LGBT local, o *Bay Area Reporter*. Segundo a reportagem,[70] muitos representantes da comunidade reclamam do isolamento e da dificuldade de se socializar nos bares, onde "jovens ficam olhando para seus celulares". Paradoxalmente, uma das soluções aventadas para diminuir o isolamento dos mais velhos foi o incentivo a usar redes sociais on-line.

A partir de entrevistas que fiz com homens entre 40 e 67 anos, acrescentaria que a experiência dos gays mais velhos de São Francisco não sofre apenas com essa clivagem tecnológico-geracional, mas também com o fato de que os homens com mais de cinquenta anos foram os que tiveram suas redes de apoio mais atingidas pelo drama da epidemia de aids. O mesmo que os fez perder amigos ou companheiros também criou um senso de "comunidade" diante da emergência de saúde pública, engajamento político e identificações que começam a se tornar distantes e estranhos às novas gerações, em especial às dos com menos de quarenta anos.

Homens que chegaram à vida adulta na época da invenção do coquetel antirretroviral, da disseminação do acesso à internet e a chamada ascensão do *pink market* têm uma vivência muito distinta da homossexualidade em relação às gerações anteriores. Esse novo cenário levou à construção de uma nova imagem da homossexualidade, progressivamente mais associada a demandas de assimilação ao mercado, à cidadania igualitária e a uma visibilidade mais palatável à sociedade americana em geral (PUAR, 2007; ENG, 2010). As mídias digitais fazem parte desse processo mais amplo que

---

[70] Reportagem disponível em: <https://goo.gl/uSV4eK>.

gerou vivências das homossexualidades mais individualizadas e *mainstream*.

Os mais velhos comentam com nostalgia sobre a decadência da cultura dos bares e do *cruising,* ou seja, de uma socialidade mais afeita à experimentação sexual. Segundo os relatos que colhi de gays mais velhos, no antigo *cruising* predominavam a incerteza e o acaso. *Cruising* denota essa deriva, um circular sem caminho ou destino definido em busca de um possível parceiro sexual. Quando algum surgia, havia uma análise de custo-benefício baseada na escassez de parceiros, o que tendia a tornar atraente o contato com pessoas de diferente classe, idade ou origem étnico-racial.

Desde o final do século XX, a consolidação do que muitos chamam de *hookup culture* é apontada como tendo origem nos *campi* universitários norte-americanos como uma prática comum tanto entre heterossexuais quanto homossexuais. Segundo Michael Kimmel (2008, p. 201), em contextos heterossexuais, a prática do *hookup* tem sido uma tática de adiamento de relações mais duradouras em benefício de maior dedicação aos estudos e à carreira profissional. É possível aventar a hipótese de que a chegada dos *techies* e *hipsters* a São Francisco tenha contribuído para sua popularização também entre gays, os quais atualmente usam muito mais a expressão *to hook up* do que *cruising*.

Qualquer que seja a origem da forma contemporânea do *hookup,* desde o lançamento do Grindr, primeiro aplicativo de busca de parceiros em 2009, sua prática foi potencializada. Uma das principais características do uso dos aplicativos – e que o afasta do antigo *cruising* – é a possibilidade de seleção de parceiros. As novas gerações encontram nos aplicativos uma economia de abundância que induz à escolha do mais "bonito" ou "interessante", mesmo para um encontro sexual fortuito, de forma que a geolocalização apenas adiciona o critério da proximidade na seleção. Os aplicativos se revelam descendentes diretos de outras plataformas de socialização online, em especial os sites de busca de parceiros e os já quase abandonados bate-papos. Nessa espécie de linha evolutiva das plataformas, mantém-se a possibilidade de seleção como o grande atrativo.

A origem desse desejo de seleção, como já mencionado diversas vezes neste livro, deve-se – ao menos nos contextos homossexuais – ao pânico sexual causado pela epidemia de aids. Durante o período em que a síndrome era vista como mortal e sem tratamento adequado, tornou-se prática comum buscar parceiros "fora do meio", pois se acreditava que homens que não frequentassem os locais de socialização abertamente gays teriam menor chance de serem contaminados com o HIV (Miskolci, 2013). O surgimento da internet comercial em meados da década de 1990 tornou possível essa busca, a começar pelo uso dos bate-papos, experiência quase "pedagógica" que se transferiu para as plataformas seguintes até chegarmos aos aplicativos para dispositivos móveis.

Assim, é possível aventar a origem do *hookup* entre gays no processo de higienização da busca de parceiros provida pelos meios digitais. Higienização que vai ao encontro do processo de gentrificação avançado em São Francisco, o qual torna o espaço público cada vez mais controlado e afeito às sociabilidades heterossexuais hegemônicas. Nesse contexto, cada vez mais, a sociabilidade homossexual tende a migrar para o espaço relacional on-line.

Não é difícil associar esse novo cenário às reclamações constantes dos gays com mais de cinquenta anos, muitas delas expressando a sensação de uma perda irremediável de espaço e reconhecimento coletivo. A maioria deles conquistara o espaço do Castro e associava à sociabilidade off-line a maioria de suas vitórias políticas e experiências felizes de socialização, mas agora vê o bairro se descaracterizar e seu círculo de relações encolher diante da incontestável hegemonia de um outro estilo de vida. Entre as perdas, destacam-se as nada desprezíveis do domínio dos códigos de socialização e conquista amorosa.

Aos olhos dessa geração, o universo da paquera on-line pode parecer árido, até mesmo hostil. No universo dos aplicativos, a aparente abundância de parceiros é contrabalanceada pelo contexto de mercado amoroso e sexual, no qual vigora uma competição generalizada pelos perfis considerados mais desejáveis, enquanto a maioria dos outros perfis encontra várias formas de discriminação, rejeição e frustração. Ao mesmo tempo que essas plataformas ampliam o número de parceiros em potencial, elas também obrigam o usuário a se apresentar e, especialmente, se constituir como desejável. Trata-se de um exercício difícil, que envolve outras tecnologias que não apenas comunicacionais, mas também corporais como a prática de musculação, consumo de suplementos alimentares e prática de dietas.

O uso de mídias digitais em busca de parceiros amorosos insere o usuário em um mercado regido por valores e ideais comercialmente moldados, mas não é apenas uma lógica comercial intrínseca a eles que rege esses contatos e buscas. É necessário recordar o contexto em mutação em São Francisco e como nele há menor espaço e reconhecimento para a constituição de estilos de vida e relações dissidentes como as do passado. No presente, a maioria dos gays com os quais convivi parecem ter suas buscas amorosas – e até as sexuais – guiadas por padrões que envolvem o estilo de vida e até a estética das classes ascendentes na cidade.

Parker procura por um *all American guy*, Juan por um *hipster* – o qual associa a profissionais de tecnologia que outros chamariam de *techie* – e Joe mira em um possível parceiro amoroso compatível com seu nível educacional e econômico. As dificuldades que encontram envolvem a negociação de suas características não hegemônicas ou desejadas, como a não branquitude em Parker e Juan ou o corpo um pouco acima do peso de Joe. Tratam-se, sem dúvidas, de características corporificadas e que sublinham a centralidade do corpo nos aplicativos, mesmo porque a imagem é a forma principal de expressão ali. Personalidade, humor e simpatia dificilmente encontram veículo apropriado nessas plataformas, e costumam ser melhor reconhecidos em interações face a face.

A partir do exposto, é possível definir as mídias digitais – em meu campo investigativo – como meios que permitem criar redes relacionais seletivas dentro de uma espécie de mercado amoroso e sexual, o qual ascendeu a partir da chamada Revolução Sexual e agora apenas passou a ser visualizável por meio de sites e aplicativos. Na esfera da paquera mediada, o corpo tem um peso significativo, muitas vezes francamente determinante nos contatos. Como demonstraram Juan e Parker, um corpo muito malhado ou modelar pode até flexibilizar fronteiras raciais na esfera das paqueras. Ou, no caso de Joe, um corpo acima do peso pode dificultar o encontro de parceiros em potencial.

Não foram os aplicativos que impuseram esses modelos corporais ou critérios de seleção de parceiros. Eles apenas tornaram mais perceptíveis a existência deles para seus usuários, os quais encontram formas distintas de lidar com eles: alguns aderindo a aplicativos segmentados para sua faixa etária, tipo corporal ou erotismo; outros tentando negociar suas diferenças ou ainda adotando práticas corporais afeitas ao regime erótico dominante. Parker optou por usar um aplicativo em que encontraria parceiros com o perfil que lhe atrai; Joe busca negociar suas características em um com perfil *mainstream*, enquanto Juan decidiu se dedicar fortemente à musculação para garantir sua desejabilidade on-line.

Em meio a tantas transformações, algo parece permanecer: o maior número de obstáculos para gays se socializarem e encontrarem parceiros amorosos em comparação com os heterossexuais. As razões mais evocadas pelos próprios sujeitos na pesquisa apontam para supostas características próprias dos homens homossexuais, tais como o fato de – como todo homem – serem educados para a predação sexual. Mas cabe relativizar essas suposições trazendo à visão as barreiras sociais ao envolvimento amoroso e, sobretudo, à paquera homossexual. Entre elas, foco aqui em apenas duas:

a vulnerabilidade socioeconômica e os temores morais e de saúde relacionados à aids.

Os "avanços" e conquistas políticas recentes não impediram que a homossexualidade ainda tenda a ser um atributo negativo ou subalternizante no mercado de trabalho, o que tende a ser agravado em contextos de crise econômica como o vivenciado desde 2007 nos Estados Unidos. A geração que vivenciou o *Gay Liberation* viveu em um período economicamente melhor e criou ou colheu os frutos do auge inicial da chamada Revolução Sexual. Sua palavra de ordem era *out*, sair do armário, assumir-se como homossexual para a família e construir uma vida independente e alternativa em São Francisco. A geração atual, em sua maioria, saiu do armário mais cedo e de forma menos traumática, mas busca se inserir em um contexto hegemônico negociando sua visibilidade com mais temor de perder sua independência.

A sensação de vulnerabilidade precisa ser levada em consideração para entender a ênfase do uso dos aplicativos para relações sem compromisso. Ao menos entre meus interlocutores na pesquisa em São Francisco, a prática do *hookup* envolve o uso estratégico de relações efêmeras para se manter independente e flexível para as adversidades. O trabalho – e não um companheiro amoroso – é a companhia mais constante em suas vidas.

Colhi evidências de que o trabalho é considerado mais fundamental para eles do que para heterossexuais, já que a maioria associa sua independência econômica com a liberdade para viver sua homossexualidade. Além disso, a maioria me confidenciou não poder contar com o apoio familiar, nem mesmo de forma eventual. Assumir-se, para eles, foi tanto uma conquista como um fardo, pois envolveu uma espécie de compromisso de – a partir de então – tornar-se plenamente responsável por sua própria sobrevivência. Na cultura norte-americana, perder isso equivaleria a tornar-se um perdedor (*loser*) e necessitar de auxílio familiar é encarado como uma forma de fracasso.

Ainda que, relativamente, São Francisco seja mais liberal e aberta às homossexualidades do que outras cidades americanas, na esfera profissional, a maioria de meus colaboradores relatam sentir-se mais vulneráveis às instabilidades econômicas e mesmo às possíveis discriminações. Mesmo quando não escondem sua sexualidade, relatam buscar serem discretos. Discrição mais fácil de ser atingida sem um par amoroso ou em uma relação com feições de casamento. A condição de solteiro em busca de parceiros evoca imagens estigmatizantes com relação à paquera homossexual. Os aplicativos geolocalizados fazem da proximidade/praticidade um elemento tensionador nas buscas, o que evoca fantasmas daquela prática como os de marginalidade e contaminação pelo HIV.

O medo da aids pode ter perdido a intensidade do auge de mortalidade da epidemia, mas permanece em uma espécie de relacionamento negociado e constante com o perigo de positivar. Muitos de meus colaboradores afirmam que o número de soropositivos na cidade chega a dois em cada cinco gays, o que os faz pensar que se tornar soropositivo morando em São Francisco é apenas uma questão de tempo. As interações nos aplicativos – diferentemente de um contexto como o paulistano – são entremeadas por perguntas sobre *status* sorológico, prática de sexo com camisinha e data da última testagem, o que configura uma prática que Kane Race (2007) denomina de *serosorting:* a escolha de parceiros segundo seu *status* sorológico.

Sem um programa nacional de aids como o brasileiro nem uma política preventiva de caráter universal, os norte-americanos são levados a lidar com a soropositividade de forma individualizada e permanente. Daí a constância das questões sobre soroestatus nas interações on-line assim como nas autoidentificações disponíveis nos perfis dos aplicativos. Os soropositivos usam o símbolo [+] ou variações no perfil como o recentemente popular *"poz undetectable"*. A mera afirmação sobre a positividade é menos valorizada do que esta de ser "indetectável", o que mostra que o usuário está em tratamento e que, sendo este bem-sucedido, o vírus não chega a ser encontrado em sua corrente sanguínea.

Os soronegativos tendem a usar termos como *"neg and DDF"* (negativo e livre de doenças e drogas) frequentemente somados a expressões que indicam buscar pelo mesmo. Também surgiram perfis com expressões *"negative and on PrEP"*, o que significa que a pessoa é soronegativa e desenvolve *Pre-Exposure Prophylaxis* (profilaxia pré-exposição ao vírus HIV) tomando uma pílula diária, o que supostamente diminui o risco de vir a contaminar-se. Os que revelam maior recusa a soropositivos dizem procurar *"clean people"*, associando explicitamente os soropositivos à impureza.

Enfim, a prática do *hookup* facilitada pelos aplicativos de busca de parceiros se insere em uma nova economia do desejo, moldada pela gentrificação do espaço urbano, transformações econômicas, o advento das novas mídias digitais e novas práticas epidemiológicas. A etnografia em São Francisco corroborou muito parcialmente as observações de Dan reproduzidas no início do capítulo. Ao invés de um impulsionador de relações arriscadas, os aplicativos tendem a criar filtros e seleções que tendem a higienizar a busca sexual. A geolocalização apenas introduz mais um fator a considerar na seleção, a proximidade, evocando em mentes mais impressionáveis o fantasma do *cruising* durante o pânico sexual da aids na década de 1980. Um espectro cuja permanência mostra a continuidade do temor e da recusa do sexo homossexual como vetor de risco e contaminação, apenas redimido pela transmutação em "amor".

O paradoxo das afirmações do meu interlocutor de que o *hookup* seria arriscado associado ao fato de que ele pratica sexo sem camisinha só é desvelado quando se compreende que ele se baseia na mesma lógica que permeia as relações heterossexuais. A possibilidade da reprodução e o amplo e irrestrito reconhecimento social dessas relações faz com que homens e mulheres heterossexuais raramente associem sexo desprotegido com risco e contaminação.

Na perspectiva de Dan, não seria o sexo sem camisinha que o ameaçaria, antes o sexo sem compromisso, supostamente "sujo" e, portanto, moralmente repreensível. Sua "proteção" seria a busca de relacionamento sério, compromisso duradouro, em suma, o tipo de relação em que seria moralmente mais aceitável fazer sexo sem camisinha ainda que, em termos epidemiológicos, seja justamente nesse tipo de relação que se potencializa a contaminação por doenças sexualmente transmissíveis. Diferentemente do que afirmou, o *hookup* não é intrinsecamente arriscado, enquanto o reconhecimento e a normalização de um tipo de relação – no caso a do compromisso duradouro e suas variações como o namoro e o casamento – é que podem ser.

Avaliações negativas com relação aos aplicativos – ou à prática do *hookup* em geral – podem se associar a práticas sexuais controversas e arriscadas, mas demonstram sobretudo a tendência moralizante que tem marcado a história recente de São Francisco e transformado progressivamente seus antigos moradores, particularmente gays, em estranhos no paraíso *techie* e *hipster*.

6. Discreto e fora do meio

"Sou discreto e fora do meio" foi, sem dúvida, a autodescrição que mais encontrei no contexto paulistano desde o início da investigação, no final de 2007, até a redação deste livro, no início de 2016. Ela aparecia nos bate-papos, migrou também para os anúncios de busca de parceiros dos sites, até chegar aos aplicativos para dispositivos móveis. Inegável é que também adquiriu variações curiosas, como a de um perfil de usuário do Grindr em meados de 2014. Na foto aparecia parte do rosto de um homem branco e barbado de 43 anos, a autodefinição "Discreto" e a questão provocativa: "Algum parceiro sabe trocar pneu de carro?".

A afirmação de ser discreto não se restringe à faixa etária citada, o que comprovam muitos perfis. Pode-se citar como exemplo o de um jovem de 23 anos que mostrava o rosto, igualmente barbado, em seu perfil no mesmo aplicativo, pela mesma época, e também se definia como Discreto. Acrescentava: "Ativo Macho com pegada. Não sei por que os afeminados ainda insistem em entrar aqui, ninguém curte eles! Aqui a parada é só entre machos. Lance rápido ou parceria". Discreto, para ele, é o oposto de afeminado e sinônimo de macho, ou seja, de um homem que – a despeito de se envolver com outros homens – exiba uma masculinidade insuspeita, portanto que o manteria em uma presumida heterossexualidade, já que pressupõe seu desejo por outros homens em discrição.

Um outro, em fevereiro de 2015, mostrava apenas o peito sem camisa, informava ter 34 anos e acrescentava: "Só me escreva se você for realmente macho, fora do meio, que se vista como homem, fale como homem, se comporte como homem e não fale gírias gays. Se for assumido não escreva, porra!!!". Esse perfil não pede apenas discrição, demanda que o parceiro seja "macho", o que muitos explicitam em afirmações ainda mais incisivas como "não procuro cara discreto ou com jeito de homem, só macho de verdade". "Macho de verdade" seria – segundo essas descrições – um homem "naturalmente" masculino e, presume-se, que não se identifica como homossexual ou gay.

De qualquer forma, o termo mais usado ainda é "discreto", o qual continua até hoje a se associar esporadicamente à demanda de ser "fora do meio". Foi em um perfil com essa descrição sintética e padrão sobre o parceiro procurado que conheci Lucas, o qual aceitou me dar uma entrevista pelo aplicativo de troca de mensagens WhatsApp. O diálogo foi razoavelmente longo e consistiu em algumas dezenas de questões feitas e respondidas por mensagem de voz em 2014. "Eu uso todos os aplicativos (risos). Comecei com o Grindr, depois eu passei a usar também o Scruff e o Hornet. Mais recentemente o Tinder. [...] É mais fácil do que sair, já começar uma conversa, ver se flui e partir para o encontro", relata ele, paulistano de 29 anos, branco, profissional da área de marketing, que se definia como gay e discreto.

Lucas é usuário de aplicativos de busca de parceiros – segundo suas palavras – "desde que eles apareceram". Quando me concedeu a entrevista, afirmava preferir usar o Tinder porque "nele as pessoas mostram o rosto, você consegue ver se há amigos de Facebook em comum para evitar encontrar alguém que já conhece outras pessoas e que pode vir a falar algo... Não que eu seja escondido, mas também eu não sou assumido totalmente. Eu não carrego uma bandeira na rua e tal. Eu fico na minha. É o meio que eu escolhi viver. Não quero ficar me expondo. Assim, quanto menos pessoas em comum eu tiver com alguém eu me sinto mais seguro pra encontrá-la".

Percebe-se que para Lucas, assim como para muitos outros usuários, envolver-se com outros homens sexualmente não equivale a assumir uma identidade gay publicamente. Para ele, isso não é esconder-se no armário, mas evitar se expor, o que – infere-se – poderia levá-lo a alguma forma de vulnerabilidade. Assim como explorei por meio da análise das entrevistas com outros interlocutores no capítulo "Negociando visibilidades", Lucas prefere negociar a visibilidade de suas relações com outros homens maximizando sua segurança nos contextos que pressupõem a heterossexualidade.

Tiago, um músico de 33 anos, natural do Rio de Janeiro, mas radicado em São Paulo há quatro anos, considera que as pessoas usam os aplicativos por carência, porque é "tão difícil e complicado poder paquerar outros homens já que quase todo tempo a gente está entre héteros, em locais héteros". No entanto, ao ser perguntado se considerava que a tecnologia servia apenas para facilitar, acrescentou: "Também, mas além de prático, o aplicativo parece mais seguro do que sair por aí paquerando a esmo, já que nele todo mundo está a fim de outro cara. E nele você não precisa se expor tanto como se fosse em algum lugar do meio gay. E eu odeio o meio gay! Odeio baladeiros, drogados, bêbados, fumantes, fashionistas". Percebe-se que, para Tiago, os aplicativos permitem lidar tecnologicamente com o pressuposto heterossexual que marca a maior parte das interações sociais em São Paulo, além de inserir o usuário em uma rede mais objetiva de paquera. Também ressalta que tais plataformas são uma alternativa mais segura para pessoas que, como ele, não querem se expor em espaços de socialização homossexuais, os quais descreve negativamente por se associarem a comportamentos que despreza.

A partir do exposto, é possível reconhecer diferentes usos dos aplicativos em São Paulo, uma cidade com um vasto circuito comercial voltado a homossexuais. Há desde homens integrados a esse circuito – que associam a frequência a locais gays, como boates, ao uso dos aplicativos, caso de Lucas –, até aqueles que os usam como alternativa ao "meio", como Tiago ou os usuários dos perfis apresentados no início deste capítulo. A escolha dessas plataformas pode ser – como no caso deles – uma opção ou alternativa à sociabilidade face a face em espaços off-line, nos quais a pessoa teria que ir pessoalmente, expor-se e conviver com um amplo espectro de perfis.

A despeito dos diferentes usos dos aplicativos, meus interlocutores reforçam os dados que colhi desde fins de 2007, os quais apontam para o uso comum das plataformas de socialização on-line devido às funcionalidades que permitem socialização individualizada e potencialmente anônima, o que possibilita ao usuário negociar a visibilidade e/ou informação sobre seu interesse sexual por outros homens. O aspecto individual do uso das mídias potencializa a agência desejante, permitindo definir com quem a pessoa quer interagir ou não ao disponibilizar informações sobre seu interesse no outro e expressando eventuais desejos e práticas eróticas. Assim, por meio da seleção individual e do uso de funcionalidades como "bloquear", as plataformas permitem criar uma rede pessoal de contatos com fins eróticos.

O caráter relativamente anônimo do uso das plataformas – como sites ou aplicativos – também traz vantagens como preservar a identidade do usuário e despersonalizar as interações de maneira a possibilitar mais objetividade e rapidez na busca por um parceiro. Ao se apresentar on-line sem dados identificadores completos, o usuário enfatiza sua posição como possível parceiro – inclusive eventual e sem compromisso – e torna possível lidar com os outros usuários de forma mais direta no que se refere a interesses sexuais. Os contatos, assim, se dão dentro de uma economia em que se privilegiam as trocas diretas de informação sobre o que se busca, sobre práticas sexuais preferidas e em que condições elas deverão acontecer – questões mais difíceis e que demorariam ser enunciadas face a face, em geral após apresentações detalhadas de parte a parte que tendem a limitar a franqueza e, eventualmente, até as interações eróticas e sexuais.

Além das limitações protocolares e morais das relações face a face acima descritas, as plataformas comunicacionais on-line trazem a vantagem única para homens que buscam parceiros do mesmo sexo, mas não querem – ou não podem – fazê-lo indo a espaços segmentados para um público homossexual: o acesso individualizado a parceiros sexuais e amorosos. De qualquer forma, mesmo entrar no ambiente on-line implica se expor a um público desconhecido,[71] o qual – em minha investigação – costuma ser imaginado por cada um segundo referências culturais dominantes sobre como seriam as homossexualidades. Dado o fato de a maioria dessas referências até hoje ser negativa, torna-se compreensível que o usuário descreva – inclusive enumere – as características que despreza, com as quais não quer se associar nem se relacionar com alguém que as exiba.

Esse fato, ao mesmo tempo, forclui alguns contatos e cria outros, o que Luiz Felipe Zago observou em sua investigação sobre o site de busca de parceiros no Manhunt: "a forclusão de alguns homens que não são elegíveis ou viáveis para os vínculos é, ela própria, um vínculo" (2013, p. 21). No caso, quer naquele site ou nos atuais aplicativos, a recusa aos assumidos – frequentemente associados ao afeminamento, um deslocamento do gênero feminino em um homem – aproxima os usuários que partilham da compreensão de que o desejo homossexual é aceitável desde que expresso por homens masculinos, que passam por hétero e, portanto, não seriam reconhecidos como homossexuais no espaço público.

Aplicativos são um contexto em que o usuário, nos termos de Tiago, "entra na defensiva", mas como ele mesmo

---

[71] "*Invisible public*", na literatura sobre mídias sociais disponível em língua inglesa. Ver Light, (2013). Prefiro adaptar o termo ao contexto de minha investigação, onde o público não é exatamente invisível, mas supostamente desconhecido do usuário em suas relações cotidianas, o que lhe inculca cautelas na exposição pessoal, filtros nas buscas e procedimentos de triagem de possíveis contatos.

acrescenta "na expectativa de que aí seja mais seguro encontrar um parceiro". A segurança se expressa no fato de que a exposição é controlada, pois o público, ainda que desconhecido, partilha de um mesmo objetivo, constituindo uma rede que gira em torno da busca por parceiros do mesmo sexo. Quer tenham tido ou não experiências prévias em locais voltados ao público homossexual, a maioria de meus interlocutores afirma que usa essas plataformas porque elas permitiriam buscar outros homens que supostamente não frequentariam o meio gay (como eles próprios).

A não frequência ao circuito comercial gay seria – ao mesmo tempo – uma espécie de filtro moral (já que associam ao meio diferentes formas de marginalidade das quais querem se distanciar) e um padrão mínimo de afinidade a partir do qual buscam outras características. Entre usuários que frequentam, sempre ou eventualmente, boates e outros espaços voltados para o público homossexual, apenas a demanda de discrição se mantém nos perfis de busca. Para usuários como Lucas, é mais importante que o parceiro em potencial seja discreto, ou seja, não exponha sua homossexualidade sem ponderar onde e em que circunstâncias seria seguro. No que se refere a "ser do meio", o que importaria é saber aonde ele costuma ir para definir afinidades e/ou compatibilidades.

A partir de Lucas e Tiago, reconhecem-se duas formas distintas – mas relativamente aproximadas – de autocompreensão e busca de parceiros pelos aplicativos. Em comum, ambos negociam a informação sobre suas relações com outros homens e buscam outros que partilhem dessa forma de lidar com as restrições sociais à homossexualidade. Diferenciam-se por Lucas não considerar que a frequência à cena gay seja uma exposição perigosa ou o necessário contato com formas de marginalidade social, enquanto para Tiago frequentar o meio gay seria um indicativo poderoso de incompatibilidade de valores e estilo de vida.

Voltemo-nos para o que parece mais frequente e partilhado nos perfis on-line: a busca por um homem discreto.

Primeiramente, a discrição – como alguns dos perfis analisados no início do capítulo indicam – pressupõe a existência da homossexualidade, a qual seria gerida individualmente de forma que sua visibilidade e/ou informação permitissem maximizar a segurança e o reconhecimento positivo na vida cotidiana. Em outros termos, o homem discreto não se reconhece como heterossexual, mas tampouco expõe indiscriminadamente sua homossexualidade em qualquer contexto. O discreto seria, portanto, alguém capaz de manter-se ao abrigo do preconceito por ter uma aparência que "passa por hétero", daí "discreto" evocar expressões sinônimas como "jeito de homem".

Quem encarnaria o "discreto" (e eventualmente também o "fora do meio")? Se nos basearmos nas imagens que circulam pelas plataformas de busca de parceiros, em especial suas próprias propagandas, o "discreto e fora do meio" seria o homem másculo e musculoso, já que a masculinidade garantiria a discrição, o "passar por hétero", e o corpo sarado supostamente o afastaria de estereótipos sobre homossexuais como magros, fracos e frágeis. Essas fontes visuais têm origem não apenas no já citado pânico sexual da aids entre as décadas de 1980 e 1990, mas também nos filmes *mainstream* e na cultura da musculação hétero desse período, que alçou o corpo musculoso à expressão máxima do poder masculino em filmes de ação (cf. Holmlund, 1996).

Imagens de corpos musculosos moldaram o imaginário homossexual desde o final da Segunda Guerra Mundial, quando – nos Estados Unidos – surgiram revistas voltadas para ex-militares incentivando-os a manterem a forma, mas que começaram a circular entre outros segmentos, entre os quais o que as consumia como fontes de prazer visual erótico. Isso se deu justamente no período de decadência das formas de trabalho que criavam corpos definidos e em meio às incertezas sobre as transformações nas relações de gênero e a ascensão da juventude questionadora dos anos 1950. Assim, o esporte e a musculação emergem como meios para fazer frente às ansiedades e incertezas masculinas sobre sua identidade e autoridade em meio a mudanças na esfera do trabalho, do gênero e da sexualidade (cf. TASKER, 1993, p. 243), e seus modelos midiáticos passam a moldar ideais corporais para homens que desejavam outros homens.

A partir dessa curta digressão histórica, compreende-se por que afirmações on-line tendem a associar homens discretos a homens musculosos: esse modelo corporal tem um histórico que o alça a um ideal de masculinidade insuspeita. Desde ao menos a crise da aids, a busca por homens discretos materializados em corpos sarados se relaciona tanto ao fato de eles serem realmente confundidos com heterossexuais no cotidiano quanto ao de que são reconhecidos socialmente como modelares. A disciplina corporal que envolve exercícios, dieta e hábitos supostamente saudáveis distancia esses homens de estereótipos ainda correntes de homossexuais como sem disciplina, desviantes sociais e adeptos de hábitos reprováveis ou perigosos.

Assim como já explicado em outros capítulos, o corpo musculoso é o oposto do magro e frágil[72] que emascularia, denunciando a homossexualidade compreendida como afeminamento e falta de força, talvez mesmo uma tendência a adoecer. No final do século passado, imagens de corpos esmaecidos retratavam os doentes de aids na mídia, o que assombrou toda uma geração de homens que passaram, simbólica e possivelmente de forma inconsciente, a associar o desejo homossexual a uma ameaça, a uma propensão a se contaminar, adoecer e morrer.

A despeito da hegemonia imagética do corpo musculoso,[73] existe um espectro de corporalidades, nos apli-

---

[72] Segundo o historiador francês Jean-Jacques Courtine (2013), ao menos desde a década de 1930, em meio à Grande Depressão e às altas taxas de desemprego, que a prática da musculação emergiu como uma forma de exorcizar temores sociais sobre a perda da masculinidade.

[73] Florence Tamagne (2013) explora historicamente o que denomina "virilidades homossexuais", e David M. Halperin discute o tema em *How to be gay*

cativos e nas outras plataformas, baseadas na construção e visualização de perfis com fotos. Rodrigo C. Melhado (2014) analisou mais de setecentos perfis de homens que buscam homens em um site de busca de parceiros.[74] Seus dados quantitativos mostram uma quase equivalência entre os que se declaram musculosos, malhados ou sarados e a porcentagem dos que buscam este tipo corporal. Os dados, recolhidos a partir de um banco de dados com perfis de usuários de duas cidades médias do interior paulista – Araraquara e São Carlos –, permitem aventar a hipótese de que o corpo malhado seja hegemônico nas representações comerciais, mas não necessariamente o almejado para si ou a condição *sine qua non* para definir o parceiro em potencial. As porcentagens próximas entre os que se definem corporalmente desta forma e os que buscam este tipo corporal no parceiro possibilitam aventar até mesmo a hipótese de que o que se passa é a busca de parceiros com o mesmo estilo de vida e valores.[75]

Em outras palavras, o evidente não é a preponderância efetiva de musculosos, mas a hegemonia do masculino-modelar nas autorrepresentações e nos perfis dos parceiros procurados. Os malhados, sarados ou musculosos formam um segmento que prioriza o corpo modelar como sinônimo de masculinidade, o que é adotado midiaticamente como

---

(2012). Ambos analisam a emergência e disseminação cultural da representação do "gay macho" na década de 1970, modelo de masculinidade adotado por jovens brancos de classe média, mas cujas referências eram homens das classes trabalhadoras. Halperin analisa mais criticamente como esse culto buscava apagar a iconoclastia queer com relação às normas de gênero.

[74] A pesquisa de iniciação científica foi desenvolvida com financiamento da Fapesp e seguiu seus critérios éticos. O banco de perfis compilados não conteve nenhuma informação que pudesse identificar usuários, e sua análise foi feita por meio de critérios despersonalizados.

[75] Os dados foram recolhidos no interior de São Paulo, enquanto, na capital do estado, costumam ser mais presentes os perfis de homens com corpos trabalhados na musculação. Em muitas interações no contexto paulistano, com homens vindos de outras cidades e estados, era comum que expressassem sua surpresa com relação à quantidade de perfis com esse tipo corporal em relação aos seus locais de origem.

representação hegemônica nos segmentos homossexuais. O modelar envolve mais ser másculo do que "bonito", ou seja, a generificação convencional do corpo de gays é o que os torna desejáveis na gramática das representações vigentes. Como afirmava o perfil de um jovem no Grindr em fevereiro de 2015: "A masculinidade me excita... não precisa necessariamente ter um corpo perfeito ou rosto de modelo... seja HOMEM...".

Há poucos perfis de transgêneros nos aplicativos no contexto paulistano e, até 2016, só encontrei um perfil buscando parceiros femininos/as.[76] Ao menos nos que observei seguidamente desde o final de 2013, ou seja, Grindr, Hornet e Scruff, é possível afirmar que disponibilizam contextos fortemente generificados em que a recusa do feminino em homens poderia ser um pressuposto caso não fosse reafirmada seguidamente em centenas de perfis. Assim como na investigação de Zago (2013) no site Manhunt, reconheci nessas plataformas um *design* e usos que se voltam à expulsão do feminino – não das mulheres, já que se pressupõe que não estão ali, mas da feminilidade masculina compreendida pela ampla maioria dos usuários como um deslocamento de gênero inaceitável e que expele e torna abjeto quem assim se apresenta ou, normalmente, pode gerar esse tipo de avaliação.

Se o "discreto" não é necessariamente o malhado, mas sim o masculino, não faltam perfis afirmando que o gênero não está só nos músculos, mas na performance: "Nunca vi tanto afeminado tentando passar por macho! Quanta ilusão...", anunciava em sua descrição de perfil um usuário em abril de 2015, junto com sua foto que mostrava o peito musculoso e a parte inferior do rosto na qual se via um cavanhaque. Tinha 27 anos, 1,89 m, 92 kg, musculoso e acrescentava: "Passo a passo: pegue seu celular. Vá pra frente de um espelho. Grave

---

[76] Em São Francisco, em contraste, já em 2013 encontrei mais perfis de transexuais, tanto mulheres quanto homens trans, assim como usuários gays que buscavam (também) homens trans.

um vídeo seu. Fale. Gesticule. Assista o vídeo. Seja realmente crítico. Não se acha nem um pouco afeminado? Se não, mande uma mensagem. Se sim, boa sorte".

A discrição, para os usuários, envolve corpo e corporalidade, aparência e maneiras, de forma que o gênero apropriado – masculino – é compreendido como um conjunto que envolve a aparência física, os gestos e a forma de falar, em suma, o que poderíamos caracterizar como uma performance heterossexual. A masculinidade heterossexual, como imaginada por esse segmento, é o modelo a definir o que é desejável e erótico nas plataformas on-line. O regime de representação on-line se assenta no pressuposto de que o homem heterossexual seria naturalmente masculino e sua masculinidade o bem simbólico mais valioso em si mesmo ou em um parceiro potencial. A maioria dos homens que desejam outros homens não seria masculina ou, ao menos, sua masculinidade seria incompleta ou falha, frequentemente compreendida também como artificial ou "forçada", uma tentativa imperfeita de mimetizar um gênero que lhe escaparia por desejar outro homem e, por isso mesmo, estar sob o risco constante de se alocar no feminino, em uma condição ainda inferior à das mulheres – daí as frequentes afirmações nos perfis on-line de que "se quisesse uma mulher eu pegava uma de verdade".

O discreto, portanto, seria o homem capaz de performatizar uma masculinidade insuspeita, aproximando-se – mesmo sem o ser – do heterossexual como imaginado pelos usuários de plataformas de busca de parceiros do mesmo sexo, muitos dos quais – vale sublinhar – são frequentadores de espaços de socialização gays off-line, o que não os leva necessariamente a questionar tampouco flexibilizar essa mesma demanda por discrição on-line. Tudo indica que o ideal da discrição é comum ao off-line e ao on-line. Como já afirmado anteriormente, se hoje vivemos em um contexto em que ambos devem ser pensados como formando um contínuo, se buscarmos a origem desse ideal representacional provavelmente ele se originou off-line e passou ao on-line, e portanto não pode ser criticado ou reduzido a uma idealização do mercado das imagens.

Além da centralidade do gênero masculino nessas mídias, mas também associada a ela, é crescente a recusa à afirmação da "passividade" sexual (a posição de penetrado na relação sexual), potencialmente associada à feminilidade. Nos últimos anos, por meio da observação e análise de centenas de perfis de usuários, além da já conhecida busca por "passivos machos", testemunhei a emergência de perfis de "ativos buscando ativos", de homens que se apresentam on-line como heterossexuais que buscam relações com outros homens ou mesmo de homens que "dispensam passivos", uma maneira estratégica de se apresentar como "másculo" sem necessariamente ser "ativo" nem "versátil".[77] De forma astuciosa, a recusa da passividade no perfil pode ser a própria afirmação do desejo de ser penetrado na relação sexual, evitando estigmas sobre preferências eróticas.

O regime de representação, brevemente descrito aqui e que será aprofundado no próximo capítulo, gira em torno da recusa e do apagamento da "bicha", o estereótipo culturalmente arraigado na sociedade brasileira como a quintessência do homossexual. A bicha é o homossexual reconhecido em sua suposta feminilidade, portanto aquele que – nos termos preponderantes nos aplicativos (on-line) e fora deles (off-line) – teria "fracassado" em gerir a informação sobre sua (homo)sexualidade. Um fracasso frequentemente associado ao espalhafato, uma forma supostamente inconveniente de se comportar expressa em gestos e voz "femininos" ou, ao menos, insuficientemente viris para os padrões da masculinidade hegemônica, compreendida também como de classes com relativo reconhecimento social. Não por acaso, uma das

---

[77] O próprio termo "versátil" tem sido preterido – quando possível – em favor de definições como "mais ativo", versátil/ativo, em suma, as quais aproximam o usuário da mais valorizada posição sexual.

marcas associadas à "bicha" é a origem nas classes populares expressa nas variações de injúrias como "bicha pão-com-ovo" ou "bichinha poc-poc", o que associa homossexualidade reconhecível, pobreza e desprestígio.[78]

O cenário social descrito acima com relação à demanda de ser "discreto" e, se possível, "fora do meio", pode denotar não apenas a recusa de um estereótipo e/ou forma de viver a homossexualidade, mas talvez dela própria, cada vez mais recusada como um meio de autocompreensão e relegada como um termo de acusação àqueles que supostamente falham em gerir a visibilidade do desejo por outros homens. Fato que permite reconhecer tanto a manutenção de um contexto social heterossexista quanto a criação de tecnologias de gênero que buscam tornar os homens que desejam outros homens capazes de manter seu desejo em relativo segredo.

Os aplicativos são apenas uma forma comunicacional dessas tecnologias de gênero, uma vez que permite reconhecer uma economia do desejo que premia a discrição, alocando os bem-sucedidos em manter seu desejo e suas práticas sexuais em segredo em uma posição que os aproxima simbolicamente da heterossexualidade. No contexto de franca competição normativa das plataformas on-line, o parecer (e até mesmo se declarar) hétero equivale a ocupar uma posição de sujeito almejada por efetivamente conferir reconhecimento moral e segurança física.

A seguir, depois de uma breve digressão metodológica, apresento uma análise mais detalhada do uso paulistano dessas plataformas criadas na realidade gay norte-americana. Isso possibilitará, no final do capítulo, retomar a problemática da busca pelo "discreto e fora do meio" de forma mais aprofundada, mostrando tanto as mudanças e críticas a esse modelo de

---

[78] Carmen Dora Guimarães (2004) pesquisou uma rede de homens de classe média que viviam no Rio de Janeiro na década de 1970, e já naquela época observou como eles buscavam se distanciar da "bicha", associada à falta de requinte e ao mau gosto (p. 78), e procuravam a "normalidade" construindo uma persona masculina.

parceiro ideal quanto algumas negociações – inclusive fantasísticas – entre o buscado e o efetivamente encontrado nas plataformas.

Observação interativa

A investigação no contexto paulistano sofreu uma importante inflexão depois da etnografia em São Francisco. Primeiramente, porque lá me deparei com a provável comunidade gay mais influente do mundo e o local originário das tecnologias comunicacionais de nossa era. A Califórnia – incluindo Los Angeles e sua indústria cinematográfica – é a maior região produtora de conteúdo em nossa era midiática, daí não ser exagero afirmar que vem de lá tanto a tecnologia comunicacional quanto seu conteúdo mais influente. Moda, estilo de vida e, inclusive, erotismo e sexualidade são exportados para todo o mundo e – no caso do segmento homossexual – pelas diferentes plataformas como aplicativos, sites, programas de TV, filmes, revistas.

Reconheci claramente, ao voltar a São Paulo, como viajavam via aplicativos de busca de parceiros gírias norte-americanas, assim como moda e estilo de vida. A pesquisa em São Francisco fez-me reconhecer que a tecnologia tem origem geográfica e cultural, ou seja, os aplicativos foram criados para a realidade de gays californianos. Ainda que o uso das plataformas em outras realidades nacionais, como a brasileira, envolva reapropriações criativas e efetiva funcionalidade, estas não impedem transferências culturais de seu centro criador e administrativo para os demais locais em que são usadas. As plataformas de comunicação em rede voltadas a um público homossexual carregam consigo características de sua audiência norte-americana para a brasileira, em um fluxo globalizante dos ideais, fantasmas e expectativas do universo gay gringo.

Assim como notara em São Francisco, ainda que os aplicativos pareçam superar o geográfico mapeável devido à geolocalização, eles efetivamente tendem a "reterritorializar" seus usuários nos circuitos de circulação e consumo mais prestigiados. Um jovem que vive na periferia de São Paulo ou em sua região metropolitana, pode visualizar e entrar em contato com outro da área da avenida Paulista. Isso tende a atraí-lo até ali, quer para encontrar esse usuário, quer para estar próximo das "amostras" de parceiros consideradas mais atraentes, em geral a de homens que moram e/ou frequentam áreas associadas à distinção social paulistana.

Logo que voltei ao Brasil, no final de 2013, ao abrir os mesmos aplicativos que usei nos Estados Unidos, deparei-me também com a visível disseminação pela qual eles passaram em menos de um ano de minha ausência. Na época, com o crescimento da economia nacional baseado na expansão do consumo e do crédito, os equipamentos tinham barateado, bem como os serviços telefônicos e de internet. Durante os dois anos seguintes, vi materializarem-se nos aplicativos mais perfis de homens de classe média baixa e das classes populares. Também reconheci um sensível aumento no número de usuários que se definiam como pardos e negros, os quais eram quase ausentes nos primórdios do uso dos aplicativos em São Paulo.[79]

No então recente Tinder, criei um perfil com fotos de rosto retiradas do Facebook e coloquei a descrição que já constava lá: pesquisador dos usos das mídias digitais. Busquei teclar com perfis distintos, mas ao contrário dos bate-papos, que tinham me aberto um campo com interlocutores que buscavam relações em sigilo, no Tinder minha corporificação imagética, informação sobre idade e atividade profissional delimitaram o espectro de usuários com os quais consegui interagir. Minha aparência "estrangeira" gerava maior receptividade dos usuários que poderiam falar com alguém vindo de outro país, por exemplo, em inglês.

---

[79] Keith Diego Kurashige (2014; 2015) aponta que o recorte racial no uso das plataformas não se deve apenas à renda, mas envolve também seu uso segmentado.

Apesar das mudanças nas plataformas e a ampliação no espectro de usuários, as interações mantiveram o pressuposto do sigilo ou da discrição, fato corroborado pela demanda nos perfis de que enviem foto ao entrarem em contato. Ou seja, já se pressupõe que a foto de perfil da maioria dos usuários não mostrará o rosto, e que este só será revelado diretamente para um parceiro em potencial. A impessoalidade das interações tendeu a ser maximizada em frases como "se não respondi é porque não curti, não insista" ou "meu silêncio pode ser sua resposta", assim como os pedidos de "bom senso, por favor" a um possível interlocutor que supostamente deveria refletir sobre sua "compatibilidade" – leia-se seu grau de beleza ou "atratividade", antes de entrar em contato. Também servem como exemplo abordagens ironizadas em um perfil, acessado em julho de 2014, que trazia a observação: "Não se ache. A oferta é muita e sempre dá pra encontrar coisa melhor".

Meu campo etnográfico prévio em São Paulo já tinha me trazido muita informação, assim decidi mudar minha estratégia de pesquisa priorizando apenas a observação no Grindr, Hornet e Scruff e a observação interativa no recém--popularizado Tinder. O citado aplicativo se diferencia por seu visual *clean,* com fundo predominantemente branco, e uma interface que aloca sob a foto do perfil sempre a opção de um coração (verde) ou um "X" (vermelho). Na já mencionada posição de escolhedor, o usuário define se gosta ou não do perfil, o qual contém, além da foto, também a idade, a autodescrição e a informação (mencionada por Lucas no início deste capítulo) se a pessoa tem amigos em comum ou partilha de interesses como comunidades e gostos (a partir da comparação entre os perfis de Facebook de ambos). Ao menos duas características do Tinder atraíram usuários em busca de parceiros do mesmo sexo: a possibilidade de "filtrar" parceiros, evitando os que têm conhecidos comuns, assim como a funcionalidade de definir – secretamente nas configurações – se busca parceiros do sexo oposto, do mesmo sexo ou os dois.

Dentro dos limites acima expostos – quer por meu próprio perfil quer pelas características da plataforma –, consegui fazer profícuas interações, pois no contexto paulistano, muito mais marcado pela insegurança e pela violência do que o de São Francisco, a demanda de informações entre os usuários tende a ser maior e mais longa. Expus a todos com os quais interagi para a pesquisa meus objetivos e o compromisso ético de manter seu anonimato. As entrevistas foram feitas por escrito no próprio aplicativo ou, depois da troca de números de celular, por meio da troca de mensagens de voz no WhatsApp.

As observações sobre os aplicativos, os perfis e as interações – restritas basicamente ao Tinder – foram devidamente anotadas em um caderno de campo, ao qual recorri para a redação deste livro. Também criei um banco de dados para analisar os textos de apresentação e descrição do parceiro procurado. Dessa forma, chego a este balanço sobre o uso dos aplicativos em São Paulo – e, não por acaso, justamente neste capítulo, voltado à reflexão sobre a já histórica expressão "discreto e fora do meio", usada eventualmente para se descrever, mas mais frequentemente para definir a quem se busca on-line.

Denomino "observação interativa" a metodologia que utilizei entre o final de 2013 e o início de 2016, quando terminei a redação deste livro. Denomino-a assim a fim diferenciá-la das etnografias anteriormente realizadas e da observação pura, ou seja, do *lurking* ou observação sem interação. Observei, fotografei, analisei e refleti sobre os perfis, assim como acompanhei as mudanças nos aplicativos e as notícias sobre elas, tanto as apresentadas nas próprias plataformas como as que apareceram na grande mídia. Mas também interagi com usuários do Tinder – boa parte dos quais estava também no Grindr, Hornet ou Scruff –, buscando compreender melhor as particularidades das interações em São Paulo. Entrevistei um bom número de usuários, mas não mais os contabilizei nem busquei encontrá-los face a face.

Convertendo-se em um perfil

"Como quero ser visto?", segundo Sharif Mowlabocus (2010, p. 92) a construção de um perfil on-line busca responder a essa questão. A resposta é variável não apenas segundo cada indivíduo, mas sobretudo de acordo com o segmento erótico no qual se insere. No caso de homens que buscam parceiros do mesmo sexo, a tradução de si do off-line para o on-line é um exercício reflexivo que envolve uma possível textualização de si na autodescrição por escrito assim como sua apresentação visual. O *design* dos aplicativos tende a moldar as possibilidades em, ao menos, dois aspectos: a autodefinição em uma lista de classificações que circulam na pornografia gay e as fotos que constituem a parte mais visível e atraente dos perfis.

Ainda que a parte escrita não seja o grande atrativo dessas plataformas, elas disponibilizam diversos formulários para autoidentificação e busca que seguem as categorias anteriormente criadas pela indústria pornográfica voltada a gays. Um usuário do Grindr, por exemplo, pode se descrever, se associar ou definir seu parceiro ideal como *jock* (homem másculo e esportista), *clean-cut* (perfil de jovem profissional de classe alta), *twink* (jovem, normalmente imberbe e com traços de adolescente), *bear* (homem peludo, com barba ou cavanhaque), *daddy* (homem mais velho), entre outras categorias. Assim, o usuário passa a se identificar – e também a atrair outros – a partir de estilo e práticas sexuais específicas.

O forte dos aplicativos são as imagens, portanto as fotos escolhidas pelo usuário definirão o sucesso de seu perfil na plataforma. A inserção dos homens em um universo de consumo e na posição de objetificáveis, ou seja, em um contexto no qual as mulheres foram historicamente alocadas, tende a colocá-los diante de um paradoxo: como manter sua masculinidade e domínio convertendo-se em desejável? A maioria parece responder a esse dilema reforçando sua masculinidade por meios imagéticos e, inclusive, com a maior dedicação a exercícios físicos.

O olhar que dirige a criação e a visualização dos perfis em sites e aplicativos é aquele treinado pelo consumo de representações midiáticas, em especial as comerciais e pornográficas. Assim, os usuários tendem a construir perfis que expõem – de acordo com as restrições dos aplicativos – seu rosto e/ou seu corpo em poses que evocam a do universo da propaganda com toques de sensualidade. A exibição de músculos e pelos corporais tende a virilizar os corpos expostos, contrabalanceando o risco da emasculação. A proibição do nu nas fotos de perfil é contornada pelo envio de fotos privadas ou a liberação de álbuns restritos que fazem da interação um verdadeiro desnudamento corporal.

O enquadramento midiático-comercial do expediente de tradução de si em um perfil é compreensível, já que os sites e aplicativos são negócios lucrativos e frequentemente têm entre seus anunciantes os provedores de pornografia, assessórios eróticos, clubes noturnos, saunas e outros serviços voltados a homossexuais. Além disso, como discute Mowlabocus (2010, p. 102), a pornografia gay foi – e em certa medida ainda é – um dos únicos provedores de imagens positivas e erotizadas de não heterossexuais, já que socialmente predominam estereótipos desqualificadores que associam homossexuais ao indesejável em formas variadas.[80] O que não deve nos impedir de avaliar criticamente como o reconhecimento provido nas plataformas de socialização on-line tende a se confundir com sexualização, o que também gera – mesmo que em termos relativos – objetificação dos sujeitos, os quais passam a ter seu valor mensurado em seu apelo sexual, segundo padrões e modelos propagados pelas mídias voltadas a um público gay.

Mowlabocus explora um histórico recente do processo que descreve como pornificação do corpo homossexual, dando ênfase à produção pornográfica da década de 1970 e

---

[80] Pelúcio (2009) e Duque (2011) observaram como acontece algo similar entre travestis, e a "pista" (termo êmico para os locais de prostituição) é o principal local em que elas eram reconhecidas como admiráveis, belas e desejáveis.

até à popularidade de bonecos entre meninos, similares ao *Falcon* ou *Comandos em Ação*, os quais difundiram estereótipos de gênero apresentando figuras de homens como lutadores e militares fortes e viris. Outros pesquisadores, como Martin Levine (1998), exploraram em detalhe como, desde ao menos Stonewall (1969), a cultura gay norte-americana buscou "masculinizar-se", criando o fenômeno do *clone*, o homossexual de centros urbanos como Nova York e São Francisco que – além de praticar musculação e esportes – se vestia como um homem das classes populares. De toda forma, uma genealogia dos ideais corporais de gays precisaria resgatar as décadas anteriores e inseri-las em um processo histórico mais amplo, o das tecnologias sociais de vigilância dos corpos homossexuais, o que farei no próximo capítulo.

Aqui, o que eu gostaria de enfatizar é que qualquer que seja o intuito inicial do usuário, ao entrar on-line ele será facilmente induzido a criar um perfil, comodificando a si mesmo para entrar em uma espécie de mercado sexual. Piscitelli, Assis e Olivar (2011, p. 10) consideram que "O termo mercado pode remeter a diferentes significados: ao terreno abstrato do intercâmbio de bens, à organização das relações sociais constitutivas da esfera da produção e ainda ao âmbito no qual tem lugar o consumo". Ainda que meu campo de pesquisa não seja o do sexo comercial, ele é atravessado pelo mercado por meio de intercâmbios materiais e simbólicos.

É possível usar sem pagar às plataformas para busca de parceiros sexuais e amorosos e, no contexto paulistano, prepondera o uso das versões grátis dos aplicativos. Elas têm restrições como menor número de funcionalidades e – segundo meus interlocutores – mais falhas técnicas como a perda do histórico de mensagens. Além das restrições ao uso sem pagamento, o usuário continua exposto a mais anúncios de serviços relacionados do que os que são assinantes. De qualquer forma, pagando ou não pelo serviço, estará no mercado e, no que se refere à sua inserção nos aplicativos, será induzido a apresentar-se de forma desejável, comodificar-se segundo os termos mais valorizados naquela arena de franca competição.

Uso o termo "comodificação" porque se trata de uma espécie de metamorfose em "mercadoria" vendável em um mercado regido pela desejabilidade sexual ou amorosa. Tal intuito exigirá ter fotos ou vídeos em que apareça atraente segundo os critérios vigentes no universo da publicidade e das mídias voltadas para um público homossexual masculino. A centralidade do corpo nesse processo de comodificação é facilmente reconhecível. Um típico perfil bem-sucedido nos aplicativos tende a ser o que torna o usuário atraente eroticamente, o que pode ser feito por meio da exposição de fotos com dorsos à mostra, músculos, pelos faciais, abdomens definidos. Tais fotos evocam não apenas a pornografia gay, mas também a imagem de prostitutos. A distinção borrada entre profissionais do sexo e usuários comuns nos perfis dos aplicativos é de tal grau que cada vez mais surgem perfis com o alerta: "Não sou Garoto de Programa".

A fronteira entre o sexo comercial e o sem fins financeiros foi borrada como nunca antes, o que gerou reclamações em muitos perfis, mas considero que a fronteira incerta não é mais apenas essa, já que é perceptível que a maioria dos usuários tendem a adotar critérios de busca que evocam os do mercado sexual. É comum que descrevam quem buscam definindo um tipo pornográfico ou parceiro moldado por interesses sexuais. Frases como "não curto baixinhos" ou "busco cara acima de 1,80 m, másculo, em forma e dotado" são expostas com naturalidade definindo que – ao menos no aplicativo – é apenas um homem como esse que será respondido caso envie mensagem.

A maioria dos usuários paulistanos associa vários aplicativos em sua busca por parceiros em um expediente de tentar ampliar suas possibilidades de encontrar alguém assim como de segmentar a busca de acordo com o público de cada plataforma e dos interesses de cada usuário. Enquanto, nos Estados Unidos, a segmentação do público dos aplicativos por tipos corporais e práticas sexuais parecia funcionar, no Brasil, a segmentação seguia mais a tentativa de fazer uso do aplicativo mais recente e com mais funcionalidades gratuitas do que buscar um público específico.

Os aplicativos são plataformas que sintetizam funcionalidades das que os precederam: os bate-papos e os sites. Eles unem a centralidade visual do perfil com foto (alguns também com álbuns ou associados a outros aplicativos como o Instagram) – portanto parecem uma versão aprimorada dos anúncios de busca de parceiros dos sites como Manhunt e Disponivel.com – com a funcionalidade do bate-papo (ou chat) em versão individualizada, já que é possível trocar mensagens privadas apenas com o usuário que o interessa. Por fim, une a essa síntese das plataformas mais antigas a geolocalização – que permite reconhecer a que distância está de parceiros em potencial – com a portabilidade, já que é usado especialmente pelo *smartphone*.

A geolocalização e a portabilidade distinguem os aplicativos dos antigos sites e bate-papos por incentivarem – ou ao menos possibilitarem – a busca por parceiros no espaço público. Isso amplia a demanda de que o parceiro em potencial seja "discreto", já que o encontro face a face pode se dar em contextos presumivelmente heterossexuais.[81] Assim, os aplicativos proporcionam interações mais objetivas e curtas. Também mais "higienizadas", já que nos Estados Unidos, durante o período de pânico sexual sobre o *sexting* – a troca de mensagens com conteúdo pornográfico por usuários de *smartphones* no final da década de 2000 –, negociações entre autoridades, empresas de equipamentos e provedores de

---

[81] Talvez isso ajude a compreender, no contexto paulistano, a manutenção dos sites e bate-papos, onde pode haver menor exigência de "passar por hétero" já que neles se negociam encontros privados. Isso também abre o espectro de interesses eróticos, o que é perceptível na relativa popularidade das salas voltadas a travestis e transexuais assim e sua presença em sites de busca de parceiros. Em São Francisco, os bate-papos estão praticamente abandonados e mesmo os sites de busca de parceiros vivem uma clara decadência.

conteúdo e aplicativos fizeram com que os aplicativos adotassem normas de regulação de seu uso. Felipe Padilha (2015, p. 57) assim as sumariza:

> É vedada a publicação de conteúdo pornográfico, ou imagens que contenham atos ou brinquedos sexuais, incluídos insinuações que envolvam masturbação, áreas da virilha, genitais, fluídos corporais, pelos pubianos visíveis ou através da roupa, ou qualquer forma de nudez implícita. Também é vedada a veiculação de propagandas de qualquer natureza, incluindo massagens, produtos, sites ou outros aplicativos. A veiculação de imagens de armas de fogo, drogas ou qualquer tipo de apologia à violência é proibida, embora códigos, como o "4:20", sejam capazes de driblar o regulamento.

As fotos dos perfis costumam ser analisadas uma a uma por funcionários dos aplicativos ou por meios eletrônicos para evitar que as principais normas sejam rompidas, enquanto outros contam com o auxílio e escrutínio dos próprios usuários, que podem denunciar perfis que considerem ofensivos ou fora das regras. Nada disso impede que alguns usuários contornem impedimentos pelo uso de códigos – como o citado por Padilha – ou mesmo pelo anúncio de serviços por meio de mensagens privadas ou recriação constante de seus perfis. De qualquer forma, é flagrante que os aplicativos estão longe de serem espaços de expressão desejante livre.

A despeito de todas as regras e limitações que marcam seu uso, é perceptível a centralidade contemporânea dos aplicativos na vida de homens de classe média que buscam parceiros do mesmo sexo. Entrevistei muitos usuários que contam não conseguir viver sem eles mesmo quando estão em uma relação estável, e outros que, frustrados em suas buscas, os deletam e baixam novamente algum tempo depois. Um sentimento comum expresso por todos os usuários é de que os aplicativos lhes dão uma sensação de normalidade em seu desejo por outros homens, o que considero derivar do fato de que seu uso des-heterossexualiza o espaço público, revelando os fluxos desejantes vigiados e invisibilizados no cotidiano.

Mudanças, permanências e negociações

Há ao menos dois anos tenho reconhecido o surgimento de perfis irônicos ou críticos com relação à demanda de ser "discreto e fora do meio". No início de 2015, encontrei um perfil, de um rapaz de 25 anos, com a seguinte afirmação: "Você é discreto, não afeminado e fora do meio? Uma dica cara... vai procurar mulher!!! Você tem o perfil ideal pra isso". Outro, de 22 anos, ironizava: "São 'MACHOS' só na bio do app. No cara a cara são todas femininas [*emoticon* de unhas sendo pintadas]". Na mesma linha, um homem de 37 anos sentenciava: "Radar gay nada, isso ajuda a localizar quem não tem coragem de algo real". E acrescentava: "Procuro diversão com caras legais! Detesto gay bundão, heteronormativo, 4:20 e os boys CK [alusão aos que exibem fotos como se fossem modelos de cuecas da Calvin Klein]. Cinderelas fora! (risos) Foto de rosto, café, papo e sexo, simples assim. Detesto cara vulgar".

Um rapaz de 26 anos, com foto de rosto em que sorria com seu cavanhaque, afirmava: "Se vc é discreto, fora do meio ou quer sigilo, tchau! Não tenho paciência com quem não é homem de verdade". Ou ainda outro, de 30 anos, com uma foto de rosto, e a ácida demanda: "Diga 'macho, discreto, fora do meio' com um pau na boca". Tais perfis, que ironizam e/ou criticam os termos mais comuns nas apresentações e descrições do parceiro buscado nos aplicativos, podem apontar para transformações na busca sexual ou amorosa por outros homens ou, mais provavelmente, para a existência de um segmento de usuários menos afeito a esses termos para se autocompreender ou procurar alguém.

Ao interagir brevemente com eles – apenas pelos aplicativos –, reconheci traços como alta escolaridade para os padrões nacionais, frequência relativa a locais off-line de socialização homossexual ou experiência pessoal maior do que a maioria de meus outros interlocutores em relacionamentos afetivos com outros homens. Todas características distintivas em relação à maioria dos outros usuários, que contam com menor experiência de sociabilidade homossexual e vocabulário mais convencional para compreender a si mesmo em termos sexuais.

A maioria dos que buscam "discretos e fora do meio" com os quais conversei vêm de famílias e/ou trabalha em contextos conservadores, ou seja, nos quais a heterossexualidade (mesmo que presumida) é pressuposta e até exigida, além de serem espaços marcados por divisões de trabalho e funções generificadas. Em outras palavras, a perspectiva crítica com relação aos termos hegemônicos da busca no contexto paulistano tem uma marca de classe, nível educacional e, sobretudo, deixa entrever que os usuários detêm melhores condições materiais e simbólicas para negociar a visibilidade de seu interesse por outros homens no cotidiano.[82]

Ainda que eles formem um segmento privilegiado e minoritário nas plataformas pesquisadas, podem apontar mudanças em andamento na hegemonia do enquadramento representacional on-line, o que apenas investigações futuras poderão confirmar. O fato é que dificilmente usuários de perfis tão distintos – os que buscam homens "fora do meio" e os que os criticam – virão a dialogar e se conhecer pessoalmente. O mais provável é que os que já são críticos dos termos que regem a busca nessas plataformas venham a interagir entre si.

A maioria entra nas plataformas justamente pela promessa de encontrar homens que não seriam socialmente

---

[82] Padilha (2015, p. 115), reconheceu algo similar nos perfis contestatórios dos termos mais comuns acionados nas buscas no interior de São Paulo: eles eram de jovens universitários que estavam longe de suas cidades natais, portanto em condições privilegiadas para prescindir do sigilo e/ou discrição. Padilha também mostra que os mesmos usuários admitiam trocar suas fotos e aderir ao sigilo quando voltavam às cidades de origem em que residiam suas famílias.

reconhecíveis como homossexuais. Os que entram sem esse objetivo também tendem a aderir aos termos da busca induzidos pelo objetivo de conhecer no espaço público, face a face e diante de outras pessoas, um parceiro em potencial. Além dessa possibilidade, cabe sublinhar que a apresentação e busca pelo discreto é um traço cultural paulistano desde pelo menos o fim da década de 1970, como prova o banco de dados criado por João Paulo Ferreira (2016) a partir da tabulação dos termos usados nos anúncios de busca de parceiros no primeiro jornal voltado ao público homossexual brasileiro: *O Lampião*.[83]

Portanto, há registro histórico da busca pelo "discreto" há quase quarenta anos, busca que se somou à do "fora do meio" a partir da segunda metade da década de 1980, quando da – já diversas vezes citada – época das mortes no auge mortífero da epidemia de aids. Os termos revelam razões históricas e coletivas que levaram à busca de parceiros com um determinado perfil, gerando um verdadeiro regime erótico em que se inserem homens da cidade de São Paulo. Um regime desejante que erotiza o homem que teria sido capaz de vivenciar seu desejo sexual por outros homens sem sofrer retaliações sociais nem sucumbir.

Na perspectiva de uma sociologia do desejo, a definição de um regime erótico permite reconhecer muito mais do que o objeto do desejo de um segmento social. O que, ou quem, se deseja revela sociologicamente o que falta ao sujeito desejante, daí não ser mero acaso que a busca amorosa traduza a busca de redução ou eliminação de desigualdades que envolvem o acesso desigual à cidadania, segurança e reconhecimento (cf. SCHAEFFER, 2015). Assim, em meu campo, o objeto do desejo modelar é o do bem-sucedido

---

[83] A pesquisa de mestrado de Ferreira (2015-2017) se intitula "Desejos comodificados: dos classificados aos perfis nos aplicativos de busca de parceiros do mesmo sexo", e é desenvolvida no Programa de Pós-Graduação em Sociologia da UFSCar com financiamento Fapesp.

em driblar os obstáculos sociais ainda presentes na vida dos homens que desejam outros homens. Para muitos, inclusive, o desejo seja não apenas o de se relacionar sexualmente com um parceiro assim, mas o de partilhar de suas características, já que frequentemente as pessoas são associadas e "lidas" socialmente a partir daquelas com quem se relacionam. Fato que explica por que buscam se afastar das que portam estigmas e se aproximar das mais reconhecidas socialmente.

O "discreto e fora do meio" é o mais apto a sobreviver às contínuas restrições sociais ao desejo por pessoas do mesmo sexo, que podem se materializar, para alguns, no homem musculoso, para outros, no portador de uma masculinidade "insuspeita" ou ainda de algum outro atributo segundo o contexto cultural em que se encontra. Ao fim e ao cabo, seu apelo erótico se confunde com imagens de alguém ao abrigo da vulnerabilidade aos estigmas e às violências que ainda atingem certas expressões do desejo sexual entre homens.

Não se trata de imposição de valores externos ou midiaticamente criados, mas da disseminação dos valores e ideais que circulavam nos centros criadores e irradiadores de um estilo de vida homossexual antes do advento da internet. Os desejos digitais que dão título a este livro não são mero produto das novas tecnologias comunicacionais em rede, muitas vezes apenas foram disseminados por elas. A pesquisa que deu origem a esta obra indica que os desejos digitais mais migraram pelas sucessivas plataformas do que se transformaram em seu uso. Quer na textualização dos primórdios do IRC e mIRC até os bate-papos, passando pela progressiva materialização imagética nos sites de anúncios de busca de parceiros e aplicativos, os desejos apenas encontraram melhores formas de se expressar e materializar disseminando a demanda pelo "discreto".

Desejos digitais hoje são possíveis por meio das técnicas e valores apropriados para a negociação de sua visibilidade, na qual o corpo e a performatividade que seguem regulações de gênero convencionais são os que conferem a alguém o almejado reconhecimento como sujeito desejante e, sobretudo, desejável. Meus interlocutores na pesquisa – obviamente sem deixarem de fazer parte dos contextos hegemônicos – buscam se inserir em um segmento específico do novo espaço relacional criado pelas tecnologias comunicacionais em rede: o provido pelas diferentes plataformas on-line de busca de parceiros amorosos e sexuais do mesmo sexo.

Nos sites e aplicativos, adentram em uma arena de competição que pode ser descrita como um mercado amoroso e sexual, no qual aprendem a operar segundo os valores e técnicas que lhes permitem tornar-se desejável nos termos ali vigentes e que têm origem na história off-line das homossexualidades. Ainda que esses valores advenham de fontes off-line prévias, adquirem novas características on-line e passam a moldar formas de subjetivação, corpos e performatividades. Assim, novos usuários se transformam – subjetiva e corporalmente – pela utilização dessas mídias, frequentemente aderindo ao regime de visibilidade pautado na discrição e no sigilo.

Minha pesquisa sugere que há uma resistência cultural profunda a mudar o espaço que as expressões do desejo por pessoas do mesmo sexo ocupam na vida social contemporânea. Resistência que denota formas diversas e articuladas, e altamente eficientes, de impedimento de que o interesse sexual e amoroso entre pessoas do mesmo sexo se expresse livremente no espaço público. Nesse contexto, parece haver mais continuidade do que mudança social, daí as formas de busca de parceiros do mesmo sexo terem apenas se atualizado com o uso de plataformas de conectividade em rede, as quais chamo aqui, por simplificação, de mídias digitais.

O advento das mídias digitais não trouxe mudanças no segredo que ainda rege a busca sexual ou amorosa, mas na quantidade de pessoas que passaram a poder buscar por parceiros do mesmo sexo sem se expor ao risco de sofrer retaliações e nos critérios que as induziu a utilizar a busca. Assim como no passado pré-mídias digitais, por meio delas a busca se dá através da negociação da visibilidade pública em termos que envolvem uma dinâmica da exposição segura, de forma que esta não abale o pressuposto do espaço público como sinônimo de heterossexualidade.[84] No regime de visibilidade sexual centrado na discrição e no sigilo, as relações homossexuais são possíveis desde que permaneçam na intimidade, o que – indiretamente – contribui para a manutenção do que denominei, no início do livro, de hegemonia heterossexual, ou seja, o contexto cultural e político que mantém o acesso desigual a direitos e reconhecimento, o que privilegia os sujeitos que mantém, ao menos publicamente, relações com pessoas do sexo oposto.

Se o segredo continua a pautar a busca, é inegável que ela também sofreu transformações on-line, quer pelo efetivo acesso ampliado a parceiros, quer pela indução à seleção, mudanças que a distanciaram do antigo *cruising* ou pegação no espaço público. A atual forma de busca de parceiros tende a ser descrita em termos como "segura", "prática" e "objetiva", assim como as relações que ela proporciona são marcadas por seleções e filtros, em suma, maneiras diversas de higienização da busca sexual, de forma que os parceiros potenciais tendem a ser resultado de um escrutínio raro – ou mesmo impossível – no antigo *cruising*/pegação que caracterizava as interações no "gueto gay" paulistano até a década de 1980.

Em entrevistas conduzidas com usuários com mais de 50 anos, foi mencionada diversas vezes a diferença entre as formas de busca de parceiro, sublinhando que o *cruising* exigia mais tempo e imersão, já que a pessoa tinha que ir a lugares públicos, procurar até encontrar um parceiro potencial, o que a maioria afirmou que exigia mais engajamento e energia do que o uso das mídias digitais. Sem contar os riscos de exposição,

---

[84] Nesse aspecto, minha pesquisa reitera a análise de Zago (2013) sobre um dos sites mais populares de busca de parceiros. Segundo ele, é central a forclusão da feminilidade nesses espaços on-line, assim como a construção do que denomina de "corpos-currículo".

de ser visto por pessoas de sua rede, de ser extorquido por algum "parceiro" e até agredido.

A *pegação* "desterritorializava" sujeitos, os afastava de sua origem social e valores e os atraía para uma espécie de deriva erótica aberta ao risco e ao acaso, portanto com critérios menos rígidos que os on-line e objetivos em desacordo com os que costumavam moldar o flerte heterossexual. Segundo esses interlocutores mais velhos, as mídias permitem a busca a partir do trabalho e do lar, assim como maior objetividade e eficiência nos encontros face a face. Um de meus interlocutores, com 55 anos, pós-graduação e de perfil intelectualizado, chegou a associar a emergência das plataformas midiáticas com o neoliberalismo, a demanda de mais dedicação ao trabalho e por parceiros que qualificou de "burgueses".

Assim, contrastando a *pegação* com a busca on-line, que foi criada no contexto norte-americano como facilitadora do *hookup* heterossexual, é possível reconhecer que ela induz à criação de redes de desejo formadas principalmente a partir de filtros de compatibilidade e similaridade, alocando os usuários em uma busca individualizada pautada por critérios que tendem a tornar o similar erótico. Como explorarei em mais detalhe no próximo capítulo, das margens ao centro, do gueto ao mercado, o caminho das relações entre pessoas do mesmo sexo tem sido trilhado sem desconstruir a heterossexualidade compreendida como um regime político e cultural, mesmo porque ainda é a provedora das representações hegemônicas. Assim como afirma Zago: "A heterossexualidade pode não ser praticada, mas conserva e redobra sua força ao colocar-se como norma de inteligibilidade inclusive para pessoas não heterossexuais" (2013, p. 202).

O regime de visibilidade no qual vivemos desde o pós--Segunda Guerra Mundial tem se associado a uma economia sexual em que o desejo de reconhecimento é moldado por valores baseados no regime de representação heterossexual e seu culto à generificação binária e intransitiva. O domínio da masculinidade heterossexual tende a ser preservado em termos simbólicos, políticos e econômicos. Na era da conectividade, ele é, inclusive, erotizado e serve de modelo representacional nos quais se espelham os usuários que buscam – em sigilo – por um homem masculino e discreto, portanto alguém com quem possam manter o desejo homossexual invisível, mesmo porque esta forma do desejo permanece obscena não apenas no espaço público ou para sujeitos "heterossexuais", mas para os próprios sujeitos que se deparam com o interesse por pessoas do mesmo sexo.

É discutível se nas plataformas on-line busca-se realmente o homem heterossexual. É mais provável que elas constituam uma arena sexual específica em que se expressa o partilhamento de uma fantasia na qual representações hegemônicas do homem heterossexual masculino ocupam o posto máximo no desejo. Compreendo aqui a fantasia partilhada pelos usuários como reação sociopsicológica a uma realidade hostil e aparentemente sem saída: a forma como a hegemonia heterossexual torna o desejo por pessoas do mesmo sexo obsceno e abjeto, ao mesmo tempo, fora de cena e inaceitável dentro de seu regime representacional.

Assim como Freud observou em *A interpretação dos sonhos,* quando o sujeito é incapaz (no caso, impossibilitado) de expressar diretamente seu desejo – que permanece inconsciente –, desenvolve sintomas que, ao mesmo tempo, expressam e negam o que se quer. A fantasia contém, portanto, o que nega e opõe expressando obliquamente o desejo, no caso em foco: desejo outro homem, mas esse desejo não me desloca do masculino nem me aloca na homossexualidade se desejo um homem (que passa por ou é) heterossexual (assim como eu).

A fantasia materializa um conteúdo negado conscientemente, psicanaliticamente um tabu ou, em termos sociológicos, algo considerado ilegítimo. Aqui, o desejo homossexual – e sua compreensão social como ilegítimo e deslocador da normalidade de gênero e (heteros)sexual – é ressignificado de forma fantasística. Na interpretação de Eva Illouz (2014), a fantasia – ao mesmo tempo – representa e distorce a realidade, tornando-a palatável ao sujeito de forma que: "desempenha um papel crucial na vida psíquica coletiva precisamente porque ela se volta para conflitos e privações e ajuda a resolvê--los".[85] A fantasia resolve, em termos psíquicos e culturais, o que o indivíduo não tem como enfrentar individualmente, aqui o conflito com a ordem heterossexual e a privação de um senso de pertencimento à masculinidade hegemônica.

Se o desejo pode ser compreendido como busca de reconhecimento de si por meio do desejo do outro, é na busca pelo reconhecimento pelo homem heterossexual másculo que atualmente funcionam essas plataformas. Ainda que ele não esteja presente ali – ou talvez nem mesmo exista[86] –, por meio de um deslocamento imaginário ele passa a ser corporificado nos sujeitos "masculinos" e que se "passam por hétero" das plataformas, os quais têm transferido para si – mesmo que de forma efêmera e contestável no mundo off-line – o poder de separar os eleitos para o amor e o prazer dos relegados à abjeção e ao desprezo.

---

[85] E-book, sem paginação.

[86] As evidências empíricas mostram transformações profundas nas masculinidades, inclusive nas diferentes formas de vivenciar heterossexualidades, o que contrasta com as representações estáticas sobre o homem heterossexual que circulam na mídia, particularmente na segmentada para o que os veículos compreendem como o público gay.

7. Desejos digitais

"Dizem que pareço o George Clooney", anunciava um usuário do Grindr em São Francisco, o que a foto de seu perfil parcialmente confirmava. Não seria de se estranhar a menção ao astro de Hollywood na cidade da Costa do Pacífico. Afinal, Los Angeles fica a cerca de uma hora de voo dali, e estrelas do cinema parecem mais encarnadas e reais pela proximidade. Ainda que a autodescrição que alude a figuras da mídia como similares a si próprio não soe estranho, não é mais comum. Esse expediente comparativo era usual na época do uso dos bate-papos da década de 1990, quando as fotos ainda não eram digitais e os usuários tinham que se "textualizar" (ILLOUZ, 2007) para se materializarem na mente de seus interlocutores na internet. Em outras palavras, o usuário que dizia se parecer com George Clooney revelava em sua autodescrição – além de sua idade – seu histórico de uso das mídias digitais.

O perfil de Parker apenas dava seus dados como altura, peso e estampava uma foto em que era possível ver seu torso sem camisa, musculoso como o de um modelo. Nas demais fotos que usava para enviar "em privado", era reconhecível seu olhar treinado pelas mídias nas imagens que criara de si emulando com apuro poses e a apresentação de um astro. Parker, assim como a maioria dos jovens usuários de aplicativos para dispositivos móveis em busca de parceiros sexuais e amorosos, apresenta-se em poses que parecem performatizar imagens fotográficas que circulam nos sites voltados a um público gay, inclusive pornográficos. O contraste entre o perfil do mais jovem e o do usuário mais velho me fez reconhecer uma importante inflexão feita pelas mídias digitais.

O usuário mais velho, nascido provavelmente entre o final dos anos 1960 e o início dos anos 1970, tinha um perfil a partir do qual pode-se compreender que sua geração vivenciou primeiro a experiência de exposição aos meios de massa, aprendeu a se relacionar com os astros e estrelas do cinema e da TV por um processo de identificação, e agora está tendo que se habituar a viver na era dos meios digitais, nos quais cada usuário é um protagonista de sua própria vida. A diferença entre o usuário de meia-idade e o jovem está no fato de que o mais velho afirma se *parecer* com uma celebridade, enquanto o jovem quer ser uma. As mídias de massa – das quais são exemplos o cinema e a televisão – eram predominantemente mídias verticais, que vinham "de cima para baixo" e permitiam pouca interatividade. Nesse contexto, as pessoas se identificavam e emulavam seus ídolos. Nas mídias digitais – internet e afins – o que predomina é a horizontalidade das relações, nas quais todos interagem. Assim, nelas as pessoas sentem-se aptas a construir sua própria persona para uma audiência segmentada.

Nos capítulos anteriores, ao analisar a experiência dos usuários que se inseriam on-line afirmando serem "fora do meio", chamei a atenção para o fato de que o uso de mídias digitais se dá em rede, portanto permitindo selecionar quem fará parte da rede de cada um, bem como bloquear os que incomodam ou deletar aqueles com os quais não se quer mais contato. A rede, portanto, é uma criação individual a partir dos contatos da pessoa, uma versão segmentada do social que, para cada usuário on-line constitui sua audiência. Em um site de busca de parceiros ou em um aplicativo, a audiência equivale ao segmento erótico no qual se insere o usuário, enquanto em uma rede social a audiência é mais do que um segmento, é um público particular.

A inflexão trazida pelo advento das novas tecnologias comunicacionais em rede não é apenas tecnológica e midiática, mas também social, já que modifica profundamente nossos horizontes aspiracionais, desejos e, inclusive, como não poderia deixar de ser, nossas relações interpessoais. O uso de sites de anúncios e, mais recentemente, de aplicativos de busca de parceiros alçou-nos ao que Iara Beleli (2015) definiu como "Império das Imagens", o que compreendo como expressão relacional em que se exibir em busca de admiração e reconhecimento parece uma conquista para grupos sociais que – ao menos até recentemente – haviam sido associados à feiura e ao moralmente disforme. Assim, entrar on-line com um perfil, exibir-se em uma foto sensual e fazer parte de um mercado dos afetos pode parecer a alguns captura pelo mercado, mas para homossexuais, pessoas trans, entre outros, talvez pareça uma conquista.

Mas como se compreender como um sujeito que deseja outros do mesmo sexo em nossa sociedade? Fernando Seffner observou que: "A produção das identidades liga-se estreitamente ao processo de constituição de representações acerca de grupos sociais e indivíduos" (2003, p. 77), assim como já reconhecia que a mídia era a grande provedora de imagens para os sujeitos. Portanto, as ideias sobre o que somos não vêm de dentro, mas sim da cultura, sobretudo desde a disseminação das mídias de massa na segunda metade do século XX, das representações que circulam na produção cinematográfica e televisiva.

Historicamente, pessoas que desejavam outras do mesmo sexo não tiveram imagens para se reconhecer de forma positiva e tinham que fazer um exercício reflexivo de se identificar com as representações disponíveis. Na era das mídias verticais, pessoas que se interessavam por outras do mesmo sexo se identificavam com essas imagens alheias, quer na leitura subversiva – frequentemente feita nas entrelinhas – de um filme como retratando, de forma indireta ou velada, a relação entre dois homens, quer no expediente conhecido de como um homem pode se colocar no lugar de uma diva da música *pop* e, como era mais comum no passado, identificar-se com alguma personagem feminina no cinema.

Homens – em várias realidades nacionais – cultuaram protagonistas mulheres em romances, filmes e programas de televisão, em especial aquelas que superavam dificuldades. A identificação com o feminino se devia ao fato de que no lugar de alguma heroína podiam se alocar na posição de alguém envolvido amorosamente com outro homem. Além disso, na maior parte das obras culturais preferidas por homossexuais, personagens mulheres desafiam e enfrentam preconceitos por não serem homens, uma experiência relativamente comum a elas e também àqueles – por se interessarem por outros homens – cujo pertencimento à masculinidade hegemônica não é reconhecido.

Os romances literários sobre relacionamentos entre pessoas do mesmo sexo sempre foram relativamente pouco comuns e sua recepção foi maior entre um público relativamente privilegiado. Na esfera da cultura de massas, especialmente a audiovisual, são pouquíssimos os filmes e outras obras ficcionais que representaram – especialmente de uma forma não negativa – relações entre homens. Estudos históricos como o de Vito Russo (1981) mostram como, no contexto norte-americano – mais marcado pelo cinema do que pela televisão –, Hollywood sempre retratou homossexuais. Inicialmente no estereótipo da *sissy,* a equivalente americana da bicha, mas – desde 1934, sob a vigência do Código Hays –, reconhecível apenas na figura de vilões ou de formas indiretas em dramas sobre os conflitos da juventude e da masculinidade na década de 1950.[87]

---

[87] Segundo Russo, a primeira imagem cinematográfica da *sissy* data de 1912 e aparece seguidamente na forma de homens magros e pálidos, geralmente assexuados e motivo de riso, a mesma forma que os personagens negros da época. No que se refere aos filmes que, mais ou menos indiretamente, apresentam dramas passíveis de uma leitura de que seus personagens eram homossexuais, eles se tornaram mais comuns a partir do final dos anos 1940

A partir da flexibilização do Código Hays na década de 1960, homossexuais começam a aparecer mais na tela grande, mas dentro do binário da bicha cômica ou do homossexual viril e trágico, muitas vezes suicida. Nessa época emerge o chamado Paracinema, um movimento cinematográfico que explorava tabus como histórias de mulheres na prisão e *black exploitation*,[88] ganhando popularidade e vindo a influenciar boa parte da produção pornográfica da década seguinte. O primeiro filme em que homossexuais não têm final trágico é *The Boys in the Band* (1970), um ano após os conflitos de Stonewall, e, em 1971, é lançado *Boys in the Sand*, o primeiro pornô gay a ter créditos.[89]

Começava a se formar, por assim dizer, um segmento audiovisual voltado a homossexuais. Em uma época em que a vasta maioria dos protagonistas das representações hegemônicas disseminadas pelas mídias de massa era apresentada como heterossexual, a mídia segmentada permitiu construir alternativas. Não por acaso, a ascensão da Revolução Sexual se confundiu com um período de florescimento da pornografia gay – impressa e fílmica –, a primeira a popularizar imagens em que homossexuais eram vistos como bonitos, desejáveis e algumas de suas práticas sexuais dignas de visualização.

Alguns, como Mowlabocus (2010), consideram que o advento e a popularização da pornografia voltada a homossexuais

---

e incluíram títulos em que tais personagens tendiam a ser apresentados de forma viril como *Red River* (Rio Vermelho, 1948), *From Here to Eternity* (*A um passo da eternidade*, 1953) e *Cat on a Hot Tin Roof* (*Gato em Teto de Zinco Quente*, 1959). Quando os personagens despertavam maior suspeita tendiam a não ter rosto, como em *Suddenly, Last Summer* (*De repente, no último verão*, 1959) ou um fim trágico como em *Rebel Without a Cause* (*Juventude transviada*, 1955).

[88] O termo "*blaxploitation*", ou "*blacksploitation*", refere-se a filmes da década de 1970 que se voltaram inicialmente a um público étnico lidando com suas experiências cotidianas como pobreza e preconceito, mas que alcançaram uma audiência maior.

[89] Agradeço a Carla Bernava por me auxiliar a reconstituir essa história – ainda que de forma parcial e provisória – por meio da indicação e empréstimo de inestimável bibliografia sobre o tema.

tenha tido maior disseminação e impacto na circulação de imagens positivas sobre essa forma de expressão do desejo e suas práticas sexuais. A pornografia gay teve um efeito muito além do puramente sexual, pois concedeu reconhecimento ao desejo por pessoas do mesmo sexo mostrando de forma atraente sujeitos de desejos que até pouco antes eram considerados ilegítimos e desviantes. Ao mesmo tempo, disseminou modelos corporais e ensinou formas de se relacionar intimamente que – compreensivelmente – não abrangiam todas as corporalidades e desejos. Teve um efeito colateral, digamos assim, de dirigir a recém-adquirida visibilidade do desejo homossexual em direção a corporalidades aceitáveis, sobretudo as que expressam uma linearidade entre sexo e gênero masculinos, muitas vezes, inclusive, sublinhando a masculinidade ao nível da hipérbole.

Historicamente, portanto, passou-se da identificação reflexiva com personagens viris que permitiam serem reconhecidos como tendo desejos por outros homens, ou da identificação potencialmente deslocadora com protagonistas mulheres – ou até transgressora nas personagens *outsiders* – para a identificação conformadora a uma linearidade de sexo e gênero nas representações *mainstream,* pornográficas ou não. Processo que se consolidou com o advento da internet comercial na década de 1990, meio mundialmente conhecido por ter disponibilizado material pornográfico como nunca antes na história (cf. PRECIADO, 2008), o que alguns afirmam chegar a 30% de todo o fluxo na rede.

Aos poucos, do consumo massivo da produção pornográfica profissional, passou-se à produção e distribuição da produção amadora. Além disso, as tecnologias comunicacionais em rede – desde a disseminação das câmeras digitais nos dispositivos de acesso na década de 2000 – passaram a permitir a cada um produzir, exibir e distribuir imagens de si próprio. De expectadores dos filmes e leitores de revistas a protagonistas de suas próprias vidas e desejos, os sujeitos chegaram à era da audiência segmentada, em que as relações midiatizadas levam a associar a gramática do reconhecimento à da celebridade. Realidade nova e pouco explorada em termos sociológicos, não apenas pela existência de poucos estudos sobre como homossexuais ganharam visibilidade nas últimas décadas, mas também pela carência de um vocabulário conceitual e teórico mais afeito à análise das transformações culturais e políticas recentes envolvendo as diferenças, especialmente as de sexualidade e de gênero.

A seguir, busco contribuir para preencher essa lacuna por meio de uma discussão sobre a gramática da visibilidade homossexual contemporânea, passo prévio e necessário para, depois, retomar a questão de como atualmente as homossexualidades negociam sua visibilidade por meios comunicacionais em rede.

A gramática da visibilidade homossexual: vigilância e enquadramento representacional

Na sociedade contemporânea, as representações sociais e as tecnologias midiáticas estão intrinsecamente associadas. A visibilidade se tornou sinônimo de imagens cuja produção e consumo precisam ser analisadas caso queiramos compreender como a internet, a televisão, o cinema e as mídias impressas nos mostram o mundo e o lugar que ocupamos nele. Durante o século XX, as tecnologias de comunicação ampliaram o campo do que é socialmente visível, inserindo-o em um mercado de demanda e consumo de imagens e representações. Nos termos do sociólogo italiano Andrea Brighenti:

> A cada aumento do campo, emerge a questão do que vale ser visto e a qual preço – junto com a questão normativa do que deveria ou não deveria ser visto. Essas questões nunca são apenas um assunto técnico: são inerentemente práticos e políticos (2007, p. 327).

Miriam Adelman (2009) mostra como a emergência dos então chamados novos movimentos sociais na década de 1960 – em particular a luta pelos direitos civis dos negros, a segunda onda feminista e o movimento homossexual – deu-se em um contexto de expansão midiática. A popularização dos aparelhos de TV e o consequente acesso à informação – especialmente visual – tornaram reconhecíveis novos sujeitos e demandas políticas. Frequentemente ambas se uniam, como a assertiva negra do "*Black is beautiful!*" (Negro é bonito!), em que a demanda de reconhecimento político também era estética e reagia à histórica associação racista entre negritude e feiura.

A partir da segunda metade do século XX, de forma muitas vezes contraditória, emerge um novo regime de visibilidade sobre as diferenças, no qual a rejeição social não equivale à invisibilização. Nele, a agitação política e as demandas de direitos de mulheres, negros e homossexuais tenderam a ser retratadas de forma negativa, fazendo esses grupos parecerem uma ameaça ao *status quo*. Pânicos morais e sexuais se sucederam diante de cada nova demanda de direitos e reconhecimento, o que contribuiu para impedir ou frear conquistas políticas. Isso prova que disputas políticas envolvendo diferenças como as de gênero, raça e sexualidade são indissociáveis de batalhas representacionais.

Na vida cotidiana, sem necessariamente terem consciência do quadro macropolítico, os sujeitos que desejam pessoas do mesmo sexo identificam-se e buscam reconhecimento dentro do enquadramento representacional disponível para o desejo homossexual. Nos termos de Mowlabocus, tais sujeitos enfrentam o desafio de identificar-se "num mundo que o posiciona como 'o outro', e nunca 'apenas' um homem" (2015, p. 59), apoiando-se muito mais nas representações midiáticas do que alguém ajustado à expectativa social da heterossexualidade.

As representações de homossexuais não são criação livre, ao contrário, surgiram dentro de um enquadramento político-moral que, ao menos desde o final da Segunda Guerra Mundial, traduziram o interesse em identificar homossexuais, vistos como potenciais traidores, criminosos ou corruptores da juventude. Assim, em um verdadeiro regime de vigilância e punição, a identificação homossexual passou a ser evitada de maneira que chegamos, já na época da Revolução Sexual, a um contexto em que a luta política por visibilidade – popularizada no lema do "sair do armário" – originou não um espectro de maneiras de ser homossexual igualmente aceitáveis, mas uma preponderância do "discreto" ou que se "passa por hétero".

O aparente paradoxo de a visibilidade homossexual se dar a partir de um modelo heterossexual pode ser analisado por meio de um arsenal teórico e conceitual apropriado. Nesse sentido, a visibilidade como um conceito analítico pode auxiliar empreendimentos históricos e sociológicos comprometidos em investigar as mencionadas batalhas representacionais, que marcam a entrada das diferenças na vida política e cultural a partir da segunda metade do século XX.

A visibilidade é uma categoria ligada a uma epistemologia da visão, uma metáfora de conhecimento desde a palavra grega "*theorin*" (teoria), que significa ver. Historicamente, na ciência moderna, a visão foi associada à evidência como faculdade intelectual e não à mera apreensão do que ali está. É conhecida a crítica dos racionalistas aos empiristas, a qual enfatizava a necessidade da dúvida sobre o que se apresenta aos olhos, para realmente conhecer.

No século XX, a psicanálise e a teoria crítica contextualizaram a visão como poder. A obra de Michel Foucault foi marco fundamental nesse sentido, pois situou historicamente a passagem para uma sociedade baseada na vigilância e na ameaça de punição. A visibilidade tornou-se uma forma de controle social e, para aqueles e aquelas sob particular escrutínio, um verdadeiro regime disciplinador. Sublinhe-se o caso dos homens reconhecidos como homossexuais em contextos heterossexistas e até homofóbicos, o que – em vez de liberar-lhes ou garantir segurança – os relega à insegurança, vulnerabilidade e à violência.

A visibilidade não é garantia de segurança ou reconhecimento, porque é indissociável do poder de quem vê, das relações de poder que vinculam diretamente quem vê a quem é visto. Não há visível sem formas de ver, as quais – em posições privilegiadas de poder – podem levar à submissão de quem é visto. Em termos sociológicos, entre o que vemos e o significado que atribuímos ao que foi visto estão sempre as representações sociais correntes. Assim, a visibilidade é sempre contextual, inserida em uma época e uma cultura, o que a torna uma relação social, portanto, relacional e estratégica.

A visibilidade se dá dentro de regimes de representação, os quais são sedimentações de relações de poder historicamente estabelecidas como o vocabulário disponível para o nosso olhar. Hannah Arendt, em *Sobre a Revolução* (2011), atenta para como os observadores europeus, ao visitarem os Estados Unidos, afirmaram não ver uma única pessoa que necessitasse de caridade! Os visitantes não notaram os escravos por toda a parte, porque não tinham vocabulário político – leia-se representações – para incluir os negros entre os dignos de menção.

Ao lidar com diferenças, percebe-se a relevância de atentar para a relação visibilidade/enquadramentos representacionais, pois ela se insere em um aspecto da política frequentemente negligenciado pela teoria social canônica, que tendeu a se basear no pressuposto contestável da neutralidade (total ou axiomática) do sujeito do conhecimento e no poder da evidência empírica, desconsiderando – em maior ou menor grau segundo o pesquisador – o enquadramento político da visão hegemônica sobre grupos historicamente subalternizados.

Regimes de representação são aparatos político-culturais assentados no imaginário, o qual pode ser compreendido como uma noção que busca abarcar o conjunto de representações sociais acionáveis em uma determinada época e sociedade. Seu caráter social reside no fato de que o imaginário é uma construção coletiva, histórica e política, já que não apenas permite nomear o mundo à nossa volta, mas pode também o classificar e hierarquizar. A forma como o imaginário é acionado socialmente, a moldura política de seu uso, pode ser compreendida como o que Stuart Hall (1997) busca definir como regimes de representação, a maneira como a vida social é moldada por uma política da visão, do que é ignorado ou reconhecido como relevante: positiva ou negativamente.

Um regime de representação pode ser compreendido como a gramática imagética disponibilizada aos sujeitos em sua vida cotidiana. Talvez nada expresse melhor a assimetria de poder dentro de um regime de representação do que o estereótipo, a imagem preestabelecida a partir das diferenças históricas que permitem alocar o outro em uma posição – ao mesmo tempo – inferior e estática. O estereótipo é a expressão cristalizada de desigualdades sociais herdadas por sociedades criadas em processos de subalternização de certos grupos sociais, os quais, especialmente no passado, tendiam a ser ignorados e, no presente, costumam ser hipervisibilizados como inferiores, anormais ou desviantes.

O estereótipo do homossexual como um homem feminino e frágil o posiciona como inferior ao homem heterossexual compreendido como masculino e forte. A feminilidade masculina tende a ser classificada como anormal, uma vez que, no vocabulário hegemônico, o gênero é binário (masculino e feminino) e intransitivo (a masculinidade não pode migrar para uma mulher assim como a feminilidade não pode aparecer em um homem). Assim, no contexto brasileiro, emergiu a figura da bicha como a do homossexual reconhecível socialmente, reprovável em seu gênero tanto ou mais do que em seu desejo.

Segundo Homi Bhabha (2005, p. 105-106), a fixidez do estereótipo é um modo de representação paradoxal fincado na ambivalência, uma estratégia sociopsíquica do poder discriminatório que só pode ser analisada quando questionamos o modo de representação da alteridade. Nesse sentido, é necessário atentar para o caráter articulador entre a história e a fantasia presente na representação, a qual une em si fobia e fetiche, medo e atração, sobretudo, criando um vínculo – uma relação necessária de interdependência – entre aquele que estereotipa e aquele que é estereotipado. Em outros termos, o homem viril – quer seja hétero ou homossexual – ganha materialidade a partir de seu desprezo ou oposição à bicha afeminada.

Na era das mídias, a hipervisibilidade – e não a invisibilidade – pode se revelar a maior armadilha. Basta refletir sobre a forma como a mídia de massa cria escândalos e transforma indivíduos em monstros. O expediente de tomar uma pessoa como representante de um grupo continua a marcar as coberturas midiáticas, quer na fórmula do cidadão exemplar, quer do inimigo público. Isso se passa porque o acesso à visibilidade se dá sem nosso controle, é contextual e regido por relações de poder assimétricas. Tais relações de poder desiguais se baseiam nos regimes de representação nos quais nos inserimos.

Quando um regime de representação serve aos grupos socialmente privilegiados, ele influencia as mídias a retratarem grupos historicamente subalternizados como mulheres, negros, homossexuais e imigrantes de forma injusta e distorcida. Quer sejam invisibilizados e, portanto, ignorados como se não fizessem parte da sociedade, quer sejam hipervisibilizados como inferiores, perigosos ou monstruosos, terminam por serem compreendidos e tratados como um problema social, objeto de repreensão moral, perseguição política ou práticas normalizadoras.

Como uma sociedade impõe um regime representacional? Por meio de processos históricos de vigilância e punição daqueles que escapam aos padrões comportamentais hegemônicos. São formas de vigilância que definem formas de visibilidade, das quais o melhor exemplo, nesta obra, é a forma como desde o final da Segunda Guerra Mundial diferentes sociedades ocidentais se esmeraram em desenvolver meios de identificação, controle ou retaliação das expressões públicas do desejo homossexual no espaço público cotidiano.

Nos Estados Unidos, o processo de vigilância e perseguição a homossexuais foi desencadeado na década de 1950 pela caça aos comunistas da onda macarthista. Na Grã-Bretanha, a perseguição aos homossexuais se dá em contexto similar do pós-guerra, em que eles figuravam como possíveis traidores da pátria e espiões. Em países como o Brasil e a Argentina, com longos períodos sob ditadura militar, algo parecido se passou sob premissas ainda mais diretamente morais. Na América do Sul, os regimes políticos autoritários disseminaram um discurso em que nação e família se fundiram em uma idealizada coletividade sob ameaça, entre outros, de homossexuais.

Além das similaridades desses contextos, o mais importante é que eles tenham ocorrido nos centros irradiadores das representações homossexuais, em particular o norte-americano. As imagens *mainstream* de homossexuais – tanto as modelares quanto as negativas – foram disseminadas pelas mídias de massa e atualmente moldam o uso das digitais. As tecnologias digitais foram predominantemente criadas na região de São Francisco, mais marcada pela história da contracultura, mas o conteúdo que circula em rede pelas mídias ainda é predominantemente criado ou influenciado pelo centro produtor de conteúdos de Los Angeles, historicamente o epicentro do *mainstream* cultural.

As imagens, sobretudo o regime de representação sobre as homossexualidades, circularam globalmente e, a despeito das relativas ressignificações locais, moldou também as formas como a visibilidade homossexual se deu em grandes centros de outras partes do mundo. No Brasil, as fontes históricas e os estudos etnográficos sobre as décadas de 1970 e 1980 permitem reconhecer as características que se cristalizaram em São Paulo e no Rio de Janeiro, as quais, a partir do advento das mídias digitais, se disseminaram com maior capilaridade por todo o território nacional.[90]

---

[90] Tais referentes viajam também além de nossas fronteiras, o que é comprovado pela forma como *podcasts*, matérias e vídeos envolvendo as homossexualidades

A vigilância social voltada à identificação e perseguição a homossexuais se associou às práticas de autovigilância desenvolvidas pelos sujeitos em busca de escapar a repreensões ou punições, ambas incompreensíveis fora de um enquadramento cultural que as constituiu dando-lhes substrato sociopolítico. A perseguição a homossexuais e a resistência a ela se deram dentro de um enquadramento representacional comum, engendrando o regime de visibilidade heteronormativo que molda a visão socialmente mais disseminada sobre como é e sobre como deveria ser um homossexual.

Um olhar crítico exige problematizar as relações de poder que estruturam os regimes de representação, e isso não para "libertar" sujeitos de amarras que os impediriam de ser o que "realmente" são. O que é possível é identificar os interesses que regem os aparatos de vigilância e disciplinamento que impõem enquadramentos representacionais restritivos. Assim, torna-se possível desvelar o que impede os sujeitos de reconhecerem sua contingência, ou seja, o caráter histórico e social das circunstâncias que os tornaram o que são hoje. Sobretudo porque tal exercício analítico abre as possibilidades de que eles sejam de outra forma.

Sujeitos são plásticos, em eterna mutação, e é justamente em sua não fixidez que reside sua capacidade de agir, resistir e se transformar segundo referentes não necessariamente impostos. Poderia ser um direito e uma possibilidade fugir não apenas aos estereótipos e modelos socialmente impostos, mas também negociar reflexivamente com as normas que delimitam as possibilidades de existência hoje disponíveis. Nesse sentido, refletir criticamente sobre o eixo sociotécnico que cria (torna visíveis) homossexuais em nossos dias, fazendo

---

brasileiras são consumidos em países vizinhos como a Argentina e, algumas vezes, chegam a se tornar *memes* nos Estados Unidos e Europa. Fato que não pode levar à interpretação de que exportamos representações como os Estados Unidos, tampouco de que temos a mesma influência no fluxo global de representações e valores que constituiu um verdadeiro regime de representação *mainstream* sobre as homossexualidades masculinas.

isso por meio da associação entre formas de vigilância e enquadramento representacional, impõe-se como uma tarefa para construir agência (política) na sociedade contemporânea.

Na segunda metade do século XX, três grandes acontecimentos históricos contribuíram para a consolidação do regime de visibilidade sexual assentado na discrição: (1) a perseguição a homossexuais após a Segunda Guerra Mundial, que legou a todos os homens um sentimento de estar sob observação sobre sua masculinidade e, inclusive, as expressões do seu desejo; (2) a ascensão do "gay macho" – chamado de "*clone*" no contexto norte-americano – como imagem modelar do homossexual durante a Revolução Sexual; e, por fim, (3) a epidemia de aids disseminou a vigilância corporal entre homossexuais, assim como a autoperitagem, o que contribuiu para a adesão a tecnologias corporais como a musculação.

A busca de escapar à perseguição levou a maioria a evitar chamar a atenção, o que – já na década de 1970 – cristalizou-se no ideal de ser discreto e, na década na seguinte, passou a envolver parecer saudável, algo cada vez mais associado a possuir um corpo atlético ou musculoso. Em meados da década de 1990, quando a internet se tornou disponível comercialmente, consolidara-se o ideal do "discreto e fora do meio", portanto de um homem capaz de "passar por hétero". A entrada on-line generalizou tal ideal que – nas plataformas de busca de parceiros – foi alçado a objeto do desejo.

A seguir, explorarei em mais detalhe a inflexão vivenciada pelos sujeitos contemporâneos na passagem da era das mídias de massa para as em rede. Busco compreender as mudanças e permanências que ocorreram da identificação com imagens modelares na era das mídias verticais para o exercício subjetivo-corporal de performatização que se confunde com o uso das mídias horizontais. O objetivo é trazer elementos que permitam compreender e analisar a gramática da visibilidade homossexual contemporânea e um de seus principais vetores: as mídias digitais.

Tecnologias de clonagem: aprendendo a "passar por hétero"

No início deste capítulo, por meio da análise de perfis de dois usuários de aplicativos de busca de parceiros, apontei uma inflexão histórica na forma como os sujeitos passaram a se relacionar com as representações disponíveis sobre homens homossexuais. Se, no passado, as pessoas tendiam a se identificar com tais imagens por similaridade comparativa, no presente tendem a buscar corporificá-las por meio de sua materialização performativa.

De espectadores a protagonistas, deixaram de ser apenas receptores para serem também produtores de representações sobre si mesmos, o que não se deu necessariamente de forma a ampliar o espectro de possibilidades de expressar visualmente a identidade de alguém que busca atrair e expressar desejo por pessoas do mesmo sexo. As mídias digitais são espaços comerciais, em que seus usuários são bombardeados por imagens e modelos midiáticos que trazem consigo padrões corporais, formas de subjetivação e uma crescente segmentação erótica.

Os sujeitos podem desenvolver uma relação reflexiva com as fontes visuais, mas tendem a eleger as que são socialmente reconhecidas como modelo. As novas tecnologias comunicacionais em rede disseminam conteúdo novo ou já existente na era das mídias de massa, mas seu principal feito não é este, mas o de treinar o usuário para – se inspirando nas representações – performatizar a si próprio para sua audiência.

O acesso individualizado às representações, especialmente às comerciais *mainstream*, torna a experiência cotidiana do uso das mídias digitais em dispositivos móveis uma verdadeira imersão psicológica em um contexto cultural cujo aspecto tecnológico não o impede de ser densamente emocional. Os dispositivos não apenas abrem uma janela pessoal para o mundo, mas também proporcionam um espelho no qual as pessoas se enxergam a partir da sua cultura. É assim que encontram elementos para compreender a si mesmas e, reflexivamente, (re)construírem-se off-line para um público on-line.

O uso de equipamentos como *smartphones* se revela mais do que um meio de acesso ao mundo e de constituir relações em rede, ele é também um meio tecnológico de se materializar em um contexto sociotécnico. A tecnologia atual nos torna mais autoconscientes sobre nossa aparência assim como permite que tenhamos retorno imediato sobre ela por meio da exibição de imagens em redes sociais ou por seu envio individual em aplicativos de mensagens. O *selfie* revela uma era em que passamos a ser treinados para fazer e distribuir autorretratos que sejam bem-recebidos segundo padrões correntes.

Assim, a tecnologia comunicacional incita o uso de outras, as quais podemos definir como técnicas corporais como a musculação, dietas e intervenções cirúrgicas, sem deixar de mencionar também roupas, assessórios, cosméticos e afins. A passagem de espectadores a protagonistas midiáticos faz com que usuários busquem atender demandas de modelaridade que antes eram quase que restritas a profissionais como modelos e atores, associando as tecnologias comunicacionais às corporais em busca da aprovação de sua audiência particular.

Retomando o vocabulário teórico-conceitual do item anterior e o foco nos homens que buscam parceiros do mesmo sexo, surgem questões como: Quais as características do regime de visibilidade atual e as relações que ele estabelece com as representações midiáticas? Qual seu enquadramento moral e político? Assim como já mencionado, as condições em que os sujeitos contemporâneos podem compreender seu desejo por pessoas do mesmo sexo e a si próprios são o resultado de transformações políticas, morais e culturais – muitas delas inacabadas e contraditórias – que se cristalizaram a partir da emergência da Revolução Sexual, mas que remontam a algumas décadas antes. A histórica recusa do desejo homossexual masculino foi reatualizada após a Segunda Guerra Mundial, na forma de políticas de perseguição e de vigilância daqueles que pudessem ser reconhecidos como homossexuais.

A descriminalização e despatologização da homossexualidade a partir do final da década de 1960 não levaram ao seu pleno reconhecimento e aceitação coletivos, o que é comprovado pela persistência das práticas de identificação de homossexuais no cotidiano cristalizadas como uma característica da cultura particularmente relevante na formação dos homens. O fim de políticas de perseguição legal ou médica não impediu a continuidade da discriminação cotidiana nas mais diversas esferas da vida social como o sistema educacional, a vida familiar e o espaço público.[91]

As plataformas on-line criadas nos centros metropolitanos dos Estados Unidos tenderam a eleger como modelar o perfil de homossexual que melhor conseguisse driblar a identificação pública como homossexual, a discreta, leia-se a que "passa por hétero". A estratégia do "passar por" revela um histórico de resistência à perseguição das expressões visíveis do desejo homossexual por meio da adesão tática ao regime de representação vigente, que privilegia e alça a modelares formas de subjetivação e corporificação generificadas segundo as normas que prescrevem uma coerência e linearidade entre sexo e gênero.

Compreendo gênero não como o que alguém é ou tem, mas o que alguém é levado – por normas e convenções sociais – a performatizar, conclui-se que gênero é uma construção cultural e histórica cuja contingência tende a ser apagada pelas relações de poder que buscam fixá-lo subalternizando alguns em benefício de outros. Gênero é um conceito desenvolvido pela teoria feminista e usado recentemente por teóricos queer como uma recusa crítica ao binarismo

---

[91] A criação de enclaves urbanos conhecidos como bairros gays na América do Norte, ou circuitos de sociabilidade noturnos e móveis na América Latina, mostram resistência e afirmação, mas também provam a manutenção da maior parte do território refratário à homossexualidade.

masculino-feminino. Binarismo que, historicamente, serviu à dominação das mulheres e à desqualificação do feminino, mas também à imposição de uma compreensão hegemônica da masculinidade – estática e restritiva – que subalterniza a maior parte dos homens. Sobretudo, o conceito de gênero permite abrir – ao menos teórica e politicamente – uma alternativa ao binário, a problematização de sua intransitividade e a abertura para outros gêneros possíveis.

A emergência da internet e das plataformas de socialização voltadas ao segmento homossexual, criadas especialmente no contexto norte-americano, não apenas disseminou as imagens hegemônicas de gays como homens brancos, musculosos e que "passam por hétero", mas também moldaram a busca desejante on-line segundo padrões históricos criados naquela realidade nacional. Os aplicativos atuais podem ser compreendidos como tecnologias subjetivo-corporais de gênero, contextos de socialização que "ensinam" a ser ou parecer hétero e a desejar os mais bem-sucedidos nesse exercício. São, portanto, vetores de uma tecnologia que poderíamos chamar de "clonagem", em uma alusão ao *clone* gay, o homossexual viril.

Chris Holmlund (1996) propõe, a partir de fontes psicanalíticas feministas (Joan Riviere) e queer (Judith Butler), compreender o tropo do "passar por" como "mascarada" de gênero, a qual permitiria a vivência de desejos subversivos. Para o autor, o *clone* homossexual – figura paradigmática de centros metropolitanos como Nova York e São Francisco na década de 1970 – é um exemplar bem-sucedido do "passar por", que mostra que o homem gay está para o heterossexual não como uma cópia para o original, mas como cópia de uma cópia (cf. BUTLER, 2003), já que a masculinidade não é natural. A definição de quem copia ou falha em termos de gênero é definida por quem tem hegemonia nessa avaliação, no caso, o homem heterossexual. É seu poder, não sua originalidade, que impõe a percepção naturalizada da masculinidade hétero.

Holmlund (1996) também associa o "passar por" a contextos de cruzamento de fronteiras raciais enfatizando como ele se assenta na desnaturalização do gênero corporificado:

> As identidades do clone masculino, da lésbica feminina e do negro que passa por branco parecem-me similarmente conectar resistência e poder. Enquanto a mulher algeriana que luta pela liberdade depende de seu véu como disfarce, o clone, a *femme* e o negro que passa por branco usam seus corpos como máscaras, tornando impossível se referir a ele como base. O negro que passa por branco, como Fanon mostra, desestabiliza tanto a branquitude como a negritude. O clone e a *femme* atrapalham o balanço delicado entre a heterossexualidade e a "verdade" [...]

Ao entrevistar usuários de mídias digitais nos últimos 8 anos – em São Paulo ou São Francisco –, percebi que boa parte se identificava com celebridades heterossexuais. Assim, não é mero acaso a identificação do usuário com George Clooney no início deste capítulo, um ídolo cinematográfico que encarna uma masculinidade socialmente reconhecida e heterossexual. Sua identificação é compreensível em um contexto que provê mais imagens masculinas heterossexuais e associa a elas *glamour* e reconhecimento.

A identificação com o ídolo hétero não significa necessariamente a recusa da homossexualidade, ainda que frequentemente se associe a uma divergência – e até conflito – em relação a outras formas de compreendê-la, especialmente as que envolvem uma performatividade feminina. Historicamente, homens homossexuais femininos tiveram menor reconhecimento social por encarnarem a forma socialmente mais identificada do desejo homossexual, alvo das mais variadas violências simbólicas e físicas. A despeito de sua importância cultural e política no segmento homossexual e daqueles que com elas se identificam, a mídia gay do *pink market* tendeu a secundarizá-la em favor dos modelos masculinos e que passariam por hétero em uma lógica de priorização das representações e identificações que apontam para a integração à cultura *mainstream*.

Uso o termo "identificação" propositalmente, pois identificação é um conceito que permite ir além da identidade, rearticulando sujeitos e práticas culturais. É preferível utilizar esse conceito da psicanálise – que enfatiza o processo de subjetivação e a política de exclusão que essa subjetividade parece implicar – do que ficar refém de noções estáticas. Segundo Stuart Hall, a identificação é um processo nunca concluído:

> Embora tenha suas condições determinadas de existência, o que inclui os recursos materiais e simbólicos exigidos para sustentá-la, a identificação é, ao fim e ao cabo, condicional; ela está, ao fim e ao cabo, alojada na contingência. Uma vez assegurada, ela não anulará a diferença. A fusão total entre o "mesmo" e o "outro" que ela sugere é, na verdade, uma fantasia de incorporação (Freud sempre falou dela em termos de 'consumir o outro'[...]) (2011, p. 106).

A identificação envolve um laço emocional, dá-se em um regime de representação em que o sujeito busca se inserir, evitando a reprovação social e/ou buscando reconhecimento. As normas sociais se impõem, portanto, por meio de coerções indiretas – frequentemente inconscientes – para aqueles sem referenciais cotidianos positivos com relação ao desejo por pessoas do mesmo sexo, o que pode torná-los – em maior ou menor grau – reféns de imagens midiáticas, a possível única fonte alternativa à sua disposição. Assim, homens que se interessam por outros homens são induzidos à identificação com aqueles que "passam por hétero", o que serve como mecanismo compensatório para a experiência ou o medo de serem associados à homossexualidade, culturalmente associada ao indesejado.

A dinâmica de identificação midiático-tecnológica é conduzida pelo objetivo prático de sobreviver, agência social em um contexto imediato e que, portanto, está mais próxima do tático do que do estratégico. Em outros termos, a tática do "passar por" não pode ser avaliada nos termos da resistência ou conformação política, o que pertenceria à esfera da ação politicamente dirigida, privilégio daqueles que têm acesso a um vocabulário mais amplo para compreenderem a si mesmos e questionarem seu lugar no mundo. No cotidiano das pessoas comuns, prepondera a busca de reconhecimento por meio da encarnação de uma identidade modelar que é também a recusa de estereótipos.

A identificação contemporânea que molda o "passar por hétero" é uma moldagem a partir do outro (aqui o heterossexual), fundada na fantasia, na projeção e na idealização daqueles que são socialmente reconhecidos como o normal. De forma que, nas mídias, o desejo homossexual se encontra entre estereótipos passados e idealizações do presente. Até mesmo a produção acadêmica sobre representações da homossexualidade tem se caracterizado por uma ambígua crítica dos estereótipos (frequentemente associados aos afeminados) e das idealizações (masculinas), sem conseguir escapar a noções normativas sobre como o desejo por pessoas do mesmo sexo "deveria" ser visibilizado.

Não há um parâmetro consensual, e as representações disponíveis tendem a delimitar o enquadramento cultural das identificações e, por meio delas, criar visibilidades generificadas segundo os padrões heterossexuais. Só é possível se identificar com o que é disponível e, frequentemente, tende a ser com o que é socialmente reconhecido – o que, no caso dos sujeitos que desejam pessoas do mesmo sexo, tem se dado dentro de um histórico de vigilância coletiva que engendra formas de autorregulação para ganhar visibilidade com segurança, portanto dentro de padrões hegemônicos.

Em estudo sobre representações de homossexualidades masculinas no Brasil contemporâneo, Iara Beleli (2009, p. 115) afirma que "a visibilidade de gays e lésbicas na mídia esteve marcada por estereótipos que mostram gays afeminados e lésbicas masculinizadas". Acrescenta que tais representações, especialmente mas não apenas em programas humorísticos, tendiam ao escárnio. Desde a década de 1990, há a emergência de personagens claramente homossexuais em telenovelas, a maioria apresentada de forma modelar e tradicionalmente generificada, expedientes para torná-los palatáveis ao grande público. Fato que demonstra que quanto mais dentro da normalidade, mais seguros e aceitos, menos reconhecíveis como dissidentes de gênero, já que a transitividade de gênero ainda é o aspecto mais rechaçado socialmente.

O uso de plataformas conectivas em rede tem se caracterizado como uma tecnologia subjetivo-corporal que engendra sujeitos afeitos às demandas de "passar por hétero", assim como ensina – ou aprofunda – sua autocompreensão como "discreto" e/ou "fora do meio". Baseia-se, portanto, em um exercício reflexivo constante que gira em torno da almejada e valorizada discrição, daí se assentar na conformidade de gênero. O combustível das buscas on-line parece ser o de prover um parceiro que – mais do que sexo ou amor – possa prover adequação social e a promessa de não ser alvo de reprovações sociais ou retaliações físicas, experiências que – infelizmente – ainda marcam a vida da maioria daqueles que se relacionam com outros do mesmo sexo.

Desejos digitais se inserem em uma economia do desejo que envolve regulações de gênero, as quais entrelaçam fantasias culturais espalhadas midiaticamente/comercialmente e o desejo de literalizá-las, corporificá-las, performatizá-las em um exercício contínuo que envolve novas tecnologias comunicacionais e corporais. Como apontado por vários pesquisadores e pesquisadoras (BAYM, 2010; CASTELLS, 2011; NICOLACI-DA-COSTA, 2002), há evidências históricas de que transformações tecnológicas surgem para atender às demandas existentes, mas essas mesmas tecnologias passam a transformar os sujeitos que as usa, bem como suas práticas.

O uso de meios digitais para a criação de contatos sexuais e amorosos não equivale apenas à adoção de uma ferramenta tecnológica para uma busca preexistente, pois, ao entrar on-line, o usuário das plataformas é induzido a operar segundo os ideais culturais que moldam a busca. No caso dos aplicativos, o homem discreto, viril e que, portanto, "passa por hétero" – sem esquecer os ideais que vão além do gênero, como afinidade sociocultural, a qual é diretamente associada a uma experiência de classe comum. Não por acaso, os desejos desses sujeitos, além de moldados pela estratégia do "passar por hétero", foram redirecionados da deriva do *cruising* ou pegação homossexual para a seletividade conformadora do *hookup* heterossexual – portanto, de relações sexuais anônimas e sem compromisso, com um espectro diverso de parceiros, para uma forma relacional, diga-se de passagem flexível, desenvolvida em contextos universitários de classe média norte-americanos em que jovens adiam indefinidamente o compromisso, priorizando carreira e autonomia econômica em relação às suas famílias.

De uma forma de busca de parceiros para a outra, o sexo sem compromisso passou a ser vivido dentro de uma seleção que aponta para parceiros cada vez mais próximos em termos de classe, nível educacional e valores, mas com a particularidade homossexual de manter as relações "em sigilo". Fato compreensível em uma sociedade que tem acolhido homossexuais nos espaços públicos demandando que não sejam reconhecíveis como tais, portanto manejando seu desejo de forma a mantê-lo restrito ao íntimo e privado.

Não por acaso, nas mídias digitais em geral – mas de forma ainda mais evidente nos aplicativos – predomina uma percepção de que a homossexualidade é uma característica individual cuja visibilidade deve ser gerida por cada um no cotidiano. Como já analisado no capítulo anterior, nesses meios, ser discreto ou se relacionar em segredo não equivale a ocultar a homossexualidade, como na velha expressão "estar no armário", mas negociar – em cada contexto – o grau de sua visibilidade, de forma a maximizar a segurança e evitar retaliações morais e materiais. Trata-se de um uso da tecnologia para lidar com a ausência (ou insuficiência) de segurança e reconhecimento para a expressão do desejo por pessoas do mesmo sexo.

Em suma, a adesão dos sujeitos ao regime de visibilidade aqui esboçado não é opcional, antes o resultado de diferentes aparatos de vigilância que regulam suas vidas a partir de um de seus elementos mais centrais e sensíveis: o desejo, a possibilidade de amar e ser amado, ou seja, de ser reconhecido – por si mesmo e pela sociedade – como sujeito. Afinal, esses sujeitos continuam, off-line ou on-line, em condições desiguais de acesso ao afeto e ao amor, em suma, a elementos que têm se tornado cada vez mais valorizados por nossa cultura como meio de reconhecimento social.

Da mordida na maçã aos aplicativos

Afinal, o que aproxima ou distancia a investigação, julgamento e condenação de Alan Turing por homossexualismo, na década de 1950, à disseminação contemporânea do uso de sua invenção, o computador, em formas menores e móveis que permitem o uso de plataformas de comunicação em rede voltadas para a busca de parceiros do mesmo sexo? Da mordida da maçã, com que Turing se suicidou, até a disseminação dos aplicativos, mantiveram-se formas diversas de perseguição e/ou vigilância com relação à expressão pública do desejo homossexual.

Historicamente, o desejo homossexual já perseguido passou a ser vigiado de modo a identificar homossexuais, primeiro passo para submetê-los a formas variadas de punição e controle social que vão da repreensão moral até a violência. Diante dessa forma de vigilância e identificação, boa parte dos sujeitos desenvolveu como principal estratégia de resistência afastarem-se dos estigmas culturalmente associados à homossexualidade e, se possível, passarem por heterossexuais. Dentro de uma verdadeira batalha, talvez a camuflagem tenha sido a melhor opção, assim como – em um contexto heterossexista – o uso de um radar para detectar a presença do desejo homossexual invisibilizado nas relações face a face.

O estado de guerra se mantém, o que é perceptível na forma como a geolocalização por meio do GPS viabilizou os aplicativos de busca de parceiros, mas passou a ser usada contra os próprios usuários em nações cujos estados perseguem e punem com a prisão ou até a sentença de morte homens que se envolvem sexualmente com outros homens. Fato que levou os aplicativos, a partir de setembro de 2014, a adotarem uma política de geolocalização que – a despeito de mostrar a distância dos parceiros em potencial – não permite encontrar o local exato em que cada usuário se encontra.[92]

Tecnologias criadas originalmente no contexto da última guerra mundial se disseminaram e são usadas cotidianamente em versões aprimoradas e simples, em um contexto de paz que, para alguns mais do que para outros, ainda é marcado pela sensação de ser vigiado e viver sob a ameaça de ser punido. O desejo homossexual masculino tem sobrevivido dentro de um regime de visibilidade que premia a discrição e o sigilo enquanto recusa e até pune os sujeitos identificados como homossexuais e/ou dissidentes de gênero, como homens femininos e afins.

Ainda que o uso das novas tecnologias tenha sido feito no tropo do "passar por hétero", elas efetivamente des-heterossexualizam o espaço público, permitindo (re)conhecer outros sujeitos desejantes que estejam por perto. Tal fato torna possível a interpretação de que os aplicativos de busca de parceiros do mesmo sexo são um aperfeiçoamento tecnológico do antigo código-território homossexual identificado por Néstor Perlongher na década de 1980. Hoje, por meios tecnológicos, não apenas o código varre o espaço urbano ocupando o território, como a toda hora cria um espaço-tempo desejante paralelo ao disponibilizado off-line. Sujeitos que desejam outros do mesmo sexo suspendem – on-line – o

---

[92] Vide o editorial do aplicativo Scruff, publicado em 13/09/14 no *Huffington Post* com o título "Privacy, Security, and GPS-Based Apps: An Inside Look from SCRUFF".

heterossexismo off-line, o que ajuda a compreender o prazer em estarem sempre conectados e a sensação de isolamento trazida pela quebra de conexão, a qual, literalmente, os realoca nas prescrições heterossexistas.

Finalmente, somamos elementos suficientes para tentar conceituar com mais precisão os desejos que denomino "digitais" no título deste livro, entendidos como os vivenciados atualmente por meios comunicacionais em rede. São o resultado histórico de expressões desejantes, formadas a partir dos aparatos de perseguição e vigilância às expressões públicas da homossexualidade no período que se seguiu à Segunda Guerra Mundial, bem como afirmação desejante durante a Revolução Sexual e sua reconfiguração a partir da epidemia de aids. Herdeiros dessa história de disciplinamento, controle e resistência, impulsionaram o uso de meios tecnológicos para a busca de parceiros amorosos e sexuais. Assim, os desejos digitais são o capítulo mais recente de negociação da visibilidade homossexual em termos que atendem a prescrições coletivas. Ao menos nesses primeiros vinte anos desde a disseminação comercial da internet, sua forma mais incentivada nas plataformas foi a que se forjou driblando preconceitos e discriminações no espaço público, convertendo-se na forma mais bem-sucedida de sobreviver em contextos hostis: a que permite "passar por heterossexual".

Desejos digitais são a versão tecnológica e comercializada das demandas não realizadas desde a emergência da Revolução Sexual. Desejos que ganharam forma por meio da exploração mercadológica de plataformas on-line que propõem atender individualmente o que não foi conquistado em termos político-sociais. Sem o pleno reconhecimento estatal ou social das homossexualidades, desejos digitalizados disseminam-se on-line, portanto em uma esfera relacional que parece a alguns paralela, mas que se inicia e tem como objetivo realizar-se no off-line.

A busca on-line começa quando, diante das restrições cotidianas à livre expressão desejante, o sujeito conecta-se para suspendê-las, mas – tendo achado um parceiro potencial – termina novamente no mesmo contexto restritivo do qual partiu. A dois pode ser mais fácil resistir, mas, na maioria dos casos, a conexão materializa o encontro que continua na esfera do secreto e do proibido, daí frequentemente consumar-se na efemeridade.

Na era dos desejos digitais, as imagens nas telas mediam buscas para encontros face a face. Ainda que driblem tecnologicamente o impedimento da expressão do interesse sexual por pessoas do mesmo sexo, o fazem dentro de termos que permitem o encontro off-line com segurança, o que, no caso entre homens, demanda que sejam "discretos". Dessa forma, por mais que se expressem on-line, sua fonte e objetivos são o off-line, onde permanecem sob condições desiguais e discriminatórias.

Em uma cultura que se esmera em impedir a expressão do desejo por pessoas do mesmo sexo no espaço público e acumula percalços para seu desenvolvimento em relações, o encontro efêmero e seguro pode parecer "não o ideal, mas o possível", como observou Gabriel, um de meus entrevistados, no início do livro. Assim, não cabe demonizar as tecnologias digitais por vender o que não podem prover, tampouco culpabilizá-las por (de)formar desejos originados em um contexto social e político hostil. Primeiramente, porque elas efetivamente permitem encontros e, segundo, porque não lhes cabe transformar as condições políticas em que vivem seus usuários.[93]

---

[93] A maioria das plataformas on-line foram criadas por jovens profissionais homossexuais que vivem em grandes centros urbanos dos Estados Unidos e que buscam aprimorá-las em diálogo contínuo com seus usuários. Seus conteúdos são, em diferente medida, engajados em temas LGBT – compreendidos em seu local de origem – e contribuem para disseminá-los. O fato é que essas plataformas são utilizadas em contextos diversos, o que torna pouco produtivo tal trabalho político. Sua maior intervenção continua a ser na forma como facilitam encontros entre homens em locais com ainda maior impedimento que seus locais de origem à busca de parceiros homossexuais.

Mais do que qualquer propaganda, o grande impulsionador do uso de plataformas on-line de busca de parceiros é a forma como nossa cultura compreende o desejo homossexual, restringe sua expressão no espaço público e recusa a homossexuais cidadania plena. Sob constante vigilância moral e vulnerabilidade, sujeitos são incentivados a buscar meios conectivos para a busca de parceiros. Cabe a pesquisas futuras avaliarem se, com seu amadurecimento no uso das plataformas, continuarão a apostar que individualmente podem fazer frente a problemas coletivos.

Assim como apresentado no capítulo "Estranhos no Paraíso", os gays mais velhos de São Francisco reconhecem claramente a relação entre a emergência da internet e a redução das relações comunitárias. Por sua vez, no contexto paulistano, as mesmas mídias expandiram as condições para que homens buscassem parceiros recusando o reconhecimentamente gay ou frequentador do "meio". O homossexual reconhecível publicamente ainda é imaginado como moralmente repreensível ou exposto a formas diversas de preconceito e retaliação social, assim como os espaços de socialização voltados a um público gay são considerados pela maioria como uma região moral em que formas diversas de marginalidade se encontrariam, o que maximizaria estigmas e reiteraria estereótipos dos quais os usuários querem se distanciar.

Em ambos os contextos nacionais abordados, com tudo o que os distingue e não pode ser ignorado, as tecnologias comunicacionais em rede – inevitavelmente acessadas de forma individual – têm servido para criar relações seletivas que tendem a diminuir a importância dos espaços de socialização coletiva. Sem adesão política associativa, seu uso reforça demandas liberais como o direito ao casamento e, sobretudo, incentiva os sujeitos a buscarem independência econômica e pessoal para lidar individualmente com as desigualdades sexuais no cotidiano.

Meus interlocutores reconhecem que as plataformas de busca de parceiros lhes proporcionaram a sensação de serem desejáveis e deterem agência sexual, o que observei ter vindo associado a um impulso normativo e competitivo. A já antiga falta de solidariedade entre grupos historicamente subalternizados se estende ao on-line, em uma gramática de recusa e busca de afastamento de estigmas que são, frequentemente, o que têm em comum. Buscando fugir aos estigmas associados à homossexualidade, a maioria dos homens que conheci entrou on-line e encontrou outros em situação similar, mas, em vez de construírem afinidades, tenderam à competição pelos parceiros que "passam por hétero". Um aparente paradoxo que se desfaz quando levamos em consideração que a busca foi justamente a de escapar ao que partilham com os outros: o estigma e a exposição cotidiana a diferentes desigualdades, injustiças e violências.

Assim, resta uma última questão sobre os desejos digitais: a busca por um parceiro poderia ser interpretada como uma utopia romântica contemporânea, como se um aparato tecnológico pudesse prover ao usuário alguém "discreto e fora do meio", ou seja, um parceiro que o alçasse a uma condição livre das iniquidades mencionadas, trazendo-o definitivamente para a almejada normalidade, frequentemente – e com razão – reconhecida nos propagandeados prazeres e privilégios dos que "são" ou "passam por" heterossexuais?

Ao menos no período e nos contextos estudados, é possível afirmar que sim, pois os desejos digitais têm como denominador comum a busca de – por meios comunicacionais em rede – escapar às iniquidades a que são submetidos. O desafiante cotidiano face a face sob a hegemonia heterossexual impulsionou a entrada on-line de meus informantes em busca de um parceiro amoroso que lhes garanta, mais do que amor ou satisfação sexual, alguma forma de reconhecimento. Assim, os desejos digitais têm se expressado tanto como busca de um companheiro quanto um flerte com a normalidade.

Referências

ADELMAN, M. *A voz e a escuta: encontros e desencontros entre a teoria feminista e a sociologia contemporânea*. Curitiba: Blucher, 2009.

ADELMAN, M. et al. Ruralidades atravessadas: jovens do meio campeiro e narrativas sobre o Eu e O(s) Outro(s) nas redes sociais. *Cadernos Pagu*, Campinas, Núcleo de Estudos de Gênero Pagu (Unicamp), n. 44, p. 141-170, 2015.

ARENDT, H. *Sobre a Revolução*. São Paulo: Cia. das Letras, 2011.

ATHIQUE, A. *Digital Media and Society: an Introduction*. Cambridge: Polity Press, 2013.

ÁVILA, S. *Transmasculinidades: a emergência de novas identidades políticas e sociais*. Rio de Janeiro: Multifoco, 2014.

BAYM, N. K. *Personal Connections in the Digital Age*. Cambridge: Polity Press, 2010.

BELELI, I. "Eles(as) parecem normais": visibilidade de gays e lésbicas na mídia. *Bagoas: Estudos gays, gêneros e sexualidades*, Natal, UFRN, v. 3, n. 4, p. 113-130, 2009.

BELELI, I. O Império das Imagens: construção de afinidades nas mídias digitais. *Cadernos Pagu*, Campinas, Núcleo de Estudos de Gênero Pagu (Unicamp), n. 44, p. 91-114, 2015.

BERNSTEIN, E. *Temporarily Yours: Intimacy, Authenticity, and the Commerce of Sex*. Chicago: University of Chicago Press, 2010.

BÉRUBÉ, A. *Coming Out Under Fire: the History of Gay Men and Women in World War II*. Chapel Hill: University of North Carolina Press, 2010.

BESSA, K. Os festivais GLBT de cinema: mudanças estético-políticas na constituição da subjetividade. *Cadernos Pagu*, Campinas, Núcleo de Estudos de Gênero Pagu (Unicamp), n. 28, p. 257-283, 2007.

BHABHA, H. A outra questão. In: *O local da cultura*. Belo Horizonte: Ed. UFMG, 2005.

BOND, L. et al. Black Men Who Have Sex with Men and the Association of Down-Low Identity with HIV Risk Behavior. *American Journal of Public Health, Sup. 1*, v. 99, p. 592-595, 2009.

BRICKELL, C. Sexology, the Homo/Hetero Binary, and the Complexities of Male Sexual History. *Sexualities,* London, Sage, v. 9, n. 4, p. 423-447, 2006.

BRIGHENTI, A. Visibility: A Category for the Social Sciences. *Current Sociology*, International Sociological Association, v. 55, n. 3, p. 323-342, maio 2007.

BUTLER, J. *Problemas de gênero: feminismo e subversões da identidade.* Rio de Janeiro: Civilização Brasileira, 2003.

BUTLER, J. Regulações de gênero. *Cadernos Pagu*, Campinas, Núcleo de Estudos de Gênero Pagu (Unicamp), n. 42, p. 249-274, 2014.

CASTELLS, M. *A sociedade em rede: A era da informação: economia, sociedade e cultura.* São Paulo: Paz e Terra, 2011. v. 1.

CASTELLS, M. Cultural Identity, Sexual Liberation and Urban Structure: the Gay Community in San Francisco. In: CASTELLS, M. (Ed.). *The City and the Grassroots.* Londres: Edward Arnold, 1983. p. 138-172.

CHAUNCEY, G. *Gay New York: Gender, Urban Culture, and the Making of the Gay Male World, 1890-1940.* Nova York: Basic Books, 1994.

CONNELL, R. W. A Very Straight Gay: Masculinity, Homosexual Experience and the Dynamics of Gender. *American Sociological Review*, v. 57, p. 735-751, 1992.

CONNELL, R. W. *Masculinities.* Berkeley; Los Angeles: University of California Press, 2005.

CONNELL, R. W. O Império e a criação de uma ciência do social. *Contemporânea: Revista de Sociologia da UFSCar.* São Carlos, Departamento e Programa de Pós-Graduação em Sociologia da UFSCar, v. 2, n. 2, p. 309-336, 2012.

CORRÊA, M. A babá de Freud e outras babás. *Cadernos Pagu*, Campinas, Núcleo de Estudos de Gênero Pagu (Unicamp), 27, p. 61-90, 2007.

COURTINE, J.-J. Robustez na cultura: mito viril e potência muscular. In: COURBIN, A; COURTINE, J.-J.; VIGARELLO, G. *História da virilidade: A virilidade em crise? Séculos XX-XXI.* Petrópolis: Vozes, 2013. p. 554-578. v. 3.

CRANE, D. *A moda e seu papel social.* São Paulo: Editora SENAC, 2006.

D'EMILIO, J. Capitalism and Gay Identity. In: SNITOW, A. *et al.* *Powers of Desire.* Nova York: Monthly Review Press, 1983. p. 100-113.

DANIEL, H.; PARKER, R. *A terceira epidemia.* São Paulo: Iglu, 1991.

DELEUZE, G.; GUATTARI, F. *L'Anti-Œdipe: capitalisme et schizophrénie.* Paris: Editions de Minuit, 1972.

DIÁZ-BENÍTEZ, M. E. *Nas redes do sexo: os bastidores do pornô brasileiro.* Rio de Janeiro: Zahar, 2010.

DUQUE, T. *Gêneros incríveis: identificações, diferenciações e reconhecimento no ato de passar por.* 2013. Tese (Doutorado em Ciências Sociais) – Instituto de Filosofia e Ciências Humanas, Unicamp, Campinas, 2013.

DUQUE, T. *Montagens e desmontagens.* São Paulo: Annablume, 2011.

EHRENREICH, B. *The Hearts of Men: American Dreams and the Flight from Commitment.* Nova York: Anchor Books, 1984.

ENG, D. L. *The Feeling of Kinship: Queer Liberalism and the Racialization of Intimacy.* Durham: Duke University Press, 2010. E-book, s.p.

ERIBON, D. *Reflexiones sobre la cuestión gay.* Anagrama: Barcelona, 1999.

FERGUSON, R. *Aberrations in Black.* Minneapolis: University of Minnesota Press, 2004.

FERREIRA, J. P. *Desejos comodificados: dos classificados aos perfis nos aplicativos na busca de parceiros do mesmo sexo.* Pesquisa (Mestrado em Sociologia) – Bolsa Fapesp (Fundação de Amparo à Pesquisa do Estado de São Paulo), PPGS-UFSCar, São Carlos, 2016.

FINKEL, E. J. *et alli.* On-line dating: a critical analysis from the perspective of psychological science. *Psychological science in the public interest,* London, Sage,. 13, n. 1, p. 3-66, 2012.

FOUCAULT, M. *História da sexualidade: A vontade de saber.* São Paulo: Graal, 2005. v. I.

FOUCAULT, M. *Os anormais.* São Paulo: Martins Fontes, 2001.

FRANÇA, I. L. *Consumindo lugares, consumindo nos lugares: homossexualidade, consumo e produção de subjetividades na cidade de São Paulo.* 309 f. Tese (Doutorado em Ciências Sociais) – PDCS-UNICAMP, Campinas, 2010.

FRY, P. Da hierarquia à igualdade. In: *Para inglês ver: identidade e política na cultura brasileira.* Rio de Janeiro: Zahar, 1982. p. 87-115.

GAMSON, J. *The Fabulous Sylvester: the legend, the music, the seventies in San Francisco.* Nova York: Picador, 2005.

GIDDENS, A. *Sociologia.* Porto Alegre: Penso, 2012.

GOFFMAN, E. *Estigma: notas sobre a manipulação da identidade deteriorada*. Rio de Janeiro: LTC, 1988.

GREEN, J. N. *Além do Carnaval: homossexualidade masculina no Brasil do século XX*. São Paulo: Ed. Unesp, 2000.

GREEN, J. N.; TRINDADE, R. (Ed.). *Homossexualismo em São Paulo e outros escritos*. São Paulo: Ed. Unesp, 2005.

GREGORI, M. F. *Prazeres perigosos: erotismo, gênero e limites da sexualidade*. Tese (Livre Docência em Antropologia Social). Unicamp, Campinas, 2010.

GUIMARÃES, C. D. *O homossexual visto por entendidos*. Rio de Janeiro: Garamond, 2004.

HALL, S. Quem precisa de identidade? In: SILVA, T. T. *Identidade e diferença: a perspectiva dos estudos culturais*. Petrópolis: Vozes, 2011. p. 103-133.

HALL, S. *Representation: Cultural Representations and Signifying Practices*. Londres: Sage, 1997.

HALPERIN, D. M. *How To Be Gay*. Cambridge: University of Harvard Press, 2012.

HALPERIN, D. M. *How to do the History of Homosexuality*. Chicago: Chicago University Press, 2002.

HALPERIN, D. M. *Saint Foucault: Towards A Gay Hagiography*. Nova York: Oxford University Press, 1995.

HANSON, E. The child as pornographer. In: *South Atlantic Quarterly*, Chapel Hill, Duke University Press, v. 110, n. 3, p. 673-692, 2011.

HEAP, C. The City as a Sexual Laboratory: the Queer Heritage of the Chicago School. *Qualitative Sociology*, Springer Human Sciences Press, Athens, v. 26, n. 4, p. 457-487, 2003.

HOLMLUND, C. Masculinity as Multiple Masquerade: The "mature" Stallone and the Stallone Clone. In: COHAN, S.; HARK, I. R. *Screening the Male: Exploring Masculinities in Hollywood*. Londres; Nova York: Routledge, 1996. p. 213-229

HUMPHREYS, L. *Tearoom trade: a study of homosexual encounters in public places*. London: Duckworth, 1971.

ILLOUZ, E. *Consuming the Romantic Utopia: Love and the Cultural Contradictions of Capitalism*. Berkeley: University of California Press, 1997.

ILLOUZ, E. *Hard Core Romance: "Fifty Shades of Grey", best-sellers and society*. Chicago: University of Chicago Press, 2014. E-book, s.p.

ILLOUZ, E. *Intimidades congeladas: las emociones en el capitalismo*. Buenos Aires: Katz, 2007.

ILLOUZ, E. Romance and Rationality on the Internet. Washington: American Sociological Association, 2006. Mimeo.

ILLOUZ, E. *Why Love Hurts: A Sociological Explanation*. Londres: Polity Press, 2012.

KIMMEL, M. *Guyland: The Perilous World Where Boys Become Men*. Nova York: HarperCollins, 2008. E-book, s.p.

KURASHIGE, K. D. *Marcas do desejo: um estudo sobre os critérios de "cor/raça/etnia" na seleção de parceiros em relações homoeróticas masculinas criadas online na cidade de São Carlos*. Orientador: Richard Miskolci. Pesquisa (Mestrado em Sociologia) – Programa de Pós-Graduação em Sociologia, Centro de Educação em Ciências Humanas, UFSCar, São Carlos, 2014.

KURASHIGE, K. D. *Negociando diferenças online: notas sobre interações homoeróticas em salas de bate-papo na cidade de São Carlos*. São Carlos: mimeo, 2015.

LAUMANN, E. et al. *The Social Organization of Sexuality*. Chicago: Chicago University Press, 2000 [1994].

LAURETIS, T. *Technologies of Gender: Essays On Theory, Film, and Fiction*. Bloomington: Indiana University Press, 1987.

LEAVITT, D. *The Man Who New Too Much: Alan Turing and the Invention of the Computer*. Nova York: Atlas Books, 2006.

LEVINE, M. Gay ghetto. In: LEVINE, M. (Org.). Gay Men: the Sociology of Male Homosexuality. Nova York: Harper & Row. p. 182-204, 1979.

LEVINE, M. *Gay macho: the life and death of homosexual clone*. New York; London: New York University Press, 1998.

LIGHT, B. Networked Masculinities and Social Networking Sites: A Call for the Analysis Of Men And Contemporary Digital Media. *Masculinities and social change*, v. 2, n. 3, p. 245-265, 2013. Disponível em: <https://goo.gl/ryjWSW>. Acesso em: 24 maio 2017.

LYNN, M.; BOLIG, R. Personal Advertisements: Sources of Data About Relationships. *Journal of Social and Personal Relationships*, v. 2, p. 377-383, 1985.

MANALANSAN IV, M. F. *Global Divas: Filipino Gay Men in the Diaspora*. Londres; Durham: Duke University Press, 2003.

MANALANSAN IV, M. F. In the Shadows of Stonewall: Examining Gay Transnational Politics and the Diasporic Dilema. In: LOWE, L.;

LLOYD, D. (Orgs.). *The Politics of Culture in the Shadow of Capital*. Durham: Duke University Press, 1997. p. 485-503.

MARTINO, Luís Mauro Sá. *Teoria das mídias digitais: linguagens, ambientes e redes*. Petrópolis: Vozes, 2015.

MASSENO, A. O rosto do desejo: posições e (en)cantos. In: XV ENCONTRO NACIONAL DE LINGUÍSTICA E FILOLOGIA, 15., 2011, Rio de Janeiro, *Anais...* Rio de Janeiro: CiFeFil, 2011. p. 2215-2522.

MCCLINTOCK, A. *Couro imperial: raça, gênero e sexualidade no embate colonial*. Campinas: Ed. da Unicamp, 2010.

MCLUHAN, M. *The Gutenberg galaxy: the making of typographic man*. Toronto: The University of Toronto Press, 1962.

MCLUHAN, M. *War and peace in the global village*. New York: Bantam, 1968.

MCQUIRE, S. *The Media City: Media, Architecture and Urban Space*. Londres: Sage, 2008.

MCRAE, E. Em defesa do gueto. In: GREEN, J. N.; TRINDADE, R. Homossexualismo em São Paulo e outros escritos. São Paulo: Unesp, 2005. p. 291-308.

MELHADO, R. C. *Vitrine do desejo: um estudo sobre os perfis online de homens que buscam relações com outros homens em Araraquara e São Carlos*. Monografia (Conclusão de Curso de Ciências Sociais) – UFSCar, São Carlos, 2014.

MISKOLCI, R. A teoria queer e a sociologia: o desafio de uma analítica da normalização In: *Sociologias*, Porto Alegre, Programa de Pós-Graduação em Sociologia-UFRGS, 2009, n. 21, p. 150-182.

MISKOLCI, R. Frankenstein e o espectro do desejo. *Cadernos Pagu*, Campinas, Núcleo de Estudos de Gênero Pagu (Unicamp), n. 37, p. 299-322, 2011.

MISKOLCI, R. Networks of Desire: the Specter of AIDS and the Use of Digital Media in the Quest For Secret Same-Sex Relations in São Paulo. *Vibrant: Virtual Brazilian Anthropology*, Brasília, v. 10, n. 1, p. 40-70, 2013.

MISKOLCI, R. *O desejo da nação: masculinidade e branquitude no Brasil de fins do XIX*. São Paulo: Annablume; Fapesp, 2012.

MISKOLCI, R. Pânicos morais e controle social: reflexões sobre o casamento gay. *Cadernos Pagu*, Campinas, Núcleo de Estudos de Gênero Pagu (Unicamp), n. 28, p. 101-128, 2007.

MISKOLCI, R. Sociologia digital: notas sobre pesquisa na era da conectividade. *Contemporânea: Revista de Sociologia da UFSCar*. São

Carlos, Departamento e Programa de Pós-Graduação em Sociologia da UFSCar, v. 6, n. 2, p. 275-297, jul./dez. 2016.

MOWLABOCUS, S. Cultura do Gaydar: torcendo a história da mídia digital na Grã-Bretanha do século XX. In: PELÚCIO, L.; PAIT, H.; SABATINE, T. (Orgs.). *No emaranhado da rede: gênero, sexualidade e mídia: desafios teóricos e metodológicos do presente*. São Paulo: Annablume; Fapesp, 2015. p. 49-80.

MOWLABOCUS, S. *Gaydar Culture: Gay Men, Technology and Embodiment in the Digital Age*. Farnham; Burlington: Ashgate, 2010.

NEGROPONTE, N. *Being digital*. New York: Vintage Books, 1995.

NICOLACI-DA-COSTA, A. M. Revoluções tecnológicas e transformações subjetivas. *Psicologia: Teoria e Pesquisa*, v. 18, n. 2, p. 193-202, maio/ago. 2002.

PADILHA, F. A. *O segredo é a alma do negócio: mídias digitais móveis e a gestão da visibilidade do desejo homoerótico entre homens na região de São Carlos*. Dissertação (Mestrado em Sociologia) – Programa de Pós-Graduação em Sociologia, Centro de Educação em Ciências Humanas, UFSCar, São Carlos, 2015.

PARKER, R.; AGGLETON, P. *Estigma, discriminação e AIDS*. Rio de Janeiro: ABIA, 2001.

PARREIRAS, C. *Sexualidades no ponto.com: espaços e homossexualidades em uma comunidade online*. Dissertação (Mestrado em Antropologia Social) – Programa de Pós-Graduação em Antropologia Social, Instituto de Filosofia e Ciências Humanas, Unicamp, Campinas, 2008.

PELÚCIO, L. *Abjeção e desejo: uma etnografia travesti sobre o modelo preventivo de aids*. São Paulo: Annablume; Fapesp, 2009.

PELÚCIO, L. Narrativas infiéis: notas metodológicas e afetivas sobre experiências das masculinidades em um site de encontros para pessoas casadas. *Cadernos Pagu*, Campinas, Núcleo de Estudos de Gênero Pagu (Unicamp), n. 44, p. 31-60, 2015.

PELÚCIO, L.; DUQUE, T. Homossexualidades, estigmas e o discurso preventivo às DST/AIDS no Brasil ou como os gays deixaram de ser homens que fazem sexo com homens. In: SEMINÁRIO INTERNACIONAL FAZENDO GÊNERO, 2010, Florianópolis. *Anais...* Florianópolis, UFSC, 2010. Disponível em: <https://goo.gl/LvAxG2>. Acesso em: 24 maio 2017.

PELÚCIO, L.; MISKOLCI, R. A prevenção do desvio: o dispositivo da aids e a repatologização das sexualidades dissidentes. *Sexualidad,*

Salud y Sociedad: Revista Latinoamericana, Rio de Janeiro, CLAM-UERJ, n. 1, p. 125-157, 2009. Disponível em: <https://goo.gl/5Af9mB>. Acesso em: 24 maio 2017.

PELÚCIO, L.; MISKOLCI, R. Aquele não mais obscuro negócio do desejo. In: *O negócio do michê: a prostituição viril em São Paulo*. São Paulo: Fundação Editora Perseu Abramo, 2008. p. 9-36.

PEPLO, F. *Deseos en línea: sociabilidades homoeróticas masculinas en el interior de Córdoba, Argentina*. Programa de Doutorado em Estudios de Género, Córdoba, 2016.

PERLONGHER, N. O. *O negócio do michê: a prostituição viril em São Paulo*. São Paulo: Fundação Editora Perseu Abramo, 2008 [1987].

PETERSON, G. T.; ANDERSON, E. Queering Masculine Peer Culture: Softening Gender Performances on the University Dance Floor. In: LAUNDREAY, J. et al. (Orgs.). *Queer Masculinities: a Critical Reader in Education*. Londres; Nova York: Springer, 2012. p. 119-138.

PHUA, V. C. Sex and sexuality in men's personal advertisements. *Men and Masculinities*, v. 5, n. 2, p. 178-191, 2002.

PISCITELLI, A.; ASSIS, G. O.; OLIVAR, J. M. Introdução: transitando através das fronteiras. In: *Gênero, sexo, amor e dinheiro: mobilidades transnacionais envolvendo o Brasil*. Campinas: Núcleo de Estudos de Gênero Pagu (Unicamp), 2011. p. 5-30.

POLLAK, M. *Os homossexuais e a aids: sociologia de uma epidemia*. São Paulo: Estação Liberdade, 1983.

PRECIADO, B. *Testo Yonqui*. Barcelona: Espasa, 2008.

PUAR, J. K. *Terrorist Assemblages: Homonationalism in Queer Times*. Durham: Duke University Press, 2007.

RACE, K. Engaging in a Culture of Barebacking: Gay Men and the Risk of HIV Prevention. In: HANNAH-MOFFAT, K.; O'MALLEY, P. (Eds.). *Gendered Risks*. Londres: Glass house Press, 2007.

RAGO, M. *Do cabaré ao lar*. São Paulo: Paz e Terra, 1985.

REICH, W. *SexPol: Essays: 1929-1934*. Nova York: Vintage Books, 2013.

RICE, E. et al. Sex Risk Among Young Men Who Have Sex With Men Who Use Grindr, a Smartphone Geosocial Networking Application. *AIDS and Clinical Research*, special issue 4, 2012. Disponível em: <https://goo.gl/NBp2Vp>. Acesso em: 24 maio 2017.

RIESMAN, D. *The Lonely Crowd: a Study of Changing American Character*. New Haven; Londres: Yale University Press, 1967 [1950].

RUBIN, G. Thinking Sex: Notes for a Radical Theory of the Politics of Sexuality. In: VANCE, C. (Ed.). *Pleasure and Danger*. Abingdon: Routledge & Kegan Paul, 1984.

RUSSO, V. *The Celluloid Closet: Homosexuality in the Movies*. Nova York: Harper & Row, 1981.

SCALON, C.; SALATA, A. Uma nova classe-média no Brasil na última década? O debate a partir da perspectiva sociológica. *Sociedade e Estado,* Brasília, Programa de Pós-Graduação em Sociologia-UnB, v. 27, n. 2, p. 387-407, 2012.

SCHAEFFER, F. A. Governando corpos e identidades virtuais: indústrias de cibercasamentos entre os Estados Unidos e a América Latina. *Cadernos Pagu*, Campinas, Núcleo de Estudos de Gênero Pagu (Unicamp), n. 44, p. 115-140, 2015.

SEDGWICK, E. K. *The Epistemology of the Closet*. Los Angeles: University of California Press, 1990.

SEFFNER, F. *Derivas da masculinidade: representação, identidade e diferença no âmbito da masculinidade bissexual*. 260 f. Tese (Doutorado em Educação) – Programa de Pós-Graduação em Educação, Faculdade de Educação, Universidade Federal do Rio Grande do Sul, Porto Alegre, 2003.

SENDER, K. *Business, not Politics: the Making of the Gay Market*. Nova York: Columbia University Press, 2004.

SHOWALTER, E. *Sexual Anarchy: Gender and Culture at the Fin de Siècle*. Nova York: Penguin Books, 1990.

SIBILIA, P. O show do Eu: a intimidade como espetáculo. Rio de Janeiro: Nova Fronteira, 2008.

SIMKHAI, J. *No Problem I Can't Solve*. Entrevista à Startup Weekly, 2012. Disponível em: <https://goo.gl/C3kMQ5>. Acesso em: 27/01/2015.

SIMMEL, G. El secreto y las sociedades secretas. Madrid: Sequitur, 2010.

SIMÕES, J. A.; FRANÇA, I. L. Do gueto ao mercado. In: GREEN, J. N.; TRINDADE, R. *Homossexualismo em São Paulo*. São Paulo: Ed. Unesp, 2004. p. 309-336.

SIMÕES, J. A.; FRANÇA, I. L; MACEDO, M. Jeitos de corpo: cor/raça, gênero, sexualidade e sociabilidade juvenil no centro de São Paulo. *Cadernos Pagu*, Campinas, Núcleo de Estudos de Gênero Pagu (Unicamp), n. 35, p. 37-78, 2010.

SÍVORI, H. F. A política da visibilidade perante as formas contemporâneas de organização da homossexualidade masculina na

América Latina. Comunicação apresentada na *Reunião da ABA*, Belém, 2010.

SÍVORI, H. F. *Locas, chongos y gays: sociabilidad homosexual masculina durante la década de 1990*. Buenos Aires: Antropofagia, 2005.

SOLNIT, R.; SCHWARZENBERG, S. *Hollow City: the Siege of San Francisco and the Crisis of American Urbanism*. Londres: Verso, 2000.

STOLER, A. L. *Race and the Education of Desire: Foucault's History of Sexuality and the Colonial Order of Things*. Durham; Londres: Duke University Press, 1995.

TAMAGNE, F. Mutações homossexuais. In: COURBIN, A.; COURTINE, J.-J.; VIGARELLO, G. *História da virilidade: A virilidade em crise? Séculos XX-XXI*. Petrópolis: Vozes, 2013. p. 424-453. v. 3.

TASKER, Y. Dumb Movies for Dumb People: Masculinity, the Body, and the Voice in Contemporary Action Cinema. In: COHAN, S.; HARK, I. R. *Screening the Male: Exploring Masculinities in Hollywood*. Londres; Nova York: Routledge, 1993. p. 230-244.

TREICHLER, P A. *How to Have Theory in an Epidemic: Cultural Chronicles of Aids*. Durham: Duke University Press, 2004.

TURKLE, S. *Alone Together: Why We Expect More From Technology And Less From Each Other*. Nova York: Basic Books, 2011.

VAN DIJCK, J. *La cultura de la conectividad: una historia crítica de las redes sociales*. Buenos Aires: Siglo Veintiuno, 2016.

VENCATO, A. P. *Sapos e princesas: prazer e segredo entre praticantes de crossdressing no Brasil*. São Paulo: Annablume, 2013.

VILLELA, W. Homem que é homem também pega aids? In: ARILHA, M. et al. (Orgs.). *Homens e masculinidades: outras palavras*. Rio de Janeiro: Editora 34; ECOS, 1998. p. 129-134.

WALBY, K. *Touching encounters: sex, work, and male-for-male internet escorting*. Chicago: The University of Chicago Press, 2012.

WEEKS, J. *The World We Have Won: the Remake of Erotic and Intimate Life*. Londres; Nova York: Routledge, 2007.

WELLMAN, B. Physical place and cyberplace: the rise of networked individualism. *International Journal of Urban Research*, 2001, v. 25, n. 2, p. 227-252.

WELZER-LANG, D. A construção do masculino: dominação das mulheres e homofobia. *Revista Estudos Feministas*, Florianópolis, IEG-UFSC, v. 9, n. 2, p. 460-482, 2001.

ZAGO, L. F. *Os meninos: corpo, gênero e sexualidade através de um site de relacionamentos*. 332 f. Tese (Doutorado em Educação) – Faculdade de Educação, Universidade Federal do Rio Grande do Sul, Porto Alegre, 2013.

ZAMBONI, M. *Dor, ressentimento e negociação: homossexualidade e soropositividade na trajetória de um herdeiro*. In: ENCONTRO DE CIÊNCIAS SOCIAIS DO NORTE E NORDESTE, 15., 2012, Teresina. *Anais...* Teresina, 2012.

RICH, Adrienne. Compulsory Heterosexuality and Lesbian Experience. In: SNITOW, A. *et al. Powers of Desire: the politics of sexuality*. Nova York: Monthly Review, 1983.

Agradecimentos

Durante os oito anos de investigação para criar *Desejos digitais*, entrevistei e convivi com um grande número de interlocutores que dividiram comigo seus dilemas e temores, mas também sua resistência e bom humor. Agradeço sua disposição em participar da pesquisa, fornecer entrevistas, assim como permitir que conhecesse seu cotidiano.

Sou grato aos amigos que leram a primeira versão do manuscrito, contribuindo com sugestões, críticas e indicações bibliográficas para que ele alcançasse os contornos finais, em especial a Berenice Bento, Karla Bessa, Miriam Adelman, Pedro Paulo Gomes Pereira, Fernando de Figueiredo Baliero, Fernando Seffner, Maria de Fátima Ferreira e Maximiliano Campana. Suas sugestões contribuíram para a versão final, o que não me exime da responsabilidade pelo livro e das eventuais críticas que venha a suscitar.

Iara Beleli e Larissa Pelúcio foram grandes companheiras nessa longa jornada de pesquisa sobre os usos contemporâneos das mídias digitais. Dedicadas a investigações similares – sobretudo em contextos heterossexuais –, tornamo-nos não apenas interlocutores acadêmicos constantes, mas também parceiros no projeto de criação de uma vertente de pesquisa promissora, organizando eventos, grupos de trabalho e publicações.

Também sou grato pelos diálogos sobre tópicos específicos que pude entreter com Carla Bernava e Jorge Leite Júnior, e aos estudantes do Quereres – Núcleo de Pesquisa em Diferenças, Gênero e Sexualidade da UFSCar, especialmente aos que desenvolveram pesquisas articuladas à minha no contexto do interior de São Paulo: Felipe Padilha, João Paulo Ferreira, Keith Diego Kurashige e Rodrigo Casaut Melhado.

Estendo minha gratidão a Marcia Ochoa, por ter me recebido, durante 2013, no Departamento de Estudos Feministas da Universidade da Califórnia, em Santa Cruz, onde tive diálogo privilegiado com Felicity Amaya Schaeffer e o apoio de Neda Atanasoski. Foi um período fundamental para a consolidação dessa investigação, quando pude viver no centro irradiador das novas tecnologias, São Francisco, conhecer o vizinho Vale do Silício, assim como visitar algumas vezes Los Angeles, onde Celi Scalon – então *visiting scholar* na Universidade da Califórnia em Los Angeles (UCLA) – me recebeu com o carinho de sempre na capital midiática mundial, a provedora dos conteúdos que agora circulam digitalmente. Nossos diálogos californianos regados a Pinot Noir foram tão alegres quanto profícuos sociologicamente.

Agradeço aos colegas do Departamento e do Programa de Pós-Graduação em Sociologia da UFSCar pelo apoio durante esses anos, assim como às companheiras do Núcleo de Estudos de Gênero Pagu da Unicamp e aos parceiros em outros departamentos e centros de pesquisa, como Anna Paula Vencato, Cecília Sardenberg, Jussara Costa, Keila Deslandes, Leandro Colling, Tiago Duque e Miriam Pillar Grossi.

Durante o longo período de investigação, apresentei resultados parciais da pesquisa em eventos científicos nacionais e internacionais, nos quais contei com o apoio da Coordenação de Aperfeiçoamento de Pessoal de Nível Superior (CAPES) e do Conselho Nacional de Desenvolvimento Científico e Tecnológico (CNPq). Desde 2011, contei com o inestimável apoio do CNPq por meio de Bolsa de Produtividade em Pesquisa; durante 2013, de uma Bolsa de Pesquisa no Exterior, da Fundação de Amparo à Pesquisa do Estado de São Paulo (Fapesp). No encerramento deste longo projeto intelectual, tive a alegria de contar com o interesse de Rejane Dias e de Rogério Bettoni em publicar esta obra, que integrará a Argos, rica coleção sobre estudos de gênero e queer da Autêntica.

São Paulo, julho de 2017

Alan Turing, inventor do computador, suicidou-se em 1954 mordendo uma maçã envenenada após ser condenado por "homossexualismo". Hoje homens usam computadores e aplicativos de celular em busca de parceiros sexuais. Da negação do desejo à negociação de sua visibilidade, persiste a perseguição e a vigilância.

Este livro foi composto com tipografia Bembo Std
e impresso em papel Off-White 80 g/m² na Formato Artes Gráficas.
